（1）项目号：16454211D
河北省省级科技计划项目"京津冀生态环境保护一体化发展研究"

（2）项目号：Sk50201506
北京学研究基地开放课题"生态位视阈内京津冀旅游一体化发展策略研究"

生态视角的管理创新

Management Innovation of Ecological Perspective

李剑玲 ◎ 著

知识产权出版社
全国百佳图书出版单位

图书在版编目（CIP）数据

生态视角的管理创新/李剑玲著. —北京：知识产权出版社，2016.6
（管理创新书系）
ISBN 978-7-5130-4202-4

Ⅰ.①生… Ⅱ.①李… Ⅲ.①管理学—研究 Ⅳ.①C93

中国版本图书馆 CIP 数据核字（2016）第 111618 号

内容提要

随着经济的发展和生活的提高，资源危机和环境污染问题越来越受到重视。引入生态学视角来研究管理创新问题，从生态系统的角度来探讨管理创新，是一个重要的全新的课题。本书基于生态系统思维，依据生态经济学和管理学理论，结合经济社会发展学，综合运用多种分析方法，统筹政治、经济、环境、社会、文化和技术，通过生态视角的管理创新，寻求资源的最优组合配置，以最少的资源投入，获得最大的管理产出；政府、企业、社会三者合力互动，实现组织目标，达到管理的最佳效果，提出生态视角的管理创新发展策略和建议。

责任编辑：石红华　　　　　　　　　责任校对：董志英
封面设计：张　冀　　　　　　　　　责任出版：卢运霞

生态视角的管理创新

李剑玲　著

出版发行：知识产权出版社有限责任公司	网　　址：http://www.ipph.cn
社　　址：北京市海淀区西外太平庄 55 号	邮　　编：100081
责编电话：010-82000860 转 8130	责编邮箱：shihonghua@sina.com
发行电话：010-82000860 转 8101/8102	发行传真：010-82000893/82005070/82000270
印　　刷：三河市国英印务有限公司	经　　销：各大网上书店、新华书店及相关专业书店
开　　本：787mm×1092mm　1/16	印　　张：16.75
版　　次：2016 年 6 月第 1 版	印　　次：2016 年 6 月第 1 次印刷
字　　数：307 千字	定　　价：48.00 元
ISBN 978-7-5130-4202-4	

出版权专有　　侵权必究
如有印装质量问题，本社负责调换。

序 言

随着经济的发展和生活水平的提高，资源危机和环境污染问题越来越受到重视。引入生态学视角来研究管理创新问题，从生态系统的角度来探讨管理创新，这是一个重要的全新的课题，需要理论界和实际部门的专家共同深入研究探讨，特别是基于生态学的管理创新的评价理论与方法还不明确，还有待进一步研究和完善，本书就是针对这些关键问题进行研讨和论述的一部新著。

本书从生态学角度对管理的一系列问题进行创新研究，基于生态系统思维，依据生态经济学和管理学理论，结合经济社会发展学，综合运用多种分析方法，在 PEST 分析法、SWOT 分析法的基础上，定性分析和定量研究相结合，用模糊综合评价法进行指标分析与评价，统筹政治、经济、环境、社会、文化和技术，通过生态视角的管理创新，寻求资源的最优组合配置，以最少的资源投入，获得最大的管理产出，政府、企业、社会三者合力互动，实现组织目标，达到管理的最佳效果，提出生态视角的管理创新发展策略和建议。

作者对本书的有关资料和文献做了详细的调研，掌握了该领域国内外的研究现状和发展趋势。同时，由于作者具有扎实的管理学和生态经济学理论基础，并有良好的科研实绩，具备较强的科研能力、创新意识和论述水平，使得本书内容丰富、资料翔实、论点明确、论据充分、论述合理，选题新颖有特色，研究内容和研究方法具有创新性和可行性，具有重要的理论意义和实践价值。

作者相信，本书的问世将进一步加强生态视角的管理创新，实现生产、生活、生态的共赢发展，促进经济、社会、环境的可持续发展，为相关决策部门、研究部门、产业部门和企业的专业人士提供重要参考，为生态视角的管理创新发展提供可操作性强、解决实际问题的指导性建议。

2015 年 9 月 29 日

前　言

　　管理问题无处不在，生态环境是我们离不开的。目前，随着经济的发展和生活水平的提高，资源危机和环境污染问题越来越受到重视。如何解决资源有限性和欲望无限性之间的矛盾问题，实现管理的效率和效果的统一，寻求生产、生活和生态的共赢发展，进行基于生态视角的一系列管理问题创新研究，有重要的理论价值和现实意义，这是本书写作的目的和意义所在。

　　本书主要是基于生态视角的管理问题探讨，从生态学角度对管理的一系列问题进行创新研究。通过引入生态学视角来研究管理创新问题，从生态系统的角度来研究探讨管理创新。基于生态系统思维，依据生态经济学和管理学理论，结合经济社会发展学，综合运用文献分析法、比较分析法、因果分析法和实证分析法等，在 PEST 分析法、SWOT 分析法的基础上，定性分析和定量研究相结合，用模糊综合评价法进行指标分析与评价，寻求资源的最优组合配置，以最少的资源投入，获得最大的管理产出，探讨生态视角的管理创新策略。通过生态视角的管理创新，实现组织目标，达到管理的最佳效果，实现生产、生活和生态的"三生共赢"，促进经济、社会和环境的可持续发展。

　　首先，探讨生态视角的人才预警管理问题和薪酬管理创新。人力资本是组织发展的第一资本，从生态学的角度，以人为本，考虑人的发展需求，使个人目标与组织目标一致，做好绩效考核与薪酬管理，通过物质激励与精神激励，充分调动人才的积极性、挖掘人才的潜能，进行高层次人才预警管理体系评价，预防和减少高层次人才的流失。

　　其次，讨论生态视角的产业技术创新管理和商业模式创新管理，以及生态视角的旅游发展管理。科学技术是第一生产力，产业的核心竞争力在于提高其技术创新能力。从生态学角度，基于产业结构与技术创新力的关系，建立工业产业技术创新力评价指标体系与评价模型，提高产业技术的可持续创新。商业模式的创新是企业最根本的创新，基于生态的视角，探讨了商业模式创新与技术创新、企业核心能力的关系，加强企业的商业模式创新，增加企业的利润。基于生态环境保护的角度，整合区域旅游资源，建设生态和人文景观，通过旅

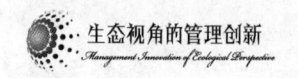

游发展推动经济、社会和环境的发展。

再次，分析生态视角的企业国际化管理。从生态的视角，基于经济、社会和环境的可持续发展，分析中国企业国际化，对中国企业国际化评价方法进行研究，用模糊评价方法建立相应的数学模型，对综合评价结果进行分析，为有效提高中国企业国际化程度提供科学依据，提高中国企业的国际竞争力，推进中国企业国际化进程。

最后，研讨生态视角的城市发展管理和京津冀协同创新发展。从生态学的角度，探讨基于绿色经济的城市绿色创新，是在政治、经济、社会、环境和文化等领域的创新，是可持续发展的系统的创新，从理念、政策、体制、人才、技术、产业结构等方面提出相应对策，探索以经济促进中国城市绿色创新的发展战略。经济全球化使区域经济一体化成为中国发展战略，区域可持续发展是全球可持续发展的基础，京津冀协同发展成为国家重大发展战略。基于生态学视角和系统论思维，政府、企业和社会三者合力互动，加大政府引导和区域协调，构建生态视角的"三维一体"和"五位一体"发展模式，加强产业关联生态化，优化产业生态空间布局，实现京津冀区域的优势互补和共赢发展，加强京津冀协同创新发展，促进京津冀区域经济、社会和环境的可持续发展。

本书内容丰富，结构合理，理论与实践紧密结合，注重知识体系的完整性和专业技术的前沿性。本书中部分内容是作者硕士和博士期间的研究成果，部分内容是相关课题的研究成果。本书适用于从事生态经济和战略管理的相关人士，也可供从事相关领域研究的政府、企业、科研部门人员及大学师生参考。

在本书的撰写和整理过程中，得到了李京文院士的大力指导和帮助，在此向他表示衷心的感谢。

由于作者水平有限，书中难免有疏漏和不足之处，恳请广大读者批评指正。

李剑玲

2015 年 11 月于北京

目 录

第一章 绪 论 ………………………………………………………… 1
  第一节 研究背景和意义 ………………………………………… 1
  第二节 研究现状 ………………………………………………… 2
  第三节 研究内容和方法 ………………………………………… 4

第二章 生态视角的人才预警管理 …………………………………… 6
  第一节 人才预警管理的研究现状 ……………………………… 7
  第二节 高校高层次人才现状 …………………………………… 8
  第三节 高校高层次人才流失情况 ……………………………… 10
  第四节 高校高层次人才流失预警管理指标体系设计 ………… 18
  第五节 高校高层次人才流失预警管理体系评价 ……………… 22
  第六节 高校高层次人才激励机制的构建 ……………………… 26
  本章小结 …………………………………………………………… 31

第三章 生态视角的薪酬管理创新 …………………………………… 33
  第一节 薪酬管理理论研究 ……………………………………… 33
  第二节 我国企业薪酬体系现存的主要问题 …………………… 39
  第三节 基于激励机制的薪酬体系的构建 ……………………… 42
  本章小结 …………………………………………………………… 57

第四章 生态视角的产业技术创新管理 ……………………………… 59
  第一节 提高技术创新力的意义 ………………………………… 59
  第二节 工业产业技术创新力评价指标体系的建立 …………… 60
  第三节 工业产业技术创新力评价模型的确定 ………………… 66
  第四节 文化产业的创新发展 …………………………………… 68
  本章小结 …………………………………………………………… 74

第五章 生态视角的商业模式创新管理 ……………………………… 76
  第一节 商业模式创新的形式 …………………………………… 76

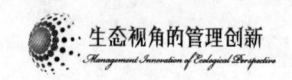

第二节　商业模式创新的因素分析……………………………… 89
　　第三节　商业模式创新的方法途径……………………………… 112
　　本章小结……………………………………………………………… 136

第六章　生态视角的旅游发展管理——以河北红色旅游为例……… 138
　　第一节　旅游管理的研究现状…………………………………… 138
　　第二节　旅游管理的创新管理…………………………………… 141
　　第三节　旅游管理发展对策研究………………………………… 147
　　本章小结……………………………………………………………… 157

第七章　生态视角的企业国际化管理………………………………… 159
　　第一节　国际企业和企业国际化………………………………… 159
　　第二节　企业国际化和中国企业国际化………………………… 165
　　第三节　评价理论与方法………………………………………… 186
　　第四节　原始数据的处理方法…………………………………… 192
　　本章小结……………………………………………………………… 203

第八章　生态视角的城市发展管理…………………………………… 206
　　第一节　城市绿色创新现状……………………………………… 206
　　第二节　中国城市化进程………………………………………… 210
　　第三节　城市绿色发展…………………………………………… 215
　　第四节　基于生态经济的城市绿色创新………………………… 221
　　本章小结……………………………………………………………… 229

第九章　生态视角的京津冀协同创新发展…………………………… 232
　　第一节　京津冀协同创新发展比较研究………………………… 232
　　第二节　基于生态文明的京津冀区域发展……………………… 241
　　第三节　生态视角的京津冀服务业发展………………………… 247
　　本章小结……………………………………………………………… 255

第一章 绪 论

第一节 研究背景和意义

管理问题无处不在，生态环境是我们离不开的，基于生态视角的管理问题研究很有意义。本书基于生态视角，从生态系统思维出发，进行管理问题的创新探讨，通过引入生态学视角来研究管理创新问题，从生态系统的角度来研究探讨管理创新。本书之中运用了定性分析和定量研究相结合的方法，结合文献分析法、因果分析法、比较分析法、实证分析法等，用模糊综合评价法进行了指标分析与评价，使结果更加可靠与可信，更具有理论学术价值和实际应用价值，可以在之前传统管理思维和方法基础上，使得视野和思路更开阔，方法和途径更灵活，从而达到效率和效果更好的和谐统一，实现生产、生活、生态的"三生共赢"发展，促进经济、社会、环境的可持续发展。

21世纪，知识经济将在国际经济中占主导地位。知识经济以知识的生产和利用为核心，以人力资源和技术为动力，以高新技术产业为支柱，以科学研究和技术创新体系为后盾。这种知识密集型、智慧型的新经济形态，将引起社会生产力的巨大飞跃，对人类历史进程将产生极为深远的影响。经济发展和社会进步，需要物质资源作基础，更需要人的知识和能力作支撑。人才，特别是高层次创新人才，已经成为生产力发展的核心要素。世界各国在科技生产力、经济实力和综合国力等方面的竞争说到底是人才的竞争，而且这种竞争比以往任何时候都激烈。这实际上反映了新的生产力发展形势下观念上的根本转变。知识经济时代对人才的占有和争夺将更加激烈。

薪酬管理是一门科学，它渗透了人力资源管理知识的方方面面。薪酬总额相同，薪酬结构不同，管理机制不同，支付方式不同，往往会取得不同的效果。薪酬体系是企业内部多种分配形式相互联系、相互制约、相互补充所构成的有机统一体，是企业内部薪酬分配的基础，是确定和调整企业内部各类人员

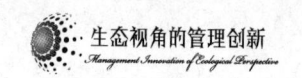

薪酬关系的主要依据，也是企业制定内部薪酬计划的重要参考。合理有效的薪酬体系不但能有效激发员工的积极性，促使员工努力实现组织的目标，提高组织的效益，而且能在人才竞争日益激烈的情况下吸引和保持住一支素质良好且有竞争力的员工队伍，推动企业不断发展。

产业结构是随着经济的不断发展与工业化进程的不断加快逐步完善的。在当代经济全球化的环境中，一个国家、区域欲提高综合经济实力，就必须走优化产业结构的道路。合理的产业结构不仅可以使自然资源、劳动力、资本等生产要素合理配置，使创造增加值的能力达到最大，从而实现区域竞争能力的迅速提高，而且优化的产业结构也必然伴随着产业科技素质的提高，从而促进区域教育、科学研究、职工素质等方面的发展，最终引起区域经济的高速增长。然而产业结构的调整优化不仅需要国际、国内市场的拉力和竞争的压力，更需要先进科学技术的推力。

当今，面对全球气候变暖和资源危机等问题，发展绿色经济已经成为必然。绿色经济是一种以能源消耗较少、环境污染较低为基础的绿色经济模式，是一种全新的经济发展模式，是实现可持续发展的具体路径和必由之路。提高能源效率、开发清洁能源、发展低碳经济已经逐渐成为全球的共识，发达国家率先把发展绿色经济上升到国家战略的高度，绿色经济已从一个应对气候变化、环境保护和资源紧缺的技术问题转变为决定未来国家综合实力的经济和政治问题，并将成为未来规制世界发展格局的新规则。绿色城市是发展绿色经济的最重要载体，绿色城市建设是绿色经济发展的重要内涵。城市是人类文明的产物，是行政、金融和工业中心。城市是经济社会发展的重要载体，城市建设的最终目的是为人民群众创造良好的生产、生活环境，实现"生态、生产、生活"三生共赢、三生协同发展。

京津冀协同发展是国家的重大发展战略。国内外当前的经济全球化促进了区域经济一体化发展，区域经济一体化成为中国的发展战略。京津冀区域经济一体化发展是国家发展战略，稍滞后于长三角、珠三角。在京津冀区域经济一体化背景下，研究如何做到京津冀区域的相互补充和共赢发展，实现京津冀区域协同创新的共同发展，具有非常重要的意义和价值。

第二节 研究现状

当前，提高能源效率、开发清洁能源、发展低碳经济逐渐成为全球的共识，发达国家率先把发展绿色经济上升到国家战略的高度，绿色经济已从一个应对气候变化和环境保护的技术问题转变为决定未来国家综合实力的经济和政治问题，并将成为未来规制世界发展格局的新规则。

21世纪，经济全球化正以不可遏制的强劲趋势在世界范围内迅速推进，作为发展中国家的中国的企业，如何面对经济全球化、推进企业国际化，积极参与国际竞争，融入经济全球化的世界浪潮之中，应该说这是中国企业入世后迫切需要研究的问题。旅游经济发展对策研究是以现有的管理理论为基础，理论分析以多学科理论交叉研究为原则；调查工作由理论研究人员和艺术管理各类人员进行合作，在成因分析的基础上，遵循科学的、系统的、可操作的原则，挖掘和保护历史文化遗产，开发生态旅游，并在此基础上制定促进经济社会可持续发展的对策。

如今商业环境变化越来越迅速，顾客正变得越来越强大，购买决策更复杂，并且他们的需求也在不断地发展变化，商业模式正是聚焦于利润的获取，促使企业抓住顾客的需求，利用一定的战略控制手段，帮助企业在竞争中取得优势，现在的竞争已经不单纯是某一个环节、某一项职能的竞争，而是作为整体的商业模式的竞争。商业模式建立在对外部环境、自身的资源、能力的假设之上，因此没有一个商业模式适用于任何企业，也没有一个商业模式永不过时。行业内的企业出于对成功的相互模仿，往往会出现"趋同"现象，从产品同质化到战略趋同、商业模式趋同，如中国的家电行业，由于缺乏核心技术的研发能力和非理性的竞争思维，国内家电企业采取了大致相同的商业模式，提供类似的产品，争夺相同的消费者，营销手段基本靠价格战，面对"趋同"，企业需要对商业模式进行创新，改变当中的某些要素或者环节，甚至彻底地再造商业模式，以差异化经营获取超额利润。

目前，绿色城市建设已经成为世界各国城市建设的热点问题，绿色发展模式成为新一轮经济增长的关键词。随着工业化、城市化进程快速推进，中国城市面临的节能减排问题日益严峻。城市化是中国经济社会发展的长期战略之一，未来城镇人口及其比重将继续提高，城市经济在国民经济中的重要性将进一步提升。然而，城市化以工业为依托，工业的高速发展是以牺牲资源和能源为代价的，中国的快速城市化发展是建立在工业化基础之上的，传统工业化是以高碳排放为特征的发展模式，中国城市也是温室气体的主要产生地。因此，加快建设绿色经济城市是发展的必然和迫切需求。中国是人口大国，坚持节约资源和保护环境是基本国策，发展绿色经济、建设绿色城市是实现这一国策、促进城市经济与资源环境和谐发展的重要途径之一。走绿色发展之路是中国的必然选择，也是城市建设的必然选择。

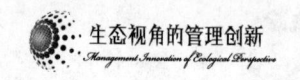

经济全球化下，区域经济一体化发展是中国的国家发展战略，京津冀区域的协同发展是一个重大的国家战略。依据 PEST 分析和 SWOT 分析，基于系统论思想，首先对京津冀区域内进行比较分析，然后将京津冀区域与长三角、珠三角区域进行比较分析，找出京津冀区域的比较优势，最后寻求京津冀区域协同创新发展策略。转变阻碍京津冀一体化发展的理念，充分发挥政府、企业和社会的合力互动，实现资源、市场和信息的共享，找准定位、调整战略，促进京津冀区域的协同创新和共赢发展，实现京津冀区域的可持续发展。

第三节 研究内容和方法

本书主要是基于生态视角的管理问题探讨，从生态角度对管理的一系列问题进行了分析与论述，依据生态经济学和管理学理论，结合经济社会发展学，寻求资源的最优组合配置，以最少的资源投入，获得最大的管理产出。诸如人才预警管理、薪酬管理创新、产业技术创新管理、商业模式创新管理、旅游发展管理、企业国际化管理创新、绿色城市发展管理、京津冀协同创新管理等问题进行了创新研究，依据生态学系统思维来研究管理创新问题，从生态系统的角度来研究探讨管理问题的创新，可以改进传统管理，体现管理的科学性与艺术性的统一，实现管理的效率和效果的完美统一，通过生态视角的管理创新，实现组织目标，达到管理的最佳效果，实现生产、生活和生态的三生共赢，促进经济、社会和环境的可持续发展。

理论研究：采用文献分析法和比较分析法，基于系统论思维和生态经济学，依据生态足迹理论、"三生承载力"和"三生共赢"理论，结合环境库兹涅茨曲线、绿色 GDP 指数、生态足迹模型、生产函数理论、系统动力学理论、统计分析方法，追求经济、社会发展的同时，考虑生态环境容量，寻求经济社会发展和生态环境保护的最佳组合，用模糊综合评价法对基于生态视角的管理发展及其影响因素进行创新性的定性分析和定量研究。

实证研究：采取实地调查法、访谈法、问卷调查法等，选取一些实际案例进行实证分析，分析基于生态视角的管理问题形成的因素，理论联系实际，通过因素分析，进一步探讨生态视角的一系列管理创新问题，寻求基于生态视角的管理问题创新建议和策略。

本书结构如图 1-1 所示。

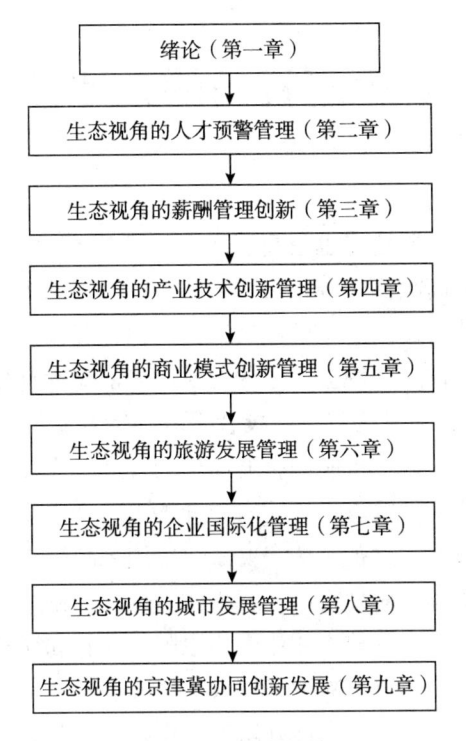

```
        ┌─────────────────┐
        │  绪论(第一章)   │
        └────────┬────────┘
                 ↓
    ┌─────────────────────────┐
    │生态视角的人才预警管理(第二章)│
    └────────────┬────────────┘
                 ↓
    ┌─────────────────────────┐
    │生态视角的薪酬管理创新(第三章)│
    └────────────┬────────────┘
                 ↓
    ┌─────────────────────────────┐
    │生态视角的产业技术创新管理(第四章)│
    └──────────────┬──────────────┘
                 ↓
    ┌─────────────────────────────┐
    │生态视角的商业模式创新管理(第五章)│
    └──────────────┬──────────────┘
                 ↓
    ┌─────────────────────────┐
    │生态视角的旅游发展管理(第六章)│
    └────────────┬────────────┘
                 ↓
    ┌─────────────────────────┐
    │生态视角的企业国际化管理(第七章)│
    └────────────┬────────────┘
                 ↓
    ┌─────────────────────────┐
    │生态视角的城市发展管理(第八章)│
    └────────────┬────────────┘
                 ↓
    ┌───────────────────────────────┐
    │生态视角的京津冀协同创新发展(第九章)│
    └───────────────────────────────┘
```

图1-1　本书结构

第二章　生态视角的人才预警管理

高校是培养人才的基地，也是高层次人才云集之地。创名牌大学必须有一流的师资，因此，各高校都十分重视师资队伍建设，想方设法吸引人才、留住人才，努力培养造就一支高水平的师资队伍。由于高校人才济济，所以也是各企业和国外，以及高校之间挖掘人才的场所。当前受大环境影响，高校师资队伍不稳定，"跳槽"呈蔓延之势。高校骨干教师特别是一些高层次人才的流动呈调出大于调入的趋势，严重制约普通高校的发展。人才流失不仅削弱了高校在市场中的竞争实力，而且也在一定程度上背离了我国高等教育改革的初衷，我们对此应该引起高度的重视，一定要采取措施来减少人才的流失。很多教授学者等都在各自的著作中对高校人才流失做了详细的论述和研究。他们通过大量实例和问卷调查，围绕高校人才流失的原因、现状和所造成的影响等做了论述，提出了一些有益的建议来减少高校人才流失。

设立完善的预警体系，事先做好防范工作，是十分必要的。但这方面的研究较少，有必要对高校高层次人才流失预警进行一些研究和探讨。

高校高层次人才流失预警管理研究是高校管理的重要组成部分，同时又是一项实用性和可操作性极强的研究课题。我国加入 WTO 以后，人才竞争更加激烈，建立系统化、制度化的高层次人才流失预警管理体系至关重要。

本章从高校人才资源管理工作的角度出发，从高校的组织和行为管理入手，对高校运行中出现的各种高层次人才流失问题，通过运用预警管理手段进行识别、评估、衡量和预先报警，借此寻求出最佳的预控对策，以减轻对高校发展的影响，使高校获得一定程度上的安全保障。高校高层次人才预警管理研究应纳入高校管理的全过程，它是对高校人力资源管理工作的一种完善，补充了在高校的人才资源管理工作中缺乏预警管理体系的内容。本章要探讨的问题有：高校高层次人才的界定、类型、特征；高校高层次人才流失成因分析；构建高校人才预警管理体系和模型；构建高校高层次人才流失预警指标体系的原理、功能作用、预警指标的选择、确立及指标值的界定和相对应的报警方式等。

第一节　人才预警管理的研究现状

高校高层次人才预警管理研究是以现有管理理论为基础，以预警管理理论为指导建立的，是对高校高层次人才流失开展识别、诊断、预控决策等活动的系统。

一、高校高层次人才流失问题研究现状

人才是高校师资队伍建设和教学科研发展最重要的资源，当今和未来的社会竞争，说到底是人才的竞争。因此，如何用好、留住现有人才，积极引进高层次人才，创新管理和开发机制，对于我们这个经济相对落后、人才流失较多的内陆省份的高校来讲，尤其重要和迫切。很多教授学者等都在各自的著作中对高校人才流失做了详细的论述和研究。例如，刘勇的《高校高层次人才流失的根源及对策》一文通过对某高等院校5年人才流失情况的分析，认为高校高层次人才流失的主要原因是待遇低、工作条件差、人才成长环境差，并提出了相应的对策。苏立蓉的《高校拔尖人才管理机制刍议》一文认为拔尖人才（即高层次人才）是高校发展的关键，建立科学的选拔机制、完善的考核机制和利益共享的分配机制是高校培养、吸引、稳定拔尖人才的重要途径。李世平的《高等学校高层次人才引进与管理的探讨》和王泽长的《对学校引进高层次人才工作的探索与思考》等论文在强调新形势下高层次人才对高校具有极端重要性的同时，通过对当今高等学校人事分配制度改革方案和高等学校吸引高层次人才政策的分析，探讨了高校高层次人才的引进和管理工作。

二、预警管理研究现状

预警管理是目前管理科学中的组织管理理论的最新理论体系，是在实证考察和分析组织逆境现象的活动规律的基础上，寻求组织在逆境状态下的识错防错机理和逆境状态下治错纠错机理的理论。经济预警包括：宏观经济预警和微观经济预警。宏观经济预警理论产生于20世纪30年代，由资本主义的周期性经济危机所推动。第二次世界大战后，经济预警理论和实践获得了重大发展。在微观预警方面，20世纪80年代中期美国开始进行企业危机管理研究和策略震撼管理研究。

我国宏观经济预警研究始于20世纪80年代，如顾海滨教授所著的《中国工农经济预警》，对中国宏观经济预警进行了系统的研究。随着宏观经济预警

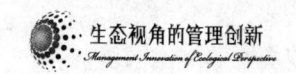

的进一步发展，我国学术界对微观经济预警也开始进行一些研究，特别是佘廉教授于1993年开始了国家自然基金项目——"企业预警预控管理系统"的研究，第一次完整地提出了企业建立预警管理系统的思想和依据，并应用于企业管理实践，对企业危机管理、风险管理具有重大的理论指导意义和价值。然而，通过对国内关于预警管理研究的回顾，至今，关于高校高层次人才预警管理的研究几乎没有。

本章以高校高层次人才为对象，运用预警管理理论、人力资源管理理论、运筹学理论等学科知识对高校高层次人才预警管理系统进行研究，在大量数理统计、数学分析以及对高校高层次人才流失成因分析的基础之上，探讨一种合理有效的预警管理系统。

第二节 高校高层次人才现状

一、高校人才的内涵及特征

人才是指具有一定的知识、专门的技术、较高的能力，能够在社会实践中以自己创造性的劳动或卓越的活动，对人类社会的发展和进步，在某一方面做出贡献的人。可见，人才应由三个因素组成：第一，知识和能力是人才的本质特点，是人才和普通人的基本差别，是人才发挥作用的基础；第二，参加社会实践活动是人才的基本条件，一些有知识、有才能的人没有投入实践活动的机遇，称之埋没人才；第三，促进社会发展和人类的进步是人才的主要属性，是培养人才、重视人才的关键所在。

世界已进入21世纪，随着经济发展、科技进步，人才的作用更加重要，今天的竞争就是人才的竞争。邓小平指出："中国的事情能不能办好，社会主义和改革开放能不能坚持，经济能不能快一点发展起来，国家能不能长治久安，从一定意义上说，关键在人。"关键在于人才，这是被无数历史事实证明了的共同规律、铁的规律。重视人才，发挥人才的作用，这是任何时候、任何国家、任何朝代都必须遵循的客观规律。

（一）高校高层次人才的界定

高层次人才，是指在各自学科、技术领域具有较高造诣、作出过突出贡献或具有较强科研开发潜力的各类专家、学者以及优秀经营管理人员。针对高校的实际情况，具体划分为以下几种。

（1）学科带头人、学术带头人。

（2）教授或教授级高级工程师。

（3）高校高级管理人员。

（4）博士。

（5）专业急需的硕士学位研究生。主要包括：①当前特别需要的授课教师；②近两年准备新开设专业需提前储备的师资；③拟作为教学骨干或拟准备培养的学科带头人；④对学科建设有重要影响的人才；⑤作为国家试点专业的师资和专业方面的师资；

（6）骨干教师：长期在教学、科研第一线工作，善于合作共事、协同攻关，有较强的学术水平和科研工作能力，对学科、专业发展有一定预见性，发展潜力较大；在国内核心期刊或国外发表过多篇重要学术论文；具有本科以上（含本科）学历的副高职称的技术人员。

（二）我国高校的人才特征

创造是科学技术和其他所有行业的生命力，唯有创造能够建立起新理论、新技术、新成果，使科学技术和其他行业不断发展，兴旺发达。

（1）高层次人才的主要特征就是创造性，即其具有较强的创造能力。高层次人才具有高水平考核成果、创造成果和影响，而优异的考核成果主要靠较强的创造性思维得来。渴望创造是健康的实现个人的精神需要之一，高层次人才不仅具有一般人的这种渴望创造的精神需要，而且能将其转化为从事创造的实践，并创造出现实成果。高层次人才是创新精神、创新能力和创新成果三个方面的统一。

（2）具有领先的学术水平。在高校往往有两种权威：一种是组织授予的领导权威；另一种是通过自身学术水平的影响力形成的学术权威。学术水平对一个人来说是动态的，人与人之间谁领先是相对的。作为一个真正的高层次人才，时时面临着科技发展的挑战，面临着国内外同行的挑战，也面临着同事的挑战，只有不断地学习才能使自己处于领先地位。

（3）具有国际视野。当今时代，一项实用科学技术从科学发明到技术转化，从技术转化到应用，再到全球化推广的周期已大大缩短，科学技术信息资源已逐渐向全球共享的方向发展。作为高层次人才，他们时时关注本学科领域内国际学术界的变化，建立多种了解本学科国际前沿学术动态的渠道，不断培养自己的国际视野和国际观。

（4）具有广泛的交往能力和组织协调能力。科学技术在不断的发展中逐

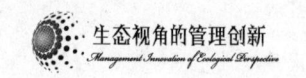

步显现出综合化、交叉性的特点，某个研究项目既有学科内的交叉融合，又有学科之间的交叉渗透。科学研究的手段也日趋多样化和复杂化，研究项目的争取、学科或课题组成员在完成工作过程中的组织和协调等，都要求高层次人才具有很强的人际交往能力和组织管理能力。

（5）具有较强的为科学、为事业的奉献精神和事业心。科学创造是非常艰苦的劳动，爱因斯坦曾说，他之所以能取得成功，是99%的汗水加1%的机遇，没有奉献精神和强烈的事业心是难以取得成功的。

二、高校高层次人才的作用与意义

随着人类跨入21世纪，国际范围内科学技术的发展呈现出突飞猛进的总体态势，生产社会化程度不断提高，以知识创新为特征的新经济正在蓬勃兴起。知识创新、科技创新在经济发展中的作用日益重要。经济发展和社会进步需要物质资源作基础，更需要人的知识和能力作支撑。人才，特别是高层次人才，已经成为生产力发展的核心要素。高校是高层次人才的摇篮，肩负着培养各种人才的重任。因此高校高层次人才在培养各类人才、促进科技进步、推动生产力发展等方面都起着不可替代的作用。

（1）能够提高学术基础。高层次人才可把学科前沿的新信息、新技能、新方法、新思想辐射和渗透到本学科内、本校内，甚至全国范围内，潜移默化地提高了学科的学术基点。可以使学校组建和带动一批学科达到科学研究的前沿，开展与国际接轨的教学和研究活动。

（2）能促进学校实现飞速的发展。要在日新月异的科技发展中抢到先机，要寻找更多的学科增长点，只能依靠高层次人才的带动作用，进行学科调整，实现新的学科增长点。

（3）促进学科的交融，利于科学的发展。人才是知识、信息的载体，未来社会是流动的社会，人才价值通过流动而得以充分体现和发挥。高层次人才自身水平也可以在流动中得到提高，以带动本校的迅速发展。

第三节　高校高层次人才流失情况

一、高校高层次人才流失的原因

马克思主义唯物辩证法认为，内因是事物变化发展的根本原因，外因是事物变化发展的外部条件，外因最终要通过内因发生作用，事物的发展变化是内因和外因共同作用的结果。高校高层次人才的流失既有作为内因的高层次人才自身因素的影响,又有作为外部条件的高校小环境和国内国际大环境的影响。以下分三部分探讨高校高层次人才流失的原因。

(一) 环境因素

1. 国际环境的影响

(1) 在以和平与发展为主题的国际政治环境下,人才流动日趋加剧。人类进入新世纪,影响和平与发展的不确定因素在增加,世界还很不安宁。但是国际形势基本走向并未发生根本性变化。总体和平、局部战乱仍然是当前和今后一个时期国际形势的基本态势。在这一大的国际背景下,随着世界经济一体化进程的加剧和我国加入WTO,我国的经济和科技将不可避免地融入到国际大环境中去。我国加入WTO后受到的最大冲击是人才的流失,最大的挑战是人才的缺乏。外资企业进入的首要目的是全面抢夺本地人才。经济全球化进程的加快,必然导致国际范围内人才流动的加速。

(2) 在知识经济时代,国际范围内的人才流动机制日益健全,人才竞争日趋激烈。在知识经济时代,知识成为生产力要素中最重要的组成部分,成为世界各国发展的动力。国家的地位取决于国家的知识创新能力与人才优势。人才,特别是高层次创新人才,作为知识的创造者、承担者、传播者、使用者,已经成为各国首先关注的对象。能否拥有和保持一支规模宏大的高素质的高层次人才队伍,已经成为事关一个国家在国际竞争中兴衰成败的重大战略问题。这些都使得国际人才资源开发机制逐步健全和完善,国际人才市场对人力资源的配置正在日益发挥着极其重要的作用,追求人力资本的最大化成为当今世界各国人力管理的核心。在知识、智力、人力资本化成为知识经济时代重要特征的前提下,世界许多国家依靠教育加速培养高层次人才,采取各种措施吸引人才,积极参与国际人才争夺。

(3) 世界各国经济发展的不平衡,导致了国际范围内的人才竞争呈现出极大的不平等性。发达国家凭借自身强大的经济实力、优厚待遇以及优越的科研条件等,纷纷放宽移民定居等限制,形成了对全球高层次、高技术人才的吸引力。而广大的发展中国家由于受自身经济发展水平以及人才流动机制等诸多因素的影响,在国际高层次人才的流动过程中处于被动地位和劣势,在发达国家对发展中国家的人才资源进行掠夺式吸纳的过程中,我国正在遭遇着一场不平等的竞争。由于世界各国社会经济发展的不平衡性,导致了国际范围内高层次人才流动和国际化市场对人才资源的配置表现出极大的不平等性,从而使得

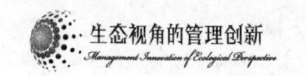

国际范围内高层次人才的流动呈现出"马太效应"。

（4）国外部分高校和科研院所自身的优越条件对高层次人才具有一定的吸引力。国外部分高校和科研院所自身有着先进的实验设备、优厚的物质待遇以及相对宽松和谐的学术氛围。对于在国内教学科研条件难以满足自身发展需要或者追求更高目标的事业型高层次人才来说，他们渴望到国外条件比较优越的高校和科研院所攻读或继续进行科学研究。一旦有机会，他们便会不惜一切代价出国。据最新统计，中国出国留学人数持续增长，近二十年来累计达45万人，其中自费出国留学超过一半。但二十多年来只有1/3的人学成回国，人才流失现象严重。

总之，国际范围内人才流动的加速、人才流动的日趋激烈和国际人才竞争的不平衡性，最终影响到了国内人才流动。我国高校高层次人才流动的加速与日益激烈深受这一国际因素的影响，国际因素对我国高校高层次人才流失到国外的那部分人影响更大。

2. 国内环境的影响

（1）我国是人口大国，但不是人才资源大国，高层次人才的总量不足。我国是世界上人口最多的国家，也是世界上劳动力资源最丰富的国家，但不是人才资源大国。我国尚处于工业化发展阶段，还要发展新经济，对各类人才的需求达到了历史的最高点，人才的短缺已经成为经济持续增长的巨大制约因素。人才是奇缺的、稀有的，尤其是高层次人才严重奇缺。因此，充分开发人力资源、普遍提高全民教育水平，是我国基本国情的必然选择。

（2）全国各地区间经济发展表现出的不平衡性和多层次性，直接影响了国内高层次人才的流向。经济学家指出，在各种生产要素中，劳动力要素是最具流动性的一个要素。市场经济的存在，人才也有自己的边际效率，通过流动，每个人可以找到对他来说边际效率最高的地方。可以说，人才流动有利于经济的发展。流动是必然的，不流动是僵死的。但是，在发达地区和欠发达地区间的要素流动中，会使人才从欠发达地区不断流向发达地区。

（3）在我国，"尊重知识、尊重人才"已经成为共识，国内各单位、各部门对高层次人才的争夺日趋激烈。人才是一个国家社会和经济发展最重要的战略资源，关系到国家的兴衰存亡。党的十六大报告强调指出，"必须尊重劳动、尊重知识、尊重人才、尊重创造，这要作为党和国家的一项重大方针在全社会认真贯彻"。正是在这样的舆论环境下，"尊重知识、尊重人才"成为人们的共识。各单位、各部门凭借自身实力积极参与对高层次人才的争夺，而且争夺正在越来越激烈。国内各高校更是不惜一切代价出台有关聘请院士、教授、研究生导师和引进博士、硕士的优惠政策。

（4）随着具有中国特色的社会主义市场经济体制的建立并不断完善和发展，与之相适应的人才流动机制和人才流动政策也在不断地发展。社会主义市场经济条件下，经济利益、社会地位和生存环境日益成为个人奋斗和发展的基本动力因素；与此相对应的是人才流动日益频繁，人才流动机制和人才流动政策也日益完善。日益完善的流动机制和流动政策，在一定程度上打破了计划经济体制下人才，尤其是高层次人才政策上的局限性，更好地适应了社会生产力和经济发展的需要，从而为高层次人才在全国范围内流动创造了一个相对宽松的社会环境。与此同时，在人才市场不断完善的过程中出现了一些不正常的用人机制，片面地认为"洋博士"比"土博士"好，从而在教学、科研、晋升、福利待遇等方面不能一视同仁，造成一些本来在国内学有所成的高层次人才纷纷到国外去进修"镀金"。这些是导致高校高层次人才纷纷想办法出国，并再也不愿意回来的重要原因之一。从根本上讲，这是人才流动机制不完善最终导致高校高层次人才流失的具体体现。

（5）我国高等教育经费短缺、教育体制改革创新不够，在培养高层次人才方面底气不足。与发达国家高等教育相比较，我国高等院校经费短缺、政府投入不足，在培养高层次人才方面显得捉襟见肘。例如，2002年我国教育投入190亿元，只相当于哈佛大学一年的经费投入。然而一边是投入不足，而另一边是浪费巨大。有资料表明，近十几年来全国各地盲目立项、投资的各种项目、工程，重复建设所造成的浪费上亿元。这些都直接影响了高校高层次人才的物质待遇，甚至直接影响到学校教学和科研工作的正常运行。改革开放以来，我国一直在进行教育体制的改革和教育新模式的探索，并已经取得了较大的成绩。但是由于创新力度不够、经验不足、资金缺乏等原因，使得在这一改革的进程中出现种种弊端和不足，这些弊端和不足势必影响国内高校高层次人才的稳定。倘若改革失败，将会使高校高层次人才对高校的发展前景彻底失望，他们必定会另谋出路。

（6）随着科教兴国战略的实施，各地都相应地采取吸引人才的措施，这在一定程度上加速了国内高层次人才的流动。我国教育总体供给能力依然处于较低的水平，高等教育的发展不能满足我国人力资源开发的要求，与世界高等教育发展水平相比存在很大差距。在这一背景下，党中央结合中国实际和时代特征适时地作出了实施"科教兴国"战略的重大决策，在一定程度上就意味着各地区间人才竞争更加激烈，从而加速了高层次人才在全国范围内的流动。

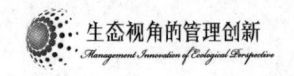

（二）高校自身因素

1. 高校现行管理体制的影响

高校自身的凝聚力、吸引力和高校高层次人才的稳定是分不开的，有时甚至是决定性的因素。搞好高校内部各项改革，优化人才使用和成长环境，增强高校的吸引力、凝聚力，具有十分重要的意义。高校管理体制改革包括校内管理体制改革、人事管理和分配制度改革、教学管理体制改革、招生分配制度改革、科研工作运行机制改革、后勤管理改革和校办产业管理改革等内容。我国高校自身人事制度改革相应滞后，人员进出不畅，高校的人才"逆淘汰"现象逐步增多，从而使得部分高层次人才无用武之地。

2. 高校人文环境和学术氛围的影响

从高校高层次人才的一般心理特点和实际来看，绝大多数高层次人才有强烈的自尊心、重视威信、甘愿奉献、追求完美人格，在人生价值追求上，他们往往重义轻利，他们的劳动需要理解和尊重。同时，他们视野开阔，往往既有历史感又有现代意识，能在各种事务相互联系、相互比较的参照中，确立较为清醒的见解。高层次人才的这些特质和心理特点，都要求高校真正做到关心人、爱护人、理解人、信赖人，坚持以人为本，形成"尊重劳动、尊重知识、尊重人才"的良好氛围，营造出一个"拴住人心"的环境，包括良好的工作环境、和谐的人际关系、民主活泼的学术环境、比较舒适的生活环境和尊重理解的社会环境。然而，由于种种原因，高校在人文环境和学术氛围方面都不同程度地存在着许多弊端，这在一定程度上影响了高校高层次人才的培养，导致了高校高层次人才的流失。

3. 生活待遇的影响

马斯洛的需求理论认为，人的基本需要是由低级到高级，以层次形式出现的，当某一层次的需要得到相对满足时，较高层次的需要才会迫切，有时不同层次的需要可以同时或交替并存。在市场经济环境中，人才作为市场的参与者，他们追逐个人效用的最大化。当经济回报在某一区间浮动时，其物质上的损失可以由精神方面的东西来补偿，可是，当经济回报低于此下限或突破此上限时，物质和精神方面将不具互补性。所以，工资、待遇等是留住人才的基本保障。

4. 工作、科研条件等形成的心理受挫的影响

挫伤理论认为，挫伤（又称挫折）一般是指人们在从事有目的的活动过程中遇到自感无法克服的障碍而产生的消极情绪，同时还指因管理不善引起的

压抑、伤害人们积极性的心理现象与过程。高校是塑造人的场所，主要从事精神生产劳动，其成员的心理活动就更为复杂。能否满足高校高层次人才的心理需要，使其不受创伤或少受创伤，进而保护他们的积极性和创造性，对于高校高层次人才的稳定和发展至关重要。由于教育经费的投入不足，很多高校在加强硬件建设、创造优美校园环境的同时，很难兼顾教师工作条件、科研条件的改善。工作科研条件差主要表现在办公室和实验室简陋、设备陈旧、必要器材和药品奇缺；科研参考书籍、资料过少；网络建设步伐缓慢，跟不上信息时代科研工作的需要。这些问题的存在一定程度上影响了部分高层次人才的专业发展，挫伤了他们的工作积极性，使他们情绪低落，心灰意冷，在行为上表现为兼职、出国、跳槽和下海等。如果说工作、科研条件的落后对高校高层次人才的挫伤是一种物质挫伤的话，在高校中还有一种无意挫伤。无意挫伤是不知不觉形成的挫伤，表现形态有两种：一是不自觉地运用了挫伤手段，无意中伤害了别人；二是并没有使用挫伤手段，甚至运用一种激励手段却造成了挫伤。因此，工作、科研条件等形成的心理受挫而使部分高层次人才缺乏工作的积极性和创造性，这成为高校高层次人才流失的重要原因之一，也在一定程度上影响了高校高层次人才队伍的稳定和发展。

5. 深造机会多少的影响

高校自身要能够为高层次人才的继续深造提供机会，让他们成为终身学习的典范，为大力推进教育创新打下基础。另一方面高校要积极为高层次人才出国或到兄弟院校继续深造创造条件。继续深造有利于高层次人才进一步提高综合能力和拓展国际视野，这不仅符合高层次人才个人发展的需要，也符合我国长远发展的利益。但是，高校为高层次人才提供继续深造的机会是有限的，这在一定程度上成为影响高校高层次人才稳定的主要因素。

6. 人才引进政策的影响

面对高层次人才竞争越来越激烈的局面，各高校全面拉开了人才引进的战略。但是这些高层次人才引进政策本身存在很多问题，这些政策的实施造成了高层次人才在一定程度上的无序流动，同时也使高校高层次人才管理变得混乱，一批批教授、博士同时成为许多学校的资本，成了变了味的资源共享。

7. 社会流行人才观的影响

社会发展的每一个时期都会相应地形成一定的人才观，这些人才观直接影响着该时期人才的流动。但是，这些人才观往往具有很深的时代烙印，在当时看来，确实有利于人才队伍的稳定和发展，但就长远看，遵从当时社会流行人才观而积极采取措施的做法，实在是一种短视的行为，缺乏战略眼光和长期

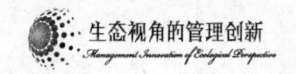

计划性、系统性，最终造成的结果是人才流动的无序性和不合理性。特别是在现今树立"人才资源是第一资源"观念的情况下，人才大战中的无序流动在加剧，高等院校如果不能围绕自己的发展目标制定长期的人才战略规划，而是片面地遵循一定时期的人才观制定短期的应对措施，将影响高校高层次人才队伍的稳定，甚至影响高校未来的改革和发展大计。

（三）高校高层次人才自身的因素

1. 思想认识的影响

高校高层次人才队伍在政治上是一支可信赖、可依靠的重要力量。绝大多数高层次人才普遍关注党和国家前途、命运的大事，特别是在涉及国家利益和民族尊严的重大事件上，坚决支持国家的严正立场和果断决策。但仍有部分高层次人才的政治理论学习热情不高，对西方的社会文化思潮和一些学术观点表现出盲目崇拜。也正是这一部分人"见异思迁"，缺乏爱国热情，他们随时都有可能离开自己所在的高校。

2. 理想信念的影响

在理想信念上，高校高层次人才的主体意识较强，渴望事业有成。高校广大高层次人才表现出强烈的主体意识和成才欲望，他们希望利用自己的精力和知识优势，抓住机遇，找到适合自身发展的途径，成就一番事业。但部分高层次人才缺乏坚定的政治信念和崇高的社会理想。这些人也同样成为高校高层次人才队伍建设的不稳定因素。

3. 价值观的影响

在价值取向上，高校高层次人才队伍中社会主义、集体主义的价值观、道德观占主导地位，但部分人表现出明显的功利主义倾向。这些人缺乏正确的价值观，一味追求个人利益，成为高校高层次人才队伍建设的不稳定因素。

总之，高校高层次人才的流失原因虽然涉及国际国内社会环境、高校自身和高层次人才自身等三个方面的因素。但从总体上讲，高校自身因素和高层次人才自身的因素是导致高校高层次人才流失的根本原因，国际国内社会环境在一定程度上只是影响高校高层次人才流失的外部条件。通过以上三个方面对高校高层次人才流失原因的分析我们不难看出，高层次人才的流动是一个系统的复杂的过程。高层次人才的流失，往往是诸多因素综合而成的结果。

二、高校高层次人才流失的特征

通过调研及搜集数据总结发现：人才流失是普遍存在的，人才流动是动态的，随着一部分人才的调入和自身培养，掩盖了人才流失的真相，实际人才流失更严重；教学科研型院校、综合类院校和国家教育部所属院校多为国家重点院校，人才流动呈调入大于调出状态，人才流失相对较少；其他院校人才流动为负增长，人才流失严重；效益型院校（如艺术院校、语言院校和林业院校），人才流动为正增长，相对稳定；教学科研型院校和国家教育部所属院校人才以流向国外为主；财经院校、政法院校和农林院校人才以流向机关为主；其他院校人才以流向重点高校为主；高校人才流向以大城市、中心城市和沿海发达地区为主；高校人才流动主要是45岁以下的中青年教师；高校人才调出的主要原因是工资待遇偏低。

三、高校高层次人才流失的影响

人才是一种贵重资源，人才流失无疑是高校贵重资源的流失，高校人才的流失主要造成以下几个方面的影响。

（一）人才的无序流失带来一些高校发展可预见性降低

高校的学科发展与办学水平的提高，离不开骨干教师队伍的相对稳定，高层次人才的无序流动客观上加剧了学科结构的不平衡和教学工作计划的紊乱，造成了人力、物力、财力的极大浪费。例如，某些高校热门专业教师如计算机、外语、通信、电力等专业，人才流失相当严重，师资队伍中博士、硕士所占比例偏低，好不容易培养一些硕士、博士又流失掉，特别是一些中青年教师在教学和科研岗位上工作多年，有一定教学和科研经验，这些人才的流失造成高校师资队伍断层，制约着高校本科教学水平的提高。

（二）人才流失给高校教师带来心理上的冲击

所谓人才，大都是指具有一技之长、学识渊博、能力强、专业素质高的人。他们是高校师资队伍中的骨干力量。高校中一些高层次人才流失以及热门专业教师的流失可能引起"多米诺骨牌效应"，给一般教师心理蒙上阴影。另外，承担本科教学工作的教师，由于校内岗位津贴分配向科研倾斜过大，对于以教学型为主的高校，这些第一线教师教学工作量大，而得到报酬低，从而影响他们的积极性。一部分教师到校外讲课或搞大量的有偿服务，或搞开发，造成人力资源大量"隐性流失"，"身在曹营心在汉"影响了对教学和科研的精力投入，制约高校本科教育水平的提高，也制约教师自身素质的提高，教师队伍的凝聚力不断弱化。

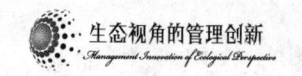

（三）人才恶性竞争助长投机心理

一些高校为了争夺人才而展开恶性竞争进而演变成一种炒作，客观上助长了少数人的投机心理。这部分人的流动并非他们在本单位不能发挥才能，而是为沽名钓誉或追求物质利益，这种动机决定了他们在流动过程中不负责任的态度与随意性。在现实生活中不难发现个别人急功近利，连年跳槽，造成极其恶劣的影响；不可否认某些院校的盲目竞争、攀比，为这些人提供了生存土壤。

第四节 高校高层次人才流失预警管理指标体系设计

一、高校高层次人才流失预警指标的含义及类型

指标属于在计划统计中综合反映社会经济现象的数量方面的科学范畴，一个完整的指标由指标名称和指标数值两部分组成。高校高层次人才流失预警指标就是根据这种高校高层次人才流失方面的数量和科学范畴来预先反映高校高层次人才流失问题的状态，如果发现问题便预先进行报警，以达到对高校高层次人才流失问题的预控之目的。如果预警指标的指标值是具体的数值，我们称之为数量指标，针对这种指标，我们可以采取代数的方法来评价和预警，实际上，很多指标的值本身是定性的或者不是具体的数值（只是模糊的一个度），我们无法用经典数学方法来评价它，针对这种情况，我们用模糊数学的方法来进行综合模糊评判。

二、高校高层次人才流失预警指标选择的原则

（一）敏感性原则

所选的预警指标与预测目标之间有函数关系，预警指标作为一个自变量，它的变动必然引起因变量目标的变动。只有当自变量与因变量有高度的相关性时，这个指标才能选作预警指标。对敏感性问题，我们可以通过实证调查结合统计中的相关性分析来解决。

（二）异质性原则

所选的预警指标之间应该是异质的，即不同指标只反应不同的内容。如果不同的指标反应同一内容，则称为指标间的同质性太高，因此应在同质性指标中取一个最具敏感性的指标作为最后指标。要解决异质性问题，可以对指标进行肯德尔和谐系数分析，当和谐系数 $L=0$ 时，指标才可以被选作最后指标。

（三）时间性原则

指所选作的预警指标有较长的时间跨度，能反应较长时期高校高层次人才流失的变动趋势。

（四）全面性原则

所选的指标集能覆盖高校高层次人才流失的各个方面，不应该有遗漏。全面性原则可借助大量的实证调查来解决。

（五）定量化原则

所选指标可以进行量化。无法量化就无法统计，无法统计也就无法比较，不比较就无法判定安全状况。客观性指标一般都可量化，而主观性指标的量化必须制定量化的具体标准，并借助专家意见法等多种方法进行量化。但采用任何主观方法进行的量化，都必须进行一致性检验。

（六）预警性原则

预警指标能真正起到警示信号和预控作用。指标的制定、预测、预警、预控为主要目标，既能反映现在，又能反映未来。

三、高校高层次人才流失预警指标的基本结构及具体指标

根据前面的研究分析，影响高校高层次人才流失的主要因素有环境因素、高校自身因素和高校高层次人才自身的因素，但从总体上讲，高校自身因素和高层次人才自身的因素是导致高校高层次人才流失的根本原因，国际国内社会环境在一定程度上只是影响高校高层次人才流失的外部条件。因此，在此只对高校自身的因素和高校高层次人才自身的因素进行分析。高校高层次人才流失预警指标体系是根据本课题设计原则和设计思路，并结合高校人力资源工作的实际情况来进行构建的，包括高校因素评价指标和高层次人才因素评价指标这两个一级指标。

（一）高校因素评价指标

1. 高校领导行为的因素指标

投诉率指标：投诉率＝一定时期内投诉其上级的下级人数÷下级的总人数×100%。该指标的高低变化，反映了下级对上级领导的满意程度，其值越低，显示上级领导越好。

投诉处理率指标：投诉处理率＝高校上级对下级投诉行为进行处理解决的数目÷下级投诉的总数目 ×100%。该指标反映了高校上级对下级的重视程度。

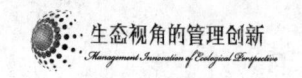

只要下级有投诉等不满行为，就产生了上下级之间的关系问题。该指标越高，表明上级对下级越重视，有利于高校人事的稳定，也会尽可能避免高校人才的流失。

不满意见率指标：不满意见率＝一定时期内对高校有不满意见的高层次人才数÷高校高层次人才总数×100%。该指标说明，只要存在高层次人才对高校的不满，就或大或小地引发人才流失问题。该指标越高，说明高校与高层次人才之间存在的问题越严重，高层次人才的流失概率越大。

不满意见消除率指标：不满意见消除率＝一定时期内由于高校改进工作而消除不满意见的高层次人才数÷高校内有不满意见的高层次人才总数×100%。该指标说明，不满意见消除率越高，越能防范高校和高层次人才之间的问题，高层次人才的工作稳定性越高，高校人才越不易流失。

意见建议回复率指标：意见建议回复率＝一定时期内高校回复高层次人才所提意见建议数目÷高层次人才所提意见建议总数目×100%。该指标反映高校对高层次人才的重视程度，高校可以从高层次人才所提意见和建议中分析出某些高层次人才的离职倾向，越早发现，越可避免产生高校人才流失问题。

2. 高校现行管理因素指标

高校现行管理因素指标包括工作、科研条件因素指标、生活待遇因素指标、人事管理和教学管理体制因素指标和后勤管理及校办产业管理因素指标，具体如下。

（1）工作、科研条件因素指标。

工作环境认可度指标：工作环境认可度＝对自己工作环境满意的高层次人才数÷高校高层次人才总数×100%。这一指标是通过高校高层次人才对自己工作环境的评价来发现高校对高层次人才的关心程度。该指标越高，说明高校对自己的高层次人才越关心，高层次人才工作越稳定，越不易发生人才流失现象。

工作满意度指标：工作满意度＝对自己目前工作感到满意的高层次人才÷高校高层次人才总数×100%。该指标反映高校内部高层次人才对高校的认可程度，其值越高，表明高层次人才对高校的信心越高，高层次人才的流失可能性越小。

（2）生活待遇因素指标。

福利比率指标：福利比率＝本高校的福利÷最好的高校福利×100%。该指标反映了本校福利的高低比较。

工资福利满意度指标：工资满意度＝对自己目前工资福利满意的高层次人

才÷高校高层次人才总数×100%。该指标反映高校给高层次人才的工资福利水平，其值越高，表明高层次人才对高校的福利待遇越满意，高层次人才越安心工作，高层次人才的流失可能性越小。

（3）人事管理和教学管理体制因素指标。

高层次人才深造率指标：高层次人才深造率＝深造的高层次人才÷高校高层次人才总数×100%。该指标反映高校给高层次人才深造机会的多少，其值越高，表明高层次人才对高校的信心越高，高层次人才的流失可能性越小。

人才引进政策满意度指标：人才引进政策满意度＝对高校目前人才引进政策满意的高层次人才÷高校高层次人才总数×100%。该指标反映高校内部高层次人才对高校人才引进政策的认可程度，其值越高，表明高层次人才对高校的信心越高，高层次人才的流失可能性越小。

流出率指标：流出率＝一定时期内流出高校的高层次人才数÷高校高层次人才总数×100%。该指标越高，越容易对高校目前现有的高层次人才产生负面效应，影响高层次人才对高校的信心，有可能引发更大规模的人才流失。

（4）后勤管理及校办产业管理因素指标。

后勤管理体制认可度指标：后勤管理认可度指标＝对后勤管理体制满意的高层次人才÷高校高层次人才总数×100%。该指标直接反映了高校高层次人才对后勤管理体制的认可度。该指标越高，高层次人才对高校的信心越强，流失的可能性越小。

校办产业管理体制认可度指标：校办产业管理体制认可度指标＝对校办产业管理体制满意的高层次人才÷高校高层次人才总数×100%。该指标直接反映了高校高层次人才对校办产业管理体制的认可度。该指标越高，高层次人才对高校的信心越强，流失的可能性越小。

高校经济效益因素指标：是指在一定时期内高校所作投入与所获收益之间的对比关系。该指标对高校高层次人才有一定的心理影响作用。如果高校经济效益好，那么高层次人才的工作积极性就高，高层次人才的离职倾向就低，高校人才流失问题就越少。

高校信誉度因素指标：该测评指标反映由于高校自身行为所引起的社会对高校信誉的认同程度。该指标越低越对高校不利，高校高层次人才可能会因为由于社会舆论的负面报道而离开高校，引起人才流失。

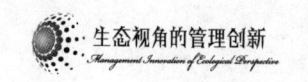

（二）高层次人才自身因素评价指标

出勤率指标：出勤率＝一定时期内高校高层次人才出勤人数÷高校高层次人才总数×100%。该指标越低，说明高层次人才工作积极性越低，高层次人才的流失性越大。

兼职率指标：兼职率＝一定时期内高校兼职的高层次人才数÷高校高层次人才总数×100%。该指标越高，高层次人才流失的可能性越大。

高层次人才违纪率：高层次人才违纪率＝一定时期内高校兼职的高层次人才数÷高校高层次人才总数×100%。该指标越高，高层次人才流失的可能性越大。

人际冲突发生率：人际冲突发生率＝发生人际冲突的高层次人才÷高校高层次人才总数×100%。该指标越高，高层次人才间的协作越差，高层次人才流失的可能性越大。

第五节　高校高层次人才流失预警管理体系评价

预警管理指标测评系统是利用具体的指标对高校高层次人才流失进行识别、分析与评价，并由此发出相应的报警方式，以便高校管理层及时进行控制与矫正的管理活动。

一、高校高层次人才流失预警监测系统

高校高层次人才流失预警活动的前提，是确定高校高层次人才的各个重要环节为监测对象，即可能出现人才危机的活动环节和领域。这有两个任务，一是对人才流失的过程进行监测，对监测对象同其他活动环节的关系状态进行监视；二是对大量的监测信息进行处理（收集、分类、整理、转化、标准化等），建立信息档案，进行历史和社会的比较，确认预警对象的指标和原则。

通过理论分析和实证调查，可以找到影响高校高层次人才活动过程安全性的各种因素，然后对这些因素进行聚类分析，可得到分层次的因素集合，就是我们建立的高校高层次人才流失预警指标体系。这些指标体系可分为主观指标与客观指标两个方面。客观指标可通过调查而直接获得，主观指标可通过具有高度一致性的专家评判来获得。两种不同计量单位的指标可通过标准分数进行转换，使其具有可加性。

（一）确定临界区域

临界区域即是确定高校高层次人才流失级别的值域，每个级别对应于一个相应的值域。确定了高校高层次人才流失级别的临界值域才能据此确定高校高层次人才流失状况。

（二）识别、诊断和评价

通过对监测到的高层次人才流失信息的分析，可确立高校高层次人才活动中已经存在的流失和将可能发生的人才危机趋势。

识别的任务就是要选择出"适宜"的预警指标来判断高校的哪个环节已经或即将发生危机。这里的"适宜"，是指针对本高校特有的基本情况和经营趋向而建立起来的指标体系，并不适合其他高校，不是通用指标体系。

诊断是对已经被识别到的各种流失现象，进行成因、过程分析和发展趋势预测，以明确哪些现象是主要的，哪些现象是从属和附生的。诊断的工具就是识别过程中所确定的高校特有的和社会相统一的评价指标体系。

评价是对已被确认的高层次人才流失进行损失性评价，以明确高校在这些高层次人才的流失冲击下会遇到什么样的情况。

监测、识别、诊断、评价的关系。这四个环节的预警活动是前后顺序的因果关系。其中，监测活动是预警活动开展的前提，没有明确和准确的监测，其他三个环节的活动将是盲目的和毫无意义的。识别活动是至关重要的环节，它是对高校实现高层次人才流失问题的判断，使高校能在繁杂多变的矛盾现象中确立预警工作重点，也使诊断和评价活动有明确的目标。诊断活动和评价活动是技术性的分析过程，它对高校高层次人才流失问题的成因与过程分析及其后果的评价，使高校采取预控对策或危机管理对策有了科学的判识依据。整个预警活动过程，呈现一种前后有序、因果连续的关系。其中，监测活动中的监测信息系统，是整个预警预控管理系统所共享的，识别、诊断、评价这三个环节的活动结果都将以信息方式存入监控信息系统中。另外，这四个环节活动所使的评价指标也具有共享性和统一性。

（三）输出高层次人才流失值

就是在第四步的基础上，对各个环节的各种高层次人才流失数字信息进行汇总聚类分析，得出高校高层次人才流失的总体状况，并制定高校高层次人才流失状况报告，上报给高校管理决策者进行决策。

（四）高校高层次人才流失问题的预控对策

预控对策是根据预警分析的结果，对高校高层次人才管理问题的早期征兆

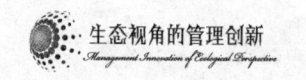

进行及时矫正与控制的管理活动,包括组织准备、日常监控、危机管理三个阶段。

　　组织准备包含对策制定与实施活动所需要的制度、标准、机制等软环境。其目的在于为预控对策提供必要的组织手段,也为人力资源管理危机提供组织训练及模拟危机管理对策。组织准备将服务于整个预警系统的全过程,必须根据组织功能的发挥状况进行动态调整。

　　日常监控是对预警分析所确定的问题进行监测与控制的管理活动,主要任务包括日常监控对策和人力资源管理危机模拟。日常监控对策对人力资源管理中的非优状态进行防范与化解活动,防止其扩展蔓延,并促使其恢复正常。人力资源管理的日常监测主要针对绩效考核、薪酬管理、培训教育和人才流失等问题。

　　危机管理是高校人力资源管理陷入危机状态时采取的一种特别管理活动。它在高校人力资源管理系统失去控制时,以特别的危机策略、管理手段、应急措施参与到高校的人力资源管理活动之中,其主要内容是危机策略的制定、危机状态的管理机制与应急对策的实施和完成。

　　组织准备、日常监控、危机管理的关系。预控对策中的组织准备、日常监控、危机管理活动,是执行预控对策任务的主体;危机管理活动是特殊情况下对"日常监控"活动的一种扩展。日常监控和危机管理工作都要以"组织准备"为活动前提。而组织准备活动不但是连接预警分析与预控对策活动的环节,也为整个预警系统提供组织运行规范,如图2-1所示。

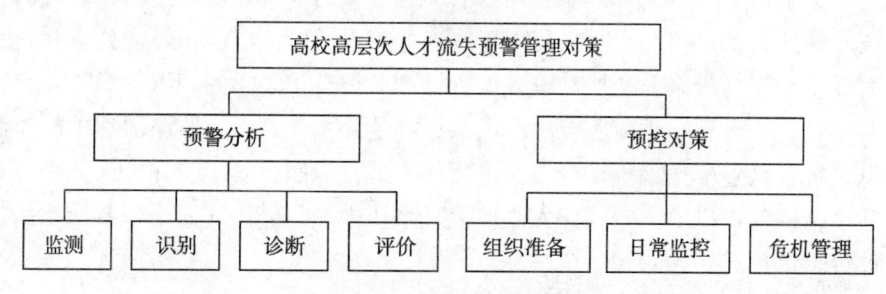

图 2-1　高校高层次人才流失预警管理对策的内容

二、高校高层次人才流失预警管理的理论模型

　　高校高层次人才流失依据预警管理的功能作用及设立原则,构建了下面的模型(图2-2)。

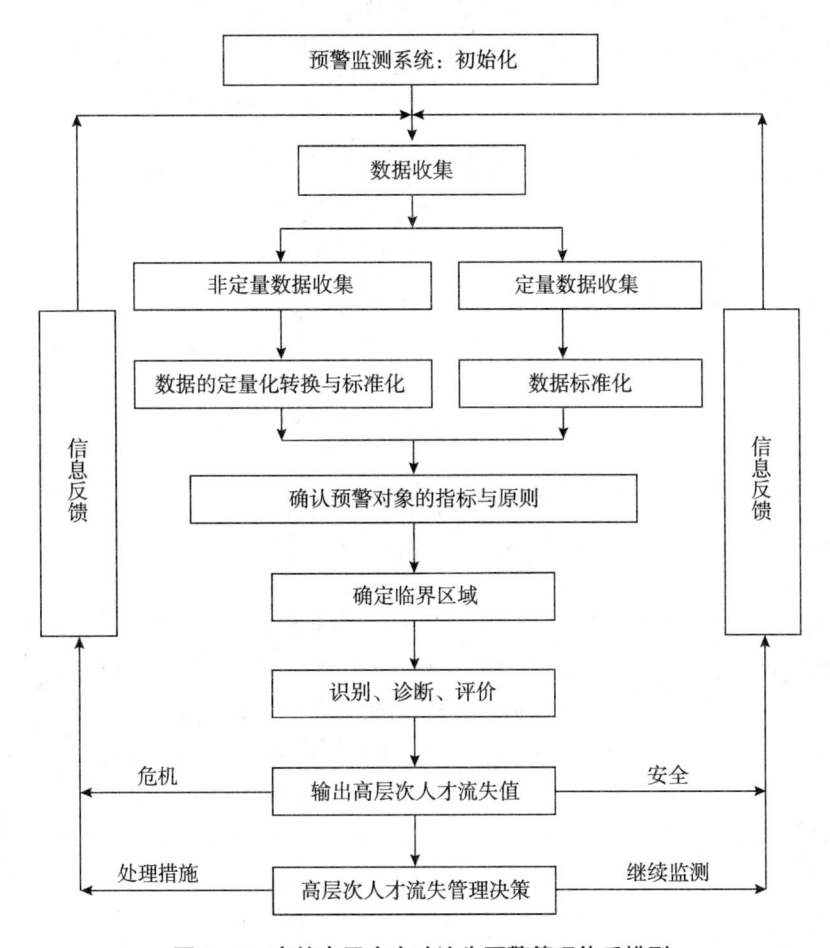

```
                    ┌─────────────────────────┐
                    │  预警监测系统：初始化   │
                    └─────────────────────────┘
                                │
                    ┌─────────────────────────┐
                    │       数据收集          │
                    └─────────────────────────┘
                      │                    │
              ┌───────────────┐    ┌───────────────┐
              │ 非定量数据收集│    │ 定量数据收集  │
              └───────────────┘    └───────────────┘
                      │                    │
         ┌─────────────────────────┐ ┌─────────────┐
         │ 数据的定量化转换与标准化│ │ 数据标准化  │
         └─────────────────────────┘ └─────────────┘
                              │
                 ┌─────────────────────────┐
                 │ 确认预警对象的指标与原则│
                 └─────────────────────────┘
                              │
                    ┌─────────────────┐
                    │  确定临界区域   │
                    └─────────────────┘
                              │
                    ┌─────────────────┐
                    │ 识别、诊断、评价│
                    └─────────────────┘
                              │
      危机        ┌─────────────────────┐        安全
    ←─────────   │ 输出高层次人才流失值│   ─────────→
                 └─────────────────────┘
      处理措施   ┌─────────────────────┐   继续监测
    ←─────────   │高层次人才流失管理决策│   ─────────→
                 └─────────────────────┘
```

图 2-2 高校高层次人才流失预警管理体系模型

三、高校高层次人才流失预警管理的评价

根据组织管理波动的规律，可从理论角度用图解模式描述组织管理波动的评价原则（如图 2-3 所示）。

高校高层次人才流失预警评价指标的确立对象表现在高层次人才流失情况的下转点（功能正常发生点）和高层次人才流失情况的上转点（功能转为失常点），高层次人才流失情况的转折点（功能失常的最高点）亦是管理危机状态的发生点，高层次人才流失状态的分割点即高层次人才流失情况由最差状态开始滑落点。判断高校高层次人才流失是否处于危机状态，应根据综合指标的趋势来评价。当高层次人才流失情况向良性趋势发展时（曲线下行），即使高层次人才流失处于不良状态，也可判定为低度危机或基本正常，而当高层次人

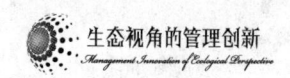

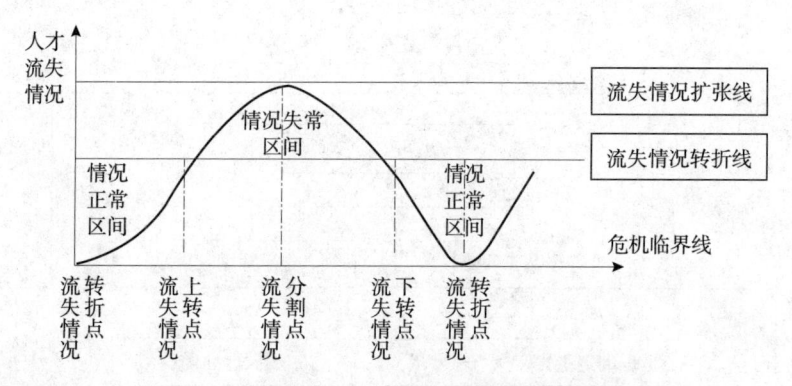

图 2-3　高校高层次人才流失预警指标的评价

才流失向劣性趋势发展时（曲线上行），即使当前处于良性状态，也可判定为低度或高度危机。故应具体分析波动上转点和下转点。此外，当指标处于转折线以下并接近转折点时，出现了危机信号。尽管现实中的高层次人才流失现象不会如此规则地表现于高校活动中，但它们将遵循基本的运动原则。如高层次人才流失状态良好时，下半部区域将增大，上半部区域会收缩，即流失情况扩张线下移；反之，则高层次人才流失危机临界线会上移。值得注意的是，上述的"点"实际是一个"区域"，这是评价高层次人才流失的依据。

第六节　高校高层次人才激励机制的构建

一、激励机制在高校的重要作用

激励机制是指在组织内部通过制定和执行某些政策、制度、法规以及采取某些措施，构成对组织和个人产生激发干劲、规范行为、引导方向等作用，是调节组织运行，调动人的积极性的重要手段。培养人才不仅要有激励机制，而且使用人才也要强化激励机制，并且要确保激励机制的科学性、系统性。高校师生员工作为人才济济的特殊群体，他们不仅有物质需要，对精神需要也非常强烈，各种激励因素在高校师生中都有明显作用。从管理学的角度看，对脑力劳动者管理首要的任务是引导他们充分贡献其心力。运用激励机制可使师生员工产生新的希望、新的动力，对广大师生员工的思想和行为具有重要的导向、鞭策和推动作用，是高校科学管理和思想政治工作的重要手段，是在不投入有形资产的情况下，通过调动人的积极性提高办学效益、增强办学功能的有效措施。

二、效用函数的构建

本章基于委托－代理理论（委托代理理论：教师是代理人，即行为人；校方是委托人，是影响行为人的一方）的基本概念，分析了高校教师的偏好并构建了相应的效用函数，在综合激励模式的基础上提出了高校教师的激励模型，并从内激励和外激励两个方面探讨了对高校教师的激励方式。

高校教师的效用 U 可以划分为三个部分，即高校教师的社会地位和学术水平、显性收入、隐性收入，分别用 W、J、B 表示。

W 是一种非货币收入，从马斯洛的需要层次论的角度说，反映出高校教师成就和自我实现的需要。因而 W 不仅取决于高校教师所在学校的状况（组织环境）π，还取决于社会、同事和学生对高校教师的评价 P。因而有 $W = W(\pi, P)$，一般地说，$W/\pi > 0$，$W/P > 0$，并且在多数情况下，$W/P > W/\pi$。

J 是一种货币收入，也就是高校教师的报酬，J 包括相对稳定的基本收入 F 和不稳定的浮动收入（包括课时费、科研和奖金等），浮动收入与高校教师的社会地位和学术水平 W 有关，令 α 为分配系数，可记为 $J = F + \alpha W$。

B 既包含非货币收入，又包含货币收入。高校教师的效用是多层次的，寒暑假、进修、参加各种会议、住房、个人资本知识的增长（禀赋）等，既是高校教师工作所需条件，同时也是对其效用的一种满足，尤其是个人资本知识的增长更大程度上是一种满足。可以认为 B 由 W 及其个人资本知识的增长 a 决定，即 $B = B(W, a)$，$B/W > 0$，$B/a > 0$。

综合以上分析，高校教师的效用函数 $U(W, J, B) = W(1 + \alpha) + F + B$，无论是货币或非货币收入的提高，都增加其效用，即 $U'_W > 0$，$U'_J > 0$，$U'_B > 0$，而非货币收入可以用货币收入量化表示；无论是货币收入或非货币收入的边际效用都是递减的，即 $U''_{WW} < 0$，$U''_{JJ} < 0$，$U''_{BB} < 0$。

三、激励机制的设计

（一）综合激励模式

罗伯特·豪斯综合了多种激励理论，根据期望理论：激发力量 = 效价 × 期望概率，并把内外激励因素归纳起来，提出具有代表性的综合激励公式：

$$M = V_{it} + E_{ia}(V_{ia} + \sum E_{ej} \cdot V_{ej}) \qquad (式2-1)$$

这里，i 表示内在的，e 表示外在的，t 表示工作本身的，a 表示工作的完成，M 是该项工作任务的激励水平的高低，V_{it} 是该项工作本身所提供的内酬效价，E_{ia} 是该

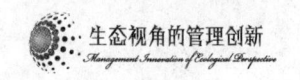

项工作任务完成的效价，$\sum E_{ej} \cdot V_{ej}$ 是一系列变量的总和，其中 E_{ej} 是任务完成能否导致获得某项外酬的期望值，V_{ej} 是该项外酬的效价。

如果把式 2-1 变形为

$$M = V_{it} + E_{ia} \cdot V_{ia} + E_{ia} \cdot E_{ej} \cdot V_{ej} \qquad (式 2-2)$$

则式 2-2 中展开的第 1 项表示工作本身的效价，即该项工作本身的内激励，第 2 项表示任务完成所起的激励作用，第 3 项表示各种外酬（如工资、福利、升职、表扬）所起的激励效果之和。

（二）机制设计

在高校教师的激励机制设计中，委托人是政府或学校，代理人是高校教师。政府或学校设计一种激励规则，以达到激励高校教师的作用，并且高校教师愿意接受该规则，在该规则下高校教师有积极性去做政府或学校所希望的行为，同时高校教师也可以实现自己的最大期望效用函数。

四、高校教师的激励方式

式 2-2 的第 1 项和第 2 项属于内激励，第 3 项属于外激励，两者之和表示内外激励的综合效果。从式 2-2 的代数运算结构上看，设法提高 V_{it}、E_{ia}、V_{ia}、E_{ej}、V_{ej} 这 5 个变量中的任何一个，都会提高 M 值，即提高激励水平。

（一）充分提高内激励

内部激励因素产生于工作本身，是指教师把本身工作当作是一种追求、执着和奉献，它包括教师的成就感和责任、能力等，学校可以从以下几方面创造内部激励因素。

1. 设置合理的目标

设置合理目标对激励人的行为动机具有重要意义。管理者设置目标时，应使组织的工作目标与教师个人的目标融合在一起，把整体利益与个人利益协调一致起来，使教师充分认识目标的双重意义。高校管理者要使教师个人充分意识和体察到：学校目标的实现与事业的追求，和个人的前途息息相关，并志愿为之共同奋斗。高校在进行管理体制改革中，首先要制定学校发展、学校建设、课程建设和科研水平等目标规划，向广大教师展示具有感召力的学校发展前景；其次还要保证教师（尤其是教学科研骨干、资深教授）参加学校以改革为目标的民主讨论和决策，为学校的发展定位；这样，可使他们产生并强化和学校休戚相关的感情，从而激发其献身精神，为目标的实现而奋斗。

2. 培养教师的成就感

作为教师，大多数有较高的文化素养，因而更倾向于追求事业上的成功和自我价值的实现，学校领导要设法创造条件帮助他们取得成功。当他们一旦取得成就时，要尊重他们的劳动成果，及时予以肯定和鼓励，激励他们向更高目标、更大成就奋进。要对在教学和科研工作中作出突出贡献的教师给予物质和精神奖励，发放特殊津贴，如在"长江学者奖励计划"中获聘的特聘教授可以得到年薪10万的奖励，同时具有学科领导人的权利，可以按照自己的思路进行工作，而且在人力、物力等资源的配置方面给予保障。采取类似措施引进优秀人才、鼓励拔尖人才脱颖而出，激励科研创新，造就一批高水平的学术带头人，这既是对有突出贡献教师的一种鼓励，同时也对其他人员形成一种压力，促进人才流动，达到人才资源重组，因此，高校应努力营造有利特聘教授等青年学术骨干成长的良好环境。应强调的是，对特聘教授成绩的考核要力求准确、客观、科学，具有说服力。

3. 提供参与学校管理的机会

对学校领导来说，教师是被管理的对象，而对教育教学工作来说，教师则是管理者，从这个意义上来讲，让教师参与学校管理十分必要。只有参与，才容易认同，从而强化动机，进一步调动教师的积极性和创造性。高校改革要敢于大胆放手使用教师，选拔培养一批青年学术带头人，将思想觉悟高、业务能力强、工作干劲大、群众关系好的教师，提拔到各级领导岗位上来。高校可通过公开推荐的方式，从教师中选聘机关管理干部，为教师提供参与学校行政管理的机会，这既有利于行政管理与教学工作的协调，又能改善管理干部队伍结构，进一步适应学校改革、发展的需要。

4. 创造个人成长的条件

教师职业的特殊性决定了教师具有强烈的求知欲，高校管理要重视教师知识的更新、能力的提高，应该把使用和培养有机结合起来，支持教师不断进取，不断学习。高校应创造条件对教师进行在职培训、自学进修、脱产轮训以及出国深造等的培训提高。不少高校领导深感改革、发展的关键就是知识和人才问题，下决心搞开发，请进来、送出去，如实施"人才工程""百人计划"，在外派教师留学的同时大量引进留学回国人员，使学校的学历结构、年龄结构和知识结构更加合理，为学校发展储备大批优秀专业人才。

（二）提高外激励

外部激励因素来自于组织，如教师合理需要的满足、公平的竞争环境、良

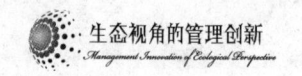

好的工作氛围等，学校可从以下几方面创造外部激励因素。

1. 满足教师的合理需要

需要是行为的原动力，而激励机制首先就要激发激励对象的需要。高等学校的教师所追求、关心的更多的是高层次的需要，诸如不同程度的期盼获得高报酬，和谐的人际关系，受到人格尊重，自身才能得到发挥，学术上、政治上的荣誉与地位，个人事业上的愿望得到支持和实现等。因此学校要尽力创造条件，妥善解决好他们的高层次需要，并且在他们的需要转化为符合教育目标的动机和行动时，不断给予支持和激励。对于正当、合理的需要，应当采取措施，创造条件予以满足；对于不合理、不现实的需要，应当通过说服教育引导教师自觉进行需要调整。在高校进行管理体制改革的形势下，管理者就要将岗位工作目标与有吸引力的报酬政策紧密结合，使教师看到完成工作目标后能获得需要满足的希望，从而对工作表现出高涨的热情。这种建立在需要满足基础上的激励机制是整个激励系统的基础。高校管理者在运用满足需要机制的同时，还应发挥思想政治工作的作用，大力开展组织文化建设，形成良好的群体精神，不断促进人的思想境界的提高。

2. 建立合理的奖惩机制

奖励和惩罚是常用的管理手段，要保证奖惩激励的有效性，应该做到：①奖惩群体与奖惩个人结合。奖励个人有助于增强个体的自尊、成就感及责任心，但同时它又强化了个体的利益观念和竞争意识，容易带来人际矛盾，而对个人的惩罚容易演化为个人成见，副作用较大。奖惩群体可以强化成员的合作意识，但不利于激励个体潜能的最充分发挥；②物质奖励与精神奖励结合。在重视职工物质需要满足的同时，更须关注职工对尊重、和谐、友情、成就与发展等精神需要的满足，只有这样才能增进奖惩激励效果。比如：对于获得高层次奖励的教师，对学术带头人、优秀拔尖人才、中青年骨干教师，在授予荣誉的同时，也给予明显的物质奖励。在工资待遇上破格予以升级，提高奖金待遇、住房待遇、职称待遇等，这些都能增强激励效果。在运用奖惩激励时应注意的是，奖励是对教职工的行为及其社会影响效益在一定范围内进行比较和选择而做出的评定，因此，奖励是否公平是人们非常敏感的问题。尤其是高校改革中，奖励一定要择优，人们才能产生公平感，从而发挥奖励的激励作用；奖励不择优，甚至该奖的不奖，不该奖的反而受奖，就不能产生激励的效应。

3. 创造公平的竞争环境

竞争可创造一种优胜劣汰的环境，使工作者感到压力，激发人们去拼搏争优，从而提高工作绩效和能力水平。随着教育改革的深入，管理者可引入干部聘用竞争上岗、教师职务聘任、专业技术职业阶段确认及分配制度上的绩效浮动工资等竞争机制，使教师在竞争中求生存和发展，从而激励其奋发进取。随着聘任合同制的真正实行，校内必然会有聘余人员归入人才交流中心，也会无形中产生一种动力，激励教师不断进取创优，从而提高学校整体效益和水平。高校改革引入竞争机制应注意以下几个问题：处理好竞争与协作的关系，即在强化教师竞争意识的同时，还要强化他们的协作意识，以防止影响团结的不良现象出现；要使竞争尽可能在公平合理的基础上进行；合理组合人员配置和教师队伍结构。在一个单位内，教师的年龄、学历、职务等要结构合理，形成梯度，尽量减少竞争中可能产生的摩擦。高校管理者在处理工作任务的分配、总结评比、工资调整、奖励和晋升等实际问题时，应做到公平合理。职称是衡量知识分子学识水平与能绩的重要尺度，是做好员工激励的有效杠杆。在职称评聘中要创造条件让优秀人才冒尖，脱颖而出的本质意义就是对充满朝气、具有后劲的年轻一代而言的，高校改革应利用职称评聘这个杠杆支点把青年层撬动起来。而现在高校中相当一部分青年教师最担心的是受各种因素影响导致的不公平，所以，在职称评聘中要进一步增大公开性和透明度，提供申诉和投诉的机会，允许教师对职称评聘中出现的不合理现象进行申辩。

总之，高校激励机制是调动教师个体和群体积极性的有力手段，要针对不同对象采取不同的激励方法进行合理激励，才会产生积极的效果。高校构建合理的激励机制，应该使诸种机制结合、相辅相成、互相制约、相互促进，形成统一的管理激励机制系统，使各种激励方法相互配合补充，实现全方位、全过程的最佳激励。

本章小结

人力资本是组织发展的第一资本，人才是高校师资队伍建设和教学科研发展最重要的资源，当今和未来的社会竞争，说到底是人才的竞争，高校的发展离不开高层次人才的努力和付出。从生态角度，基于高校的可持续发展，对高层次人才流失进行预警管理，可预防和减少高校高层次人才的流失，促进高校长期的可持续发展。本章围绕着高校高层次人才流失问题，探讨了人才预警管理研究现状，分析了高校高层次人才现状，对高校高层次人才流失的成因及特征作了较为详尽的论述，并论述了建立高校高层次人才流失预警管理体系的必要性。基于预警管理理论和多学科理论，对高校高层次人才流失问题的预警管理体系进行了探索，探讨构建高校高层次人才激励机制，试图建立一种具有中

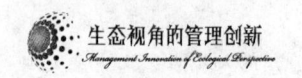

国特色的高校高层次人才预警管理的体系与方法。

参考文献

[1] 段邦玫. 市场经济条件下的高校师资队伍建设 [J]. 中国高校师资研究, 1994 (3).

[2] 刘勇. 黑龙江高教研究, 2000. 3

[3] 马新河. 西部高校人才流失令人忧 [J]. 中国教育报, 2000 (7).

[4] 郑勇. 关于高校人才流失问题的若干思考 [J]. 中国高校师资研究, 1994 (1).

[5] 周辉全. 人才流动的启示 [J]. 中国培训, 1999 (10).

[6] 张弘, 赵曙明. 人才流动探析 [J]. 中国人力资源开发, 2000 (8).

[7] 佘廉. 企业预警管理论 [M]. 石家庄: 河北科学技术出版社, 1999.

[8] 魏巍贤, 张卉. 基于人工神经网络的预测理论研究 [J]. 1996 (1).

[9] 李健. 关于人力资源开发中的预测预警系统研究 [J]. 天津理工学院学报, 2000 (3).

[10] 王超, 佘廉. 企业组织预警管理系统探讨 [M]. 北京: 科学技术文献出版社, 1999.

[11] 李金华. 社会预警指标体系新探 [J]. 财贸研究, 1993 (6).

[12] 奥尔特加加塞特（西班牙）. 大学的使命 [M]. 徐小洲, 陈军, 译. 杭州: 浙江教育出版社, 2001 (12).

[13] 中国教育与人力资源报告课题组. 从人口大国迈向人力资源强国 [M]. 北京: 高等教育出版社, 2003 (2).

[14] 徐宗钰. 高等学校专业技术职务管理 [M]. 成都: 电子科技大学出版社, 1993 (6).

[15] 曾绍元. 中国高等学校教师队伍建设和发展 [M]. 北京: 航天工业出版社, 1996 (10).

[16] 陈发勤. 论人才流失的原因及对策 [J]. 黑龙江高教研究, 2002 (6).

[17] 王茹琚. 普通高校人才流动特征 [J]. 石家庄经济学报, 2002 (2).

[18] 穆宝成. 高校人才流失与师资队伍建设刍议 [J]. 山西大学学报, 1996 (4).

第三章 生态视角的薪酬管理创新

第一节 薪酬管理理论研究

人才是企业制胜的法宝。人力资源的储备和开发,决定了企业的生存和发展。而人力资源的有效利用则依赖于企业激励机制的建立和完善。企业激励机制中最为关键的就是利益分配机制。有关调查显示,在员工最为关注的几项职业指标中,收入一项位居榜首,由此可见薪酬体系在市场经济中的巨大激励作用。激励是企业建立薪酬体系的目的,薪酬则是企业实现激励的手段。薪酬激励事关企业的生存和发展,可以吸引和留住企业发展所需要的优秀人才,可以极大地调动员工的工作热情。从这个意义上讲,薪酬体系的设计与企业的未来发展密切相关。因而值得每个企业所关注,更是人力资源管理的重心所在。

我国多数企业采取单一的薪酬体系,如等级制、技能制、薪点制等,其特点在于将所有员工基于一个晋升的平台。这种形式上的平等实际上还是平均主义的潜在反映,缺乏激励作用,会导致价值失衡的薪酬制度,抑制企业各类员工积极性的充分发挥。因此,构建基于激励机制的薪酬体系是十分必要且具现实意义的。

一、薪酬体系研究现状

企业竞争力的关键就是人才的竞争,人作为知识的载体,其积极性的发挥,则决定性地影响企业的发展。而当前薪酬激励机制中存在的问题严重影响了员工的积极性和创造性,如何实现薪酬激励效能的最大化,使薪酬具有最佳的激励效果,又有利于员工队伍的稳定,理论界进行了不少的探索和实验。

(一) 在薪酬构成的界定方面

曾子祥博士在《如何制定工资方案》(南方人才,2006)中认为薪酬包括工资、激励薪酬、福利薪酬。其中工资又包括:基本工资、工龄工资、学历工

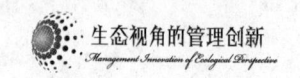

资、岗位工资；激励薪酬包括：绩效薪酬、奖金、分红、提成；福利薪酬包括：社会保险、公司福利、特殊福利。

李发彬在《国有企业薪酬设计研究》（武汉理工大学，2003）中提出薪酬实质上是一种公平的交易或交换关系，是员工在向单位让渡其劳动或劳务使用权后获得的报偿。薪酬的表现形式多种多样，主要包括工资、奖金、福利、津贴与补贴、股权等具体形式，支付方式除了货币形式和可间接转化为货币的其他形式之外，还包括终生雇佣的承诺（职业保障）、安全舒适的办公条件、免费的午餐、参与决策的机会、反映个人兴趣和爱好的工作内容、学习成长的机会和条件、引人注目的头衔和荣誉、充分展示个人才华的工作平台等。可见，如果将薪酬狭义地理解为货币，势必影响薪酬管理激励作用的充分发挥。

此外，薪酬具有维持保障和激励的功能。在运用薪酬的激励功能时，需注意：①改变薪酬结构，增强激励性因素；②改变计酬方式，提高薪酬的激励作用；③将货币性计酬与非货币性计酬结合起来；④对员工实施个性化的福利项目。

（二）在激励理论方面

激励理论研究历史比较长，所以有许多被管理界所普遍认可的理论。管理学激励理论以人的需求为基础，以管理环境为依托，侧重对一般人性的分析，从不同角度提出了人类基本的动机激发模式。按照研究侧面的不同和行为的关系不同，可以把管理激励理论归纳和划分为四种不同的类型：①研究动机激发因素（即需求）的内容型激励理论，最典型的是马斯洛的需求层次理论。它将人的需求分为5个层次：生理的需求、安全的需求、社交的需求、尊重的需求和自我实现的需求。而且认为人的需要遵循递进规律。在较低层次得到相对满足后，下一个较高层次的需求就占据了主导地位，成为了驱动行为的主要动力；②探讨激励心理过程以及行为指向与选择的过程型激励理论，如维克多·弗鲁姆的期望理论。它认为：某一活动对人的激发力量取决于所能得到结果的全部预期值乘以他认为达到该结果的期望概率；③斯金纳提出了以操作性条件反射论为基础，着眼于行为结果的强化激励理论。该理论认为，当行为的结果有利于个人时，行为会重复出现，并称之为正强化；反之，行为就会削弱或消退；④综合型激励理论在概括和总结以上几种理论的基础上较全面地反映了人类在激励中的心理过程。其中广泛流行的是波特·劳勒的综合型激励模式，这是以期望模式为基础建立起来的。要形成激励目标→努力→绩效→激励→满意以及从满意反馈回努力这样的良性循环，取决于激励内容、激励制度、组织分工、目标导向行动的设置。可以看出这一模式较其他激励理论更全面地反映了个人在激励中的心理过程。

(三) 在企业薪酬体系存在的问题方面

王琳、沈进在《中国企业薪酬体系的问题分析与对策》(商业研究，2005) 中认为薪酬体系主要在经营理念、分配制度、管理手段三方面存在问题：薪酬激励存在的问题，不能调动员工积极性；薪酬认知水平欠缺，薪酬功能错误定位；薪酬管理与企业战略、政策、文化脱节；薪酬构成复杂、结构较散，基薪的决定基础混乱；薪酬管理重结果轻过程，薪酬管理过程不透明。

吴萍在《我国企业薪酬激励存在的问题与对策分析》(东北师范大学，2005) 中认为薪酬体系存在的问题主要有：①总体薪酬水平偏低，激励不足；②分配关系不协调；③薪酬结构不合理，单一性强，缺乏对人的激励作用；④业绩评估体系的不完善带来薪酬激励的不合理；⑤注重短期效益；⑥目前的薪酬激励不理想而导致的对激励机制的消极作用；⑦薪酬激励缺乏内在稳定性。问题产生的原因有：①薪酬分配的基础工作薄弱；②平均主义观念严重；③薪酬构成认识的片面性；④薪酬的非策略性。

(四) 在对各类人员采取不同薪酬策略的研究方面

研究企业管理人员激励薪酬方案的代表性著作有：阳芳《中国国有企业经理人激励机制存在的问题及其对策》(商场现代化，2006)，认为企业经营者薪酬激励存在的问题主要是：①仍然参照政府的收入分配标准，市场水平不接轨，薪酬总体水平不高，责任与风险不对等，对外没有竞争力；②薪酬结构不合理，多以保障性收入为主，"月薪"或"月薪加奖金"比重过高，年薪和股票期权严重不足，激励机制不足与激励过度并存；③激励方式单一，重短期激励轻长期激励，重直接薪酬轻间接薪酬，重外在激励轻内在激励；④经理人收入分配不规范，对奖励带有一定的随意性，奖励标准不一，客观性、科学性不强，无法预期，因而激励作用有限；⑤经营者职位消费混乱。

相应的解决办法是：根据"剩余索取权和剩余控制权的对应"原则要求经理人作为风险制造者要承担风险的后果，建立货币资产使用者（经理人）个人收益损失与资产的损失挂钩的物质报酬体系，这种报酬体系应该体现出经理人的人力资本的特点，兼顾短期和长期激励的动态的、市场化、多元化的报酬体系。从经理人的事业成就感、个人声誉、职位晋升、政治地位、社会责任感、职业道德、培养与使用等精神方面的激励，这种激励具有长效性、内在性的特点。

在科技人员薪酬激励研究方面有李光丽的《科技员工的特点及激励思路》

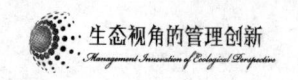

（企业经济，2001），文章认为：科技员工受教育程度较高，使得自我人格和超我人格高于一般员工，因此，科技员工在自我需求和超我需求方面更强烈。

相应的解决方案是：①对科技员工的物质报酬应与知识、技能挂钩，对于具有特殊知识和技能的个体，可以考虑让其拥有一定的股份，或采取其他一些能将物质报酬与企业效益挂钩的激励方式；②应该给予科技员工更高的工资奖金收入，对创新的科技成果实施奖励；③实施成就激励；④职业生涯规划；⑤为科技员工营造学习环境，提供学习培训条件，为其自我价值的实现提供更广阔的天地；⑥按劳分配与按资分配相结合，即使科技员工成为产权主体之一。

在营销人员薪酬激励研究方面有常英的《中小企业营销人员薪酬激励的艺术》（经济管理，2005），文章认为：要使薪酬既具有最佳的激励效果，又有利于营销人员队伍稳定，保证营销绩效，就要在薪酬制度上增加激励功能，同时在实际操作中使用一些技巧，如：①在薪酬构成上增强激励性因素；②设计适合营销人员需要的福利项目；③在薪酬支付上注意技巧；④将现金性薪酬和非现金性薪酬结合起来运用，有时能取得意想不到的效果；⑤适当缩短常规奖励的时间间隔，保持激励的及时性，有助于取得最佳激励效果；⑥选用具有激励性的计酬方式；⑦重视对团队的奖励；⑧善用股票奖励形式；⑨在向营销人员沟通薪酬时注意技巧；⑩厚待高层营销主管和骨干营销人员。

在生产员工薪酬激励研究方面有施冬梅的《人力资源管理中优化薪酬机构的探索》（现代管理科学，2004），文章认为：对生产员工，实行岗位工资制，即根据职工完成规定的岗位职责情况，通过绩效考核后支付其劳动报酬的工资制度。收入分配向一线岗位倾斜，向苦、脏、累、险岗位倾斜，向技术含量高、责任重、贡献大岗位倾斜，适当拉开分配差距，打破分配上的"大锅饭"。岗位、技能和绩效决定全部收入的80%左右，收入与表现直接挂钩，打破传统工资制度即一人一个工资，变为一岗一个工资。

通过以上对薪酬构成、激励理论、薪酬存在问题以及企业各职位的薪酬激励方案的分析，并借鉴前人的研究成果，结合中国企业最新的实际情况，收集相关方面的资料，力求提出对提高员工积极性和创造性有利的薪酬设计方案。

二、薪酬理论概述

（一）薪酬概念、构成及功能

1. 薪酬的概念

薪酬是指企业对其员工给企业所做的贡献，包括员工实现的绩效、付出的努力、时间、学识、技能、经验与创造所付给的相应回报或答谢。

薪酬的构成如图 3-1 所示，可以看出，报酬系统主要分为两大部分：金钱报酬和非金钱报酬。其中非金钱报酬又可分为两部分：职业性奖励和社会性奖励。金钱报酬也可分为两部分：直接报酬和非直接报酬。直接报酬主要包括工资与奖金，非直接报酬主要包括：公共福利、个人福利、有偿假期和生活福利。

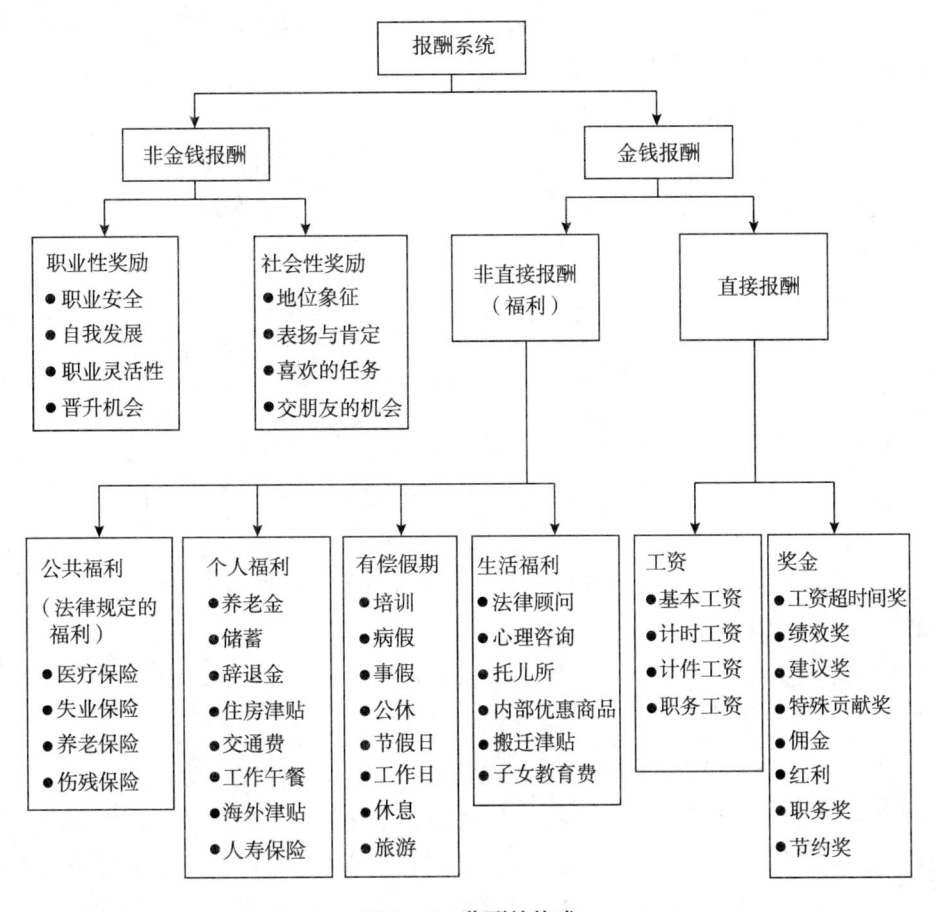

```
                            报酬系统
                    ┌──────────┴──────────┐
                非金钱报酬              金钱报酬
              ┌─────┴─────┐          ┌─────┴─────┐
          职业性奖励    社会性奖励   非直接报酬    直接报酬
          ●职业安全    ●地位象征    （福利）
          ●自我发展    ●表扬与肯定
          ●职业灵活性  ●喜欢的任务
          ●晋升机会    ●交朋友的机会
```

公共福利	个人福利	有偿假期	生活福利	工资	奖金
（法律规定的福利）	●养老金	●培训	●法律顾问	●基本工资	●工资超时间奖
●医疗保险	●储蓄	●病假	●心理咨询	●计时工资	●绩效奖
●失业保险	●辞退金	●事假	●托儿所	●计件工资	●建议奖
●养老保险	●住房津贴	●公休	●内部优惠商品	●职务工资	●特殊贡献奖
●伤残保险	●交通费	●节假日	●搬迁津贴		●佣金
	●工作午餐	●工作日	●子女教育费		●红利
	●海外津贴	●休息			●职务奖
	●人寿保险	●旅游			●节约奖

图 3-1　薪酬的构成

2. 薪酬的功能

薪酬的功能就是调动员工的工作积极性，使他们愿意在本企业努力工作。

（1）吸引人才。在目前市场经济环境下，报酬无疑是吸引人才的有效工具，但这并不意味着，工资越高越能吸引人才，应该是完备、公正、公平的报酬系统才能吸引人才。

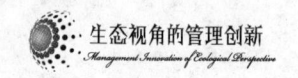

（2）激励人才。是否激励人才是衡量报酬系统是否有效的主要标志。有效的报酬系统应该使每个员工都能受到激励，自觉地为企业目标努力工作。

（3）留住人才。一个有效的报酬系统应能为企业留住人才，使员工认识到，在该企业工作时间越长，则越有回报（当然包括金钱与非金钱方面）。

（4）满足组织的需要。一个有效的薪酬系统能以较低的人力成本来实现组织的基本目标。

薪酬系统作用模型是表示报酬、员工工作满意感及工作价值三者间关系的模型。该模型可表示为图3-2。

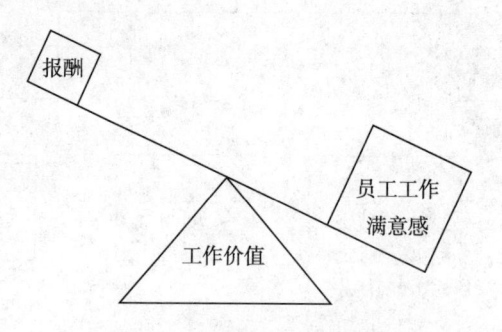

图3-2 薪酬系统作用模型

由图3-2可看出，薪酬高低与员工的工作满意感和工作价值有关，因而，为了提高员工工作满意感，一方面可加大报酬力度，另一方面是使员工认识到其工作是有价值的；若只加大报酬力度，而忽视了工作价值，则员工工作满意感程度不会很高。

（二）薪酬体系建立的理论基础

1. 人力资本理论

人力资本理论的观点是：人力资本是由人力资本投资形成的，是存在于人体中的知识和技能等含量的总和。人力资本投资的主要形式有：医疗保险投资、在职培训投资、正规学校教育投资、社会教育投资和劳动力流动投资。在劳动力市场上，一个人的人力资本含量越高，其劳动生产率越高，边际产品价值也越大，因而得到的报酬也越高。只有使每个劳动者的人力资本价值都得到体现，社会总体劳动力资源才能得到有效配置，即实现所谓的"帕累托最优"。

2. 需求层次理论

马斯洛在他的《调动人的积极性理论》一书中明确指出：人类是"有需求的动物"，人类不但有经济上的需要，更有社会等方面的需求。他把人类的需求按其重要性，从低到高依次分为生理需求、安全需求、归属需求、受人尊重的需求和自我实现需求五大类。马斯洛认为，人类的需求是以层次出现并呈阶梯形逐层上升的。当较低层次的需求得到满足时，它就失去了对行为的激励作用，高级需求就越发突出，成为行为的激励因素，所谓"衣食足而知荣辱"。马斯洛还认为，并非所有的人都具有从低层次到高层次的五种需求，许多人的需求只停留在低层次阶段，越高层次需求的人就越少。需求越到上层，越难满足，有人甚至终身也不会有"自我实现"的需求和感觉。同一时间，可以存在多种需求，从而有多种激励因素，但一般会有一种需求为主导。且需求是动态变化的，需求一旦被满足，一般就不能成为一种激励力量。因此，要实现更好的激励，就要善于把握需求的变化。

3. 双因素理论

美国心理学家赫兹伯格在大量调查研究的基础上，发现在对员工的激励问题上有直接因素和非直接因素。因而他在20世纪50年代提出了"保健因素—激励因素"理论，又称双因素理论。赫兹伯格所谓的激励因素，就是能够激励员工积极性、提高工作效率的因素。他认为激励因素是工作的本身部分，即与员工职务或工作本身有关的因素，它对员工的工作起着直接激励的作用。激励因素包括：工作成绩得到承认、工作本身具有挑战性、责任感、个人发展和提升等。他认为保健因素包括：企业组织的政策和行政管理、基层管理人员的质量、与主管人员的关系、工作的环境与条件、薪金、与同级下级的关系和安全等。他认为这些属于外部的因素只能防止员工的不满意，只能起到保健的作用，而不能起到直接激励的作用，但没有它会导致员工的不满。赫兹伯格的双因素理论与马斯洛的需求层次理论大体上是相符的，他的保健因素大体属于马斯洛的低层次需要，而激励因素则相当于高层次的需要。但赫兹伯格更强调激励因素中以工作为中心的有关因素的重要性。

第二节 我国企业薪酬体系现存的主要问题

我国企业的薪酬管理体制是伴随着社会主义经济制度的建立不断发展和完善的，在其形成和发展的每个时期和阶段，都发挥过积极的作用，都具有相对的合理性。随着改革的深入，尤其是党的"十五大"提出确定劳动、资本、技术和管理等生产要素参与收益分配原则，我国收入的分配方式发生了很大的变化。传统的薪酬分配制度受到冲击，收入分配的市场化，分配权利自主化，分配形式多样化，已经成为现实的客观要求，现行的薪酬制度与经济结构和经济运行不相适应的状况便突显出来。

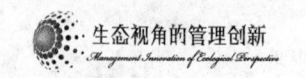

我国企业薪酬体系现存的问题具体表现为:

(一) 分配模式单一,长期激励不足,按要素分配空白

我国企业习惯采用单一薪酬制度。从以前的等级制、岗位技能制到目前企业普遍采用的岗位效益工资都是如此。这种单一性造成各类人员收入不合理,也与现代企业制度不相适应。其次,如果对员工的长期激励不足,没有建立利益共享机制,很难使员工为企业的长期发展和长远利益着想。另外,从目前状况看,薪酬激励方式主要是基本工资和效益工资,对资本要素、劳动要素、管理要素、技术要素参与分配的方式使用较少,重视程度不够,人力资本的价值还未得到体现。

(二) 平均主义现象严重

平均主义的观念在中国由来已久,从古人的"不患寡而患不均"的传统思想,到计划经济时代的"大锅饭",都反映了平均主义倾向在中国企业的根深蒂固。

平均主义也是很多企业薪酬系统一个普遍存在的问题。根据对一家上市公司的薪酬满意调查,发现一个奇怪的现象,虽然他们公司员工的薪资很高,但薪酬满意度却不高。为什么呢?主要是由于薪酬制度上的平均主义造成的。这家公司是一家以完成项目为主的高科技企业,项目完成后,奖金在项目组内分配,工程技术人员、行政管理人员、后勤人员,几乎所有的人都可以分得一份奖金。只要没犯什么大的错误,贡献大的和贡献小的、做得好的和做得坏的一个样,奖金完全没有差别。正是平均主义,极大地挫伤了技术人员的积极性。

(三) 价值失衡

价值失衡是指岗位价值的大小与薪资水平的高低不对等的现象。价值失衡包括内部价值失衡和外部价值失衡两种。内部价值失衡是指企业内部岗位与岗位之间的贡献大小与薪资不匹配的现象,外部价值失衡是指岗位对企业的贡献与市场化的薪资水平不匹配的现象。薪酬的价值失衡对员工的打击是最直接的,企业在制定薪酬时如果违背了价值平衡这个基本原则,将在市场竞争中失去很多优秀的人才。

据调查,有这样两家企业:一家是大型的软件开发企业,他们的薪资系统完全与市场脱轨。一个计算机专业的硕士研究生,按照他们的薪酬标准月薪只有1500元。结果是最近几年分到企业的大学生来一个走一个,企业完全留不住人。正如一句俗语中所说的"搞原子弹的不如卖茶叶蛋的"。这是典型的岗位价值的外部失衡。另一家企业是一家以生产布料为主的企业。他们的薪酬系统内部严重失衡。他们一线工人的工资普遍在 1800 元左右，而部门主管的工资却在 1700 元左右。听到的振振有词的解释是：一线工人很辛苦，劳动量大，噪声大，还有颜料污染，而办公室的人很轻松，还有空调，所以办公室人员的工资低一点是应该的。这家企业还有一个奇怪的现象是公司看门的老大爷比新来的公司经理工资还高。原来这位老大爷的职称是高级技师，而且工龄长，年资辈分高，是因为工伤特别安排去看门的。

（四）管理的独木桥

这是很多企业薪酬系统存在的一个通病，由于没有进行职位的分类，使得员工的职业通路只有一条，那就是管理通路。员工唯一获得高薪的机会就是做更高的管理职位，如部门主管或经理。所以为了获得高薪，许多员工都把眼球盯在了管理岗位上，都希望挤上管理这座独木桥。但对任何企业而言，管理岗位毕竟有限，更多的还是专业技术岗位。这种机制会使员工产生"只有升官才能发财"的想法，如果升不到管理岗位上，薪酬一般就只维持在一个低水平。这种机制对专业技术人员来说影响尤其大。一方面影响了他们的收入，另一方面更严重地打击了他们的士气。

（五）激励当前和少数人

近年来，虽然以激励功能为首选的薪酬方案已日益为多数企业所接受并加以实施，但是在操作过程中却还存在一些误区。

在浙江有一家以生产服装为主的民营企业 ZM 公司，有 2000 多人，在 ZM 公司，每年年底都要举行一次盛大的"十大优秀员工"的评比活动。入围十大优秀员工的个人会得到重奖。在 2003 年的"十大优秀员工"的颁奖会上，六位员工各自得到了一套价值不菲的住房，三位员工挑选了自己中意的别克轿车，一位员工选择了现金，并且他们各自都得到了职位的提升。但几家欢乐几家愁啊！重奖少部分人的同时，企业也在重重打击更大部分人。在最初几年，这种激励机制的确极大地刺激了员工，使员工保持着极大的工作热情，但"十佳"毕竟是少数，更多的员工注定与"十佳"无缘。现在这种做法的弊端已经显现出来：人们不再讲团队精神了，都希望自己成为英雄，能够"捞一把"；被神话成了英雄的人，在企业成为最不受欢迎的人；员工纷纷抱怨本该属于自己的那一份奖金被其他人无情剥夺了。并且，员工之间的斗争愈演愈烈，严重影响了正常的工作和学习。

仅对少数人进行激励，仅对当前业绩进行激励，是非常片面的，会影响企业内部的团结。企业应在激励因素中引入未来发展潜力的激励因素，激励更多

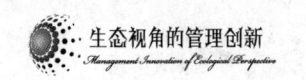

的人。只有这样，才能保持健康的企业文化，才能保持长远的发展动力。

第三节 基于激励机制的薪酬体系的构建

管理者都知道员工的需求是分层次的，但如果说员工已经在追求高层次需求了，可为什么他们依然斤斤计较于奖金的增幅？如果说他们依然停留在低层次需求，可为什么更多的奖金却依然无法使他们充满激情？在当前的企业运作中，无数的专家学者已经运用各种方法来激励员工——工资、奖金、福利、股票等。但是，这些方法要么收效甚微，要么只能在短期内获得成功。让我们再重复一遍这个"古老"的话题："企业应该如何激励员工？"

员工激励中，薪酬激励是激励员工的重要手段。因此，构建一套基于激励的薪酬体系，对于激励员工、提高企业活力竞争力具有举足轻重的作用。

一、构建原则

（一）激励性原则

在企业设计薪酬时，同样是 10 万元，不同的部门、不同的市场、不同的企业发展阶段支付给不同的员工，一种方式是发 4 万元的工资和 6 万元的奖金，另一种方式是发 6 万元的工资和 4 万元的奖金，激励效果完全是不一样的。激励作用原则就是强调企业在设计薪酬时必须充分考虑薪酬的激励作用，即薪酬的激励效果。这里涉及企业薪酬（人力资源投入）与激励效果（产出）之间的比例代数关系，企业在设计薪酬策略时要充分考虑各种因素，使薪酬的支付获得最大的激励效果。

（二）竞争性原则

优秀的薪酬体系，不但要求企业有一个与之相配的公平合理的绩效评估体系，更要在行内企业间表现出良好的竞争力。比如说，如果行内 A 层次的员工获得的平均薪酬是 5000 元，而企业付给企业内 A 层次员工的薪酬只有 3000 元，这就很容易造成员工流失，这样的薪酬体系是没有行内竞争力的。

然而这里又存在一个问题，如果企业员工的薪酬水平远高于业内平均水平，就会使企业的运营成本高于同业，企业的盈利能力就会削减。这同样也是不利于企业发展的。如何解决这一矛盾呢？诺基亚有其独特的解决之道。

为了确保自己的薪酬体系具备行内竞争力而又不会带来过高的运营成本，诺基亚在薪酬体系中引入了一个重要的参数——比较率（Comparative Rate），计算公式为：诺基亚员工的平均薪酬水平/行业同层次员工的平均薪酬水平。例如：当比较率大于1，意味着诺基亚员工的平均薪酬水平超过了行业同层次员工的平均薪酬水平；比较率小于1，则说明前者低于后者；等于1，两者相等。

为了让比较基数——行业同层次员工的平均薪酬水平能保持客观性和及时性，诺基亚每年都会拨出一定的经费，让专业的第三方市场调查公司进行大规模的市场调查。根据这些客观数据，再对企业内部不同层次的员工薪酬水平作适当调整，务求每一个层次的比较率都能保持在 1～1.2 的区间内（即高于行内同层次薪酬水平的 2 成之间）。这样既客观有效地保持了薪酬体系在行内的竞争力，又不会带来过高的运营成本。

（三）经济性原则

经济性原则首先要与竞争原则和激励原则相统一，并考虑企业承受能力的大小，利润的合理积累等问题，经济原则的另一方面是要合理配置劳动力资源，劳动力资源数量配置过高，都会造成企业薪酬的浪费。薪酬总额应在企业财力承受的范围之内。

（四）以人为本的人性化原则

北京东方欢腾文化艺术公司总经理兼制片人李静，在创业读本的一段话是这样说的："要经营一个公司，首先要经营人，当你在员工面前既可以是老板，也可以是哥们时，你才有资格说你把公司经营得很好。只有这样，在你困难的时候，所有的人才不会离你而去，而是依然站在那里帮助你，推着你往前走，你永远也不会倒下去。这，就是最富有缺陷美的'以人为本'"。

还记得当初最困难的时候，发工资时所有的员工都不要，包括那些外地来的，在北京需要租房子的员工。他们对我说："李静，咱们已经没有钱了，这钱我们不能要，还是留着做节目吧！我永远也忘不了这句话，我的员工是那样地理解我、支持我，直到现在，那幅场景依然留在我脑海中，对我来说，那是一种力量。"我们相信这样的感情是靠简单的薪水福利换不来的，它用一根线深深牵引着两方的心。薪资虽是留住企业人才的物质基础，而人性化的以人为本的制度则是凝聚人、激励人的最为触动人心的箭弦。

二、构建思路

由人力资本理论可知，不同人员对企业的贡献是不同的，由马斯洛的需求层次论可知各类人员的需求也不同。本书由此提出了建立基于企业全员激励的薪酬体系这一构建思路。该思路以现代薪酬理论为基础，灵活运用多种薪酬分

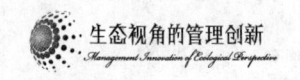

配模式,根据特殊岗位(经营决策、销售、研发等)的员工在劳动投入中的劳动要素的侧重点不同和对企业的影响不同,对企业员工进行职位的划分并相应地建立多种薪酬分配模式,即为各类人员"量体裁衣"设计出一种最为合适的薪"心"相印的薪酬分配模式,以实现企业全体人员激励最大化。

三、基于激励的薪酬体系的构建

企业中的员工并不是同质的,其贡献的可衡量性也不相同,创新导向的人力资源管理也要求对不同类型的员工实施不同的报酬政策。国内学者如宋联可和赵骅在《关于激励的新设想:以人格制定激励方法》(商业研究,2003)中提出了基于人格特征的激励方法,王建民在《构建基于"80/20效率法则"的人力资本管理制度》(经济管理,2002)中的对人力资本管理制度的思考,都给我们以启发:按照某些标准将人力资源进行细分化管理是必要而且是可行的。员工们通过细分化为特征相近、心理需求相似的不同群体,实施差别化对待而达到高的激励水平。本书借鉴了营销学的市场细分基础上差异化营销策略的原理,根据一般意义上的工业企业基于不同的职位将全体员工划分为企业经营者、职能管理人员、研发人员、销售人员、生产人员,由此制订差别化激励性薪酬体系。

(一)企业经营者或高管人员

1. 企业经营者或高管人员的特殊性

企业经营者的劳动是一种高智能型、高风险型、超时性的复杂劳动,其对企业的影响是长期的、关键的,其工作业绩通过全公司的总体业绩来评估,业绩是无法以月度来评价的,对其工资收入纳入一般职工的岗位工资序列采取"月薪制",难以体现其劳动特点和责任风险。对经营者实行年薪制,可以加强对经营者的激励和约束,更好地实现其责、权、利的有机统一。

2. 年薪制

(1)年薪制概念。年薪制是以经营者为实施对象,以企业的一个生产经营周期为单位(通常以年为单位),根据经营者的经营业绩、难度与风险合理确定其年度收入的一种工资分配制度。其精髓是以业绩论功过,看绩效定薪资。

(2)年薪制设计的指导思想。激励与监督企业经营者的最好办法是让其拥有剩余索取权,即可以享有企业的最后盈余,这样可以有效地激励企业家,使之最大程度地发现企业的获利机会,最大程度地避免损害企业的不利情况。

(3) 经营者年薪的构成。经营者的年薪项目构成是经营者年薪设计的关键问题。企业经营者的收入通常主要由基本薪金、风险薪金、股权收入、退休金、医疗保险等福利组成，分短期报酬和长期报酬两种。国外企业经营者的年薪收入一般由基本工资、奖金、养老金计划和长期报酬组成，如美国 CEO 的平均年报酬中工资 29.8 万美元，奖金 6.8 万美元；期权等奖励 6.1 万美元；保险金 1.39 万美元，公司其他福利 11.7 万美元。结合我国实际，将我国企业经营者年薪构成分为基本工资、年度奖金、津贴、养老金计划和长期报酬五个部分，其中长期报酬主要指股票期权。这种制度安排主要是考虑每一种报酬组成的各自优缺点进而设计的。

① 基本工资。基本工资主要是根据经理市场的行情和经理自身业绩、经验和知识，考虑拟经营企业的总资产、销售收入规模和企业状况等要素，通过谈判预先确定、按期支付，并在一定时期内保持不变。一般来说，企业总资产、销售收入规模越大、企业现资产和经营状况越差，对应聘企业经营者支付的基本工资就越高。由于基本工资是经营者付出劳动得到的回报，用于解决经营者的基本生活问题，符合按劳分配原则，基本工资作为保障经营者基本生活的报酬，不应与其经营成果相联系。基本工资的主要功能是为经理提供收入方面的"保险服务"，是保健因素，因此在确定经营者的基本工资时，可以考虑经营者的工作强度、工作条件和劳动技能，按岗位技能工资确定，参照本地区和本企业职工平均工资水平确定。正因如此，基本工资不能定得过高，否则，即使出现经营失败，经营者也可以拿这么高的基本收入，无疑又端上了平均主义的"铁饭碗"，使年薪制度应有的激励作用得不到有效发挥。另外，如果董事会方面首先提出解聘尚未到合同规定任期的经理人员，公司需支付赔偿费用。

② 年度奖金。年度奖金是经营者年薪制的重要组成部分，它是一种短期奖励，主要刺激经营者提高短期业绩。奖金的数额是可以变动的，主要由董事会根据当期会计利润预先确定并一次性支付。年度奖金的实施，给经理人员的收入带来很大的波动，在美国被视为真正具有刺激作用的"可变费用"，其等级幅度也相当大。因为年度奖金与企业经营业绩紧密相连，其优点是能够克服股票市场中与经理经营业绩无关的非经营因素的影响，但相对地也会促使经理人员为获得短期绩效而采取不利于企业长远发展的短期行为的发生。目前我国年薪制中的风险收入即经营者的年度奖金，激励经营者勇于承担风险，它以基本工资为基础，根据本企业完成的经济效益情况、生产经营的责任轻重、风险程度等因素确定。由于风险收入主要依据企业完成生产经营指标情况确立，因

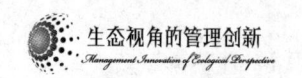

此必须以科学、严格的考核为基础，建立完善的考核指标体系。

③ 长期报酬。长期报酬主要是为了克服经理人员的短期行为而设计的。美国企业中长期奖励一般占经理报酬的 35% 左右。长期报酬的实施主要反映了股东越来越重视企业的长期利益，甚至不惜以牺牲短期利润为代价。由于我国处于经济转轨时期，法人治理结构不完善，"内部人控制"现象严重，难以满足与投资者直接约束机制相匹配的必要条件，不可能用约束惩罚措施去体现经营者的报酬和企业业绩的相关性。因此，比较现实的选择是学习美国经营者年薪中注重长期激励的做法，提高年薪制的激励效果。长期报酬的主要形式包括股票期权与股票赠与等。美国 1000 家最大公司中经理人员报酬的 1/3 左右是以股票期权为基础，因此长期激励项目中股票期权占主要地位。长期激励的功能是对公司经理人员特别是企业经营者产生积极的激励作用，有效调动企业经营者的积极性，促使公司价值和股东价值的同步增长；同时，通过长期报酬计划将优秀人才的利益与公司自身利益紧紧捆在一起，不但能避免优秀人才的流失，而且也为公司吸引更多的优秀人才。然而我国目前缺乏实施股票期权的外部条件，如股票来源问题、会计处理等方面的限制，许多企业采用变形的股票期权。在设计时由于没有考虑企业的实际情况导致长期激励流于形式，或者使长期激励机制最终流产。

④ 养老金计划。养老金计划是由企业按年薪收入的一定比例计算支付给经理人员的报酬。美国经营者报酬体系中退休金所占比例不大，公司的退休金计划一般分两部分：一部分是符合国内税务法规的法定退休金；另一部分是不符合国内税务法规的非法定退休金计划，每月向退休储蓄账户中存入一定的现金，金额与高级管理人员的年龄、服务年限及工资水平有关。我国 20 世纪 90 年代以来"于志安""褚时健事件"不断出现，"58 岁现象""59 岁现象"比较明显，主要原因在于没有相应的退休保障。我国很多地区对经营者退休后的政策与普通工人一样。由于退休后经济损失很大，使经营者不但在心理上难以平衡，也给精神上带来了不少的压力，使他们对退休后的生活心存余悸。高额养老金计划给予企业经营者高水平养老和医疗社会保障，也是保证国企经营者行为长期化的重要制度设计，尤其是对于现在相当一批长期在国有企业中经营者职位任职，报酬收入一直不高而又即将面临退休的经营者来说，给予高于一般职工平均水平数额的养老金是必要的。

⑤ 津贴。津贴是企业经营者在职收益的福利性收入部分，包括住房、医疗、保险、交通方面补贴的收入。美国高层经理年薪中津贴占 1.7%，法国占 5.7%，德国占 5.6%，日本企业虽然没有明文规定，但日本经理有高额的交

际费用支出。我国企业经营者在福利方面与普通职工没有差距，但拥有普通工人没有的职务消费，如良好的办公条件、配备专车、专职秘书、书园、出差待遇、好的医疗条件和保险、娱乐性消费权利等。随着企业经营自主权的扩大和经营者权威地位的确定，经营者的职务消费开始扩大化。因此，将针对经营者的津贴纳入年薪制的报酬体系，逐步取消经营者过高"在职消费"这类的隐性收入，将经营者的收入公开化，增强收入的透明度。当前经营者对年薪制的兴趣不如政府部门预期高的一个重要原因在于政府对经营者在职消费的约束弱化，"收入较低"的损失可以从在职消费的灰色收入中得到补偿。要使逐步提高、拉开档次的物质分配手段充分起到正面激励的作用，得到职工的拥护，必须将"增加经营者货币收入"和"规范经营者职务消费"两项政策规定同时实施，针对企业经营者过度"职务消费"问题，应根据年度计划预期的销售或利润额给经营者的职务消费规定一个合理比例，超出部分由经营者个人支付，即实行职务消费定额制度。同时，对国有企业经营者在生产经营过程中的职务消费情况，由经营者本人向股东大会、董事会或职工代表大会定期报告，企业财务总监负责审核，即实行职务消费报告制度。

由于我国企业千差万别，规模、行业、历史背景、经营环境等差距悬殊、企业的经营业绩与企业经营者能力和努力水平的相关程度很难判断，因此，在确定年薪制的报酬结构时应根据本企业的具体情况，借鉴国外的通常惯例，确定本企业经营者年薪制的模式。美国《幸福》杂志对全美200家最大公司的一项调查显示，美国总裁的报酬基本上是45%的基本工资、15%的年度奖金、30%的长期激励，养老金为8%左右，津贴占2%左右，而且股票期权在美国企业经营者报酬中所占比重呈上升趋势。我国在确定年薪构成比例时，根据我国企业的实践，可将基本薪金、年度奖金、长期激励、养老金计划、津贴的比例大约定为50%、20%、22%、6%、2%左右，各个企业可根据企业的具体情况，对年薪的构成项目和构成比例进行适当的调整，使之符合企业实际，在有效提高企业经营效率的同时，建立起经营者报酬与企业业绩相关联的报酬结构，在我国目前其他激励约束机制没有健全或尚不存在的情况下，促进企业经营者行为长期化、规范化发展。

以50%多的市场占有率傲视群雄，更以其产品战略上的步步领先成为中国市场上"手机时尚"代名词，亦被称为电信业传奇的诺基亚公司在激励企业高层的方法上有其独到之处。

巴雷特法则（Pareto's law）又称80/20法则，它概括性地指出了管理中大量存在的一种现象，比如：20%的员工创造了企业80%的绩效。这促进了人

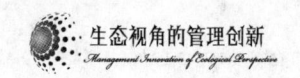

力资源管理上的一种新理论——重要员工管理（Key Staff Management）的产生。诺基亚是重要员工管理理论的推崇者，从其薪酬体系中即可明显发现这一点。例如，诺基亚的薪酬比较率明显地随级别升高而递增：在3～5级员工中，其薪酬比较率为1.05；而在更高一层的6级员工中，其薪酬比较率为1.11；到了7级员工，这个数字提高到了1.17。也就是说，越是重要、越是对企业有贡献的精英员工，其薪酬比较率就越高。这样，就确保了富有竞争力的薪酬体制能吸引住企业的重要员工。这还使得诺基亚的薪酬体系有一个特征，级别越高的员工，其薪酬就越有行业竞争力，让高层人员的稳定性有了较好保证，有效避免了企业高层动荡带来的伤害，使诺基亚的企业发展战略保持了良好的稳定性。而这对于企业的持续发展来说，是至关重要的。因为高层员工的绩效对企业整体效益的影响，是数倍甚至是数十倍于一般员工的。

重要员工管理理论在诺基亚薪酬体系中的嵌入，一方面保证了高层员工有更好的稳定性和更好的绩效表现，同时也给低层次员工开拓了一个广阔的上升空间，在薪酬体系方面表现出相当强的活力与极大的激励性。

（二）职能管理人员

1. 职能管理人员的特殊性

该类岗位主要从事对企业经营的支持性业务，如财务、人力资源等工作。其贡献与公司的经营业绩没有直接关系，但有相当强的间接关系。其特殊性表现在职能职位比生产和事务职位更倾向于强调非数量因素上，其原因是：

（1）数量的不可测性。所谓的数量的不可测性，是指某些职能管理的工作绩效是无法用数量衡量的。例如，对一名机床操作工，可以用产品的数量、质量，甚至工作时间对他的工作进行评价，进而给予不同的报酬。但对一名财务经理来说，就很难找到可量化的评价指标，既不能以他每月审批多少张会计凭证来衡量他的工作绩效，也不能以他领导多少下属评价他的工作能力。

（2）数量的不可靠性。所谓数量的不可靠性，是指某些职能人员的工作成果虽然是以某些量化指标表示的，但这些指标并不能完全合理地表明他的工作能力和工作绩效。同样以财务经理为例，他要负责企业的资本成本，现在某企业的资本成本比四年前下降了近一半，但这并不一定表明他的工作能力强，实际上真正的原因是这四年里国家七次下调银行存贷款利率。

此外，在评价职能管理人员的工作绩效时更倾向于工作能力。以某企业的两个事业部经理为例，甲事业部当年净资产收益率为20%，而乙事业部只有5%，如果仅以此为依据评价经理的工作绩效是不公平的，事实上乙事业部承受着比甲事业部更激烈的竞争，它所在行业的总体盈利水平近几年一直为负。因此，评判能力是决定职能人员薪酬激励的关键。

2. 岗位技能薪酬制

职能管理岗位的工作职责相对难以量化，导致了其在实践中的报酬决定因素也往往难以比较和测量。采用岗位技能薪酬制就可避免管理盲点的出现。据美国《商业周刊》一项岗位技能薪酬的使用情况和效果的调查研究表明，岗位技能薪酬已在全美30%以上的公司中推广使用，并带来了员工特别是知识工作者更高的绩效和满意度。《财富》杂志上的500家大型企业中有50%以上的公司至少对一部分员工采用了岗位技能薪酬制度，并且实行岗位技能薪酬方案的公司中有60%的人认为方案在提升组织绩效方面是成功或非常成功的。

岗位技能薪酬制也是近几年我国企业改革中普遍采用的新型薪酬制度，它是一种以劳动技能、劳动责任、劳动强度、劳动条件等基本劳动评价要素为依据，以岗位职务薪酬和技能薪酬为主要内容，根据员工的实际工作绩效确定薪酬水平的多元组合的薪酬制度。其中，岗位职务薪酬是根据员工所在岗位或所任职务的责任轻重、劳动强度、努力程度和工作环境而确定的薪酬。技能薪酬则是根据不同岗位、职务对知识与技能的要求和员工实际所具备的水平而确定的薪酬。岗位技能薪酬制打破了原有的以行政机制决定企业职工收入的旧框框，但仍有计划经济的痕迹，适合于我国目前经济体制转轨和经济发展的背景。它的基本内容包括以下四个部分：

（1）岗位职务劳动评价。岗位职务劳动评价是岗位技能薪酬制建立的基础。它是将各类岗位、职务对员工的要求归纳为劳动技能、劳动责任、劳动强度、劳动条件四个基本要素。通过测试和评价不同岗位、职务的这些基本劳动要素来确定员工的薪酬标准。

① 劳动技能要素评价。它主要反映不同岗位、职务对员工素质的要求，评价指标包括受教育程度、实践经验和实际工作能力等。如实践经验可按工龄划分为不同档次。

② 劳动责任要素评价。它主要反映不同岗位、职务对员工劳动责任的要求，换言之，就是描述该岗位或职务在企业中的重要性。

③ 劳动强度要素评价。它主要反映不同岗位、职务的负荷程度，主要通过劳动紧张程度、劳动疲劳程度、工时利用率等指标来衡量。

④ 劳动条件要素评价。它主要反映不同岗位、职务的危险程度、危害程度以及自然地理环境和不同班次对员工生理、心理的损害程度。

（2）薪酬单元设置。岗位技能薪酬制属于基本薪资制度，其单元设置如下。

① 技能薪酬。技能薪酬主要与员工的劳动技能相应，确定依据是岗位、职务对劳动技能的要求和员工实际所具备的劳动技能水平。如管理人员和专业技术人员的技能薪酬都可分为初、中、高三大类，每类又可分为不同的档次和等级。

② 岗位职务薪酬。岗位职务薪酬是与劳动责任、劳动强度、劳动条件三要素相对应的，它的确定是依据三项劳动要素评价的总分数，划分几类薪酬标准，并设置相应档次，一般采用一岗多薪方式，视劳动要素的不同，同一岗位的薪酬有所差别。

③ 辅助薪酬。我国目前大多数企业在实施岗位技能薪酬制时，只设置了上面的两个薪酬单元。但如果能再加上辅助薪酬，该制度就更加合理了。辅助薪酬也可以细分为两个单元。

A. 年功薪酬。这是参考了日本薪酬制度的特点而设立的。它是随着员工工龄的增长而增加的薪酬部分，是对长期从事本职工作的员工的一种奖励。目的是承认员工以往劳动的积累，激励员工安心本职工作。

B. 效益薪酬。为了体现员工薪酬与企业效益挂钩，它是随企业经济效益而变动的薪酬部分。在企业具备了长期支付能力的前提下，效益薪酬可以转变为基本薪资。

(3) 弹性福利激励。正所谓"好钢用在刀刃上"，对职能管理人员来说，可选择的福利项目相对其他操作人员和事务人员要多，因此弹性福利对职能管理人员的激励作用会更为突出。

据统计，美国福利支出在人工成本中所占的比重从1961年的25.5%，上升到了1995年的41%。1995年美国企业每名员工平均福利收入为每小时7美元。另根据一项调查指出，在跨国大公司中，在过去的50年里基本薪资增加了40倍，而福利增加了500倍。目前，一些西方国家的福利费和基本薪资的比例几乎接近1:1，并有超过基本薪资的趋势。

面对长长的福利项目菜单，企业员工对不同的福利项目会有不同的偏好，有的是员工十分在意的，有的则起不到什么激励作用。例如，对于养老保险，年轻员工就不太在意，甚至觉得存在分配的不公平，希望越少越好。然而随着年龄的增长，对养老保险的看法会逐渐变化，有可能变成第一嗜好。而如果采用弹性福利激励即采用自助餐式的福利激励，员工就可以根据自己的偏好进行选择，从而满足自己的需求。

弹性福利激励的方案有两种，一种方案是每名员工会得到适合他个人的几个已经组合好的菜单，员工的工作仅仅是在这几个菜单中选择其一。这种方法的缺点是"弹性"不足，但实施相对容易。另一种方案是，企业对每名员工现有的福利状况进行评估,确定其现有的福利收入总额,员工在这个总额的限制下,根据自身的偏好"卖出"某些项目,同时"买入"另一些项目,这种方法的最大优点在于,企业可以将原有的福利组合记录在案,基本根据原有的状况进行财务和税务处理。

弹性福利激励充分考虑了员工的偏好和需求,虽然对有些员工在某些项目上增加了支出,但同时也降低了另一些员工不感兴趣的项目上的费用支出,从而在提高激励作用的同时,也控制了福利成本。

岗位技能薪酬的应用能使企业有较为客观的评定标准来指定员工的薪资水平,并易于进行横向和纵向比较,具有较高的信度和效度。正如一位学者所指出的,"缓慢地却是必然的,社会正在变成一个以技能和知识为基础的社会。你的市场价值与你能做什么和掌握了什么技能相联系,在这个新世界中,真正重要的是技能和知识,只有把人们作为掌握特别技能的人并按这些技能付酬才是有意义的。"我们有理由相信,岗位技能薪酬必将成为激励职能管理人员的一种好方法。

(三) 研发人员

1. 研发人员的特殊性

研发人员是企业的核心人力资源之一,同时也是企业需要重点开发的资源。但是,因为研发工作的特殊性质,研发工作相对缺乏可考性,工作成果也具有较长的滞后期。所以,对于此类岗位需要采用高保障性与高激励性的薪酬制度。采用高保障的薪酬有利于稳定研发队伍,保证项目的平稳进行。采用高激励的薪酬有利于调动研发人员的工作积极性,通过激励而不是约束确保项目的高质量。

2. 不同层次的研发人员的薪酬体系设计

由于研发人员的需求个性化、多元化,包括物质需要、专业知识实现与职业发展需要、领导认同需要、合作需要、参与需要、追求事业成功需要等,各种需要的强度不一样。所以对其进行薪酬设计时应突破单一的现金形式。根据不同层次员工的不同需求确定不同的薪酬体系,以起到应有的激励作用。

(1) 辅助层。

总体薪酬 = 基本工资 + 加班工资 + 各种补贴 + 特殊贡献工资 + 晋升机会

辅助层研发人员在研发团队中的主要作用是辅助中坚研发人员,主要任务是学习相关知识和积累经验,所以他们在这一阶段并不能为企业创造太多价值,并且学习中有较强的人力资本积累效应。所以,在设计这类人员的薪酬时，可采取水平较低的固定薪金模式，对项目有特殊贡献时进行特殊奖励。

采取固定薪金模式的原因首先是因为他们尚处在学习阶段，不能为企业创造太多价值。其次由于辅助层是一个后备选拔层，优秀者很快进入中坚层，成为企业研发的核心力量，不合适者将调离研发部门。所以该阶段企业应帮助他们进行职业生涯计划，并制订明确的晋升道路。这往往比薪金更具激励效果。

（2）中坚层。

总体薪酬＝基本工资＋加班工资＋各种补贴＋特殊贡献工资＋晋升机会＋项目工资＋技术股份

中坚层的研发实力是高新技术企业的核心竞争力，他们的工作成果直接影响企业发展和企业产品的市场占有率。所以应留住中坚研发人员，并不断为其提供学习机会，保证企业的核心竞争力。

项目工资是体现业绩的重要方面，据此与辅助层的薪酬水平拉开距离。技术股份是将研发成果的部分所有权归属研发人员，它不同于普通股份，不可转让，研究开发人员在非正常情况下离开企业时，他所拥有的这部分所有权将自动转给企业。这种方法不仅能激励研究开发人员而且可以减少流失，降低研发风险。项目工资主要根据项目开发难度、进度等，由企业和研发人员共同商议决定。企业在项目进行中要对各项指标的达成度进行考核。完成情况不同，计提比例也不同，项目工资等于项目总收益乘以计提比例。

对中坚层采用的这种薪酬模式，一方面体现了业绩，使能力强的研发人员得到可观现金收入的同时还有晋升、带薪休假等精神奖励；另一方面有利于激励和留住人才；还使研发人员和企业一起分担了项目风险。

（3）核心层。

总体薪酬＝基本工资＋加班工资＋各种补贴＋特殊贡献工资＋项目工资＋股权

核心层研发人员的精力主要在于为企业赢得竞争优势，对这类人员的薪酬激励应以股权激励为主，构建利益共同体。长期的股权激励是为了稳定核心人员，增强研发人员对追求项目成功的吸引力，使其能分享研发成果巨大的经济回报。也可以让核心层研发人员负责项目的开发实施，给他们拓展个人能力、发展事业的机会，这比高的收益更能激励核心研发人员。

（四）销售人员

1. 销售人员的特殊性

有人说，销售人才是企业的"金山"，有人用"三分天下有其二"来形容销售队伍的重要性。无一不说明销售人员是公司获取利润的直接工作者。这支队伍流动性最大，如何稳定销售人员，激发他们不断完善自我的决心和信心成为每个企业都非常关心的问题。

该类岗位是一种深具挑战性的岗位，需要通过实际的业绩考核对销售人员进行选拔。应实行优胜劣汰的赛马机制。使销售人员产生危机感的同时，对业绩具有极强的渴望和成就感。

2. 销售提成制

鉴于销售费用对大多数企业都是非常难以考核和控制的，针对新进销售员工和老员工，实行销售提成制，将销售费用与销售奖结合。

（1）销售人员的基本工资等级采取工资考核评定办法。销售人员的薪酬模式设计应偏重于业绩工资。也就是说，其薪酬的等级差别应从销售人员的业绩上来体现，而不是从以学历为标杆设置的基础工资来体现。如果从销售人员的基础工资就有明显的等级差别，会让他们有不公平感。公平理论的基本观点是：当一个人做出了成绩并取得了报酬以后，他不仅关心自己所得报酬的绝对量，而且关心自己所得报酬的相对量。因此，他要进行种种比较来确定自己所获报酬是否合理，比较的结果将直接影响今后工作的积极性。此外，确保基础工资，这一点对销售人员非常重要，必须确保员工的基本生活费用。只有这样，员工才能感到工作可靠，对公司有信任感。

马斯洛需求层次理论中生理需求、安全需求是最基本的需求。由于新进销售人员对公司、行业的具体情况不是很熟悉，在销售过程中遇到挫折后，自信心更易受打击。在这时，业务提成成了可望而不可及的"空中楼阁"，基础工资则成了他们的依靠。如果在基础工资上又让他们有较大的层次感，他们会对工作前景失去信心。所以，新人往往在试用期未满便选择离开。

公司应根据自身情况采取工资考核评定办法，即所有新进销售人员，第一个月基本工资一样，以月末他所完成的销售总额来确定今后的基本工资，整个销售人员层基本工资不应有较大的层次，撇开学历的限制，创造一个公平竞争的氛围。

学历淡化，朗讯是一个典型的例子。朗讯在招聘人才时比较重视学历，贝尔实验室1999年招了2000人，大部分是研究生以上学历，对于从大学刚刚毕业的学生，学历是他们的基本要求。对其他的市场销售工作，基本的学历是要的，但是经验更重要。新员工到了公司之后，在比较短的时间学历就被淡化了，无论做市场还是做研发，待遇、晋升和学历的关系慢慢消失。在薪酬方面，朗讯是根据工作表现决定薪酬。进了朗讯以后，薪酬和职业发展与学历、

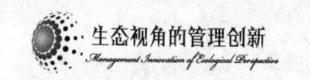

工龄的关系越来越淡化，基本上与员工的职位和业绩挂钩。

（2）依据业绩确定提成比例。如果说做1万元的业务和做10万元的业务提成比例一个样，员工难免会产生不平衡，其对公司的忠诚度也难免大打折扣。建议根据业务量的大小和增减幅度来设定提成比例，比如，每月完成1万元的业务提成比例为3%，2万元的提成比例为4%，3万元的提成比例为5%，有突出贡献的给予额外奖励。业务提成比例在实际运行中，以下3个方面不可忽视：

① 不同的产品，业务提成比例应有所变化。公司里有些"当家花旦"顾客比较信赖，自然也就销售得很好。即使同一厂家生产的产品，其"可卖度"也是不一样的。比如，H公司的"健康蛋"是在公司的产品中卖得最好的，销售人员的业务量的提升主要依赖这一产品的贡献份额；

② 不同区域的消费群体对同一产品的选择度也有所不同。比如，羽绒服在南方城市显然没有在北方城市走俏；

③ 必须把回款时间考虑进来。我们知道，现款和压款对资金利润率的影响是不同的。现款和压款的提成比例必须有所差别，这样公司利益才能保障，也会更有效地激发销售人员挑战自我，提升总体销售业绩。

（3）新老销售人员薪酬设计不应"一刀切"，建议实行"瓜分制"和"混合制"。销售骨干有着自己的客户源和信誉度，他们为公司带来的效益是新进销售人员无可比拟的。新进销售人员由于刚进公司，对业务不太熟悉，其业绩偏低，如果有经验的销售人员的薪酬和新进销售人员的完全一样，其激励效果可想而知。而对新进销售人员来说，由于其大多对行业具体情况不熟悉，加上欠缺经验，在销售过程中遇到挫折后，自信心易受打击，一段时间后往往心灰意冷，士气低落。在此情况下，即使新进员工享有与老员工相同的提成比例，但由于其完成业绩较少甚至极少，"提成"对他们来说依然是"水中月，镜中花"。

较为合适的销售人员薪酬模式可以选择新进销售人员和老员工不同的薪酬模式。不同类型的人员，应该实行不同的薪酬模式。目前，在一些企业，对新进销售人员实行"瓜分制"的薪酬制度，在保障其一定工资水准的同时，充分体现竞争体制。所谓"瓜分制"，就是企业将全体新进销售人员视作一个整体，确定其收入之和，每个员工的收入则按贡献大小占总贡献量的比例计算，其计算公式为：

个人月薪＝总工资×（个人月贡献/全体月贡献）

在这个计算公式中，如要将底薪导入，则可以进一步将"瓜分制"和"混合制"结合，按如下公式进行计算：

个人月薪＝固定工资＋（总工资－总固定工资）×
（个人月贡献/全体月贡献）

这样，不仅拉近了新进员工与老员工的收入差距，保障其生活供应，而且也体现了多劳多得原则，可以增加其职业归属感和进取心。对老销售员工而言，采取底薪加提成加奖金的"混合制"的薪酬制度，激励效果可能比较突出。关键在于放大薪酬的"提成"激励效应。

因此，应根据其业务量、业务地域、业务进展速度、业务完成比例、业务增长率而灵活地变化，建立弹性的多元化的菜单式提成体系。至于选择高底薪、低提成，还是低底薪、高提成，要视企业的具体情况选择。知名度较高，管理体制趋于成熟，客户群相对稳定的企业，其销售额更大程度上来自于公司的整体规划和推广投入，采用高工资、低提成，更有利于企业维护和巩固现有的市场渠道和客户关系，保持企业内部稳定，有利于企业平稳发展。反之，如果一个企业处于起步阶段，需要依赖销售员工不断拜访客户以开拓市场，或是产品性质决定其需要不断开拓新的客户源，保持与客户的密切联系，利用低底薪、高提成的薪酬制度，更能刺激销售人员的积极性。

（4）文化激励。各种激励机制，诸多奖励措施，都是本着"要让马儿跑，就拼命喂草"的指导思想。然而，喂再多的草，马儿照样可能跑不动或不愿跑，这是目前很多公司都颇感头痛的问题。真正的解决之"道"是改变单纯依赖利益驱动，不只是单纯依赖加薪和升职，更通过公司独有的凝聚力及人文气息感染他们，让其觉得公司不再是为了薪金和职位而拼杀的战场，更是关怀他们成长的"家庭"。

作为国际上最著名的国际商用电脑的制造商、最受消费者信赖的企业之一的国际商用机器公司IBM，在谈到它的成功的同时，就必须说起它别出心裁的激励机制。IBM公司有个惯例，就是为工作成绩列入85%以内的销售人员举行隆重的庆祝活动，而排在3%的人员还将荣获"金圈奖"。为了表示活动的重要性，公司选择在有异国情调的百慕大举行。此外，IBM有时还会花样翻新地做出一些出人意料的决定以增强公司的凝聚力。如有25年工龄的员工业务名片上被印上蓝色金边盾牌，这是一种工龄的荣誉表现，同时也告诉人们25年来员工们的优秀工作，这无疑是一种员工最乐意的激励机制。

（五）生产人员

1. 生产人员的特殊性

生产人员的工作特征是他们的工作绩效可以通过工作量或工作时间来衡

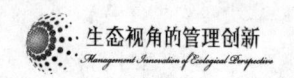

量。这部分员工主要是生产制造车间从事生产的一线人员。

2. 岗次动态薪酬体系

世界著名企业 ABB 公司的 CEO 珀西·巴尼韦克指出,在现行计件工资体制下,生产员工的创造能力有 90%~95% 没有发挥出来。为了解决这样的弊端,充分发挥生产人员的创造能力,就需构建与市场经济相适应的企业管理体系——岗次动态管理体系。岗次动态管理体系将竞争公理引入企业内部,构建了企业内部规范的竞争机制和程式,构建了"岗次变动→竞争→压力→激发活力"的动力机制模型。

在岗次动态管理体系诞生之后,计件工资这种分配方式的激励机制效果愈显其不足。如某加工岗位有 5 名员工,设定额工作量 10000 件/月,单位工资含量为 0.1 元,5 名员工的工作数量差别分别为 1 件,在其他方面(质量、消耗等)相同的情况下,其"收入—绩效"激励机制如下(如表 3-1、表 3-2 所示):

表 3-1 计件工资"收入—绩效"激励机制构成

单位工资含量	员工(人)	工作数量(件)	收入(元)	主体收入的决定因素	激励效果
0.1 元	甲	10004	1000.40	员工的主体收入取决于(定额)工作量的主体,而不是取决于边际增量	单就收入差距而言,员工对彼此之间的绩效差异不成高度关切,不会形成你追我赶的劳动竞赛
	乙	10003	1000.30		
	丙	10002	1000.20		
	丁	10001	1000.10		
	戊	10000	1000.00		
合计	5	50010	5001.00		

(资料来源:张庆仁. 岗次动态管理——全新的激励机制. 科学与管理,2004.4)

表 3-2 岗位工资"收入—绩效"激励机制构成

岗差设定	员工(人)	岗次	工作数量(件)	收入(元)	主体收入的决定因素	激励效果
低岗次之间岗差小,高岗次之间岗差大	甲	第一	10004	1350.00	员工之间工作绩效的差异(边际增量)决定了各自的收入水平	①工作绩效的微小差异造成收入上的很大差距,从而能够激发员工之间竞争,提高绩效 ②岗次实质上是名次,名次本身就是一种激励机制
	乙	第二	10003	1130.00		
	丙	第三	10002	950.00		
	丁	第四	10001	820.00		
	戊	第五	10000	750.00		
合计	5	5	50010	5000		

(资料来源:张庆仁. 岗次动态管理——全新的激励机制. 科学与管理,2004.4)

在以上的对比中，我们看出：在计件工资体系中，员工之间绩效上的差距与收入上的差距是等比关系；而在岗次动态工资体系中，绩效上的差距与收入上的差距不是等比关系，绩效上的微小差距会造成收入上的很大差距。这是一种放大效应。这种收入对绩效的放大效应不仅仅体现在工作的数量方面，在质量、消耗、安全等方面同样适用。这种"收入—绩效"放大效应能够引发生产人员在工作绩效方面形成激励竞争，成为争相提高工作绩效的"激发器"。

凡是在竞争的场合，都存在"收入—绩效"的放大效应。如在市场竞争中，价格降低1%，可能会使市场扩大30%。质量提高2个百分点可能会使市场扩大20%或价格高出同类产品10%。也许这就是竞争机制的精髓。

此外，岗次实质上就是名次，名次本身具有激励作用，企业管理实践证明，按目前的收入水平，员工少收入几十元并不太介意，但若低一个级别，则会在心理上形成很大的压力。而计件工资则不会形成这种压力。因为计件工资这种计酬方式对落后者还具有道义上的慰藉作用——"你干的工作多你拿的报酬多，我干的工作少我拿的报酬少"，似乎非常公正。

在岗次动态管理体系中，变革了计件工资这种一元函数的分配方式，将创新、协作、奉献等列为绩效考核内容，能够激发人们进行创造性劳动。

本章小结

建立企业薪酬激励体系是一项复杂而系统的工作，它涉及企业的方方面面，牵一发而动全身，关系到员工与企业的切身利益。有效的薪酬激励既不是无限制的简单加、减薪，也不是简单的金钱等物质支付，也不是常规、定期的千篇一律的发放，这是毋庸置疑的。因此，有效的激励性薪酬设计，应充分考虑各种内外部因素，坚持因时、因人、因目标而采取不同激励形式相结合的原则来进行。

一个企业需要有一定竞争力的薪酬吸引人才，还需要有一定保障力的薪酬留住人才。如果水平低或与外界的差异过大，肯定会影响员工的稳定性和工作积极性。本章主要论述了金钱报酬的设计及其对员工的激励作用，金钱报酬在中短期内能激励员工并调动员工的工作积极性。但是金钱报酬不是万能的，非金钱报酬对员工的激励是中长期的，才是最根本的。企业在薪酬管理中，应把金钱报酬和非金钱报酬结合起来激励员工，让员工感受到自己的价值并感受到自己的发展前景，使他们能长久保持工作的热情和积极性，为企业努力工作。

本章从抽离个体的角度，研究一般意义上的薪酬体系，但最终又要应用于

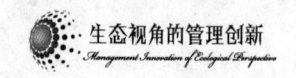

个别的人,因此需要企业根据自身的实际情况制订相对具体的措施。并在实际中不断改进、完善,"筑巢引凤,活水留龙"。

参考文献

[1] 欧阳洁. 企业激励机制研究与设计 [J]. 经济问题,2005 (1):43-45.
[2] 吴文盛. 新奥集团企业文化激励机制研究 [J]. 当代经济管理,2005 (10):63-65.
[3] 王琳,沈进. 中国企业薪酬体系的问题分析与对策 [J]. 商业研究,2005 (1):63-65.
[4] 曾晓冬,余君,杨金云. 民营企业薪酬管理中存在的问题与对策 [J]. 管理视角,2005 (9):85-86.
[5] 李宁,张德. 如何设计一个激励性的薪酬体系 [J]. 中国人力资源开发,2005 (8):27-29.
[6] 张鑫. 设计具有激励作用的薪酬制度 [J]. 合作经济与科技,2006 (3):21-22.
[7] 邓今朝. 关于优化企业激励机制的几点思考 [J]. 零陵学院学报,2004 (3):141-142.
[8] 王荻,陈巍. 几种激励理论在薪酬管理中的应用 [J]. 商业研究,2005 (4):64-66.
[9] 张学珍. 浅议薪酬设计方法 [J]. 大众科技,2005 (12):275-276.
[10] 李光丽. 科技员工的特点及激励思路 [J]. 企业经济,2002 (01):89-90.
[11] 常英. 中小企业营销人员薪酬激励的艺术 [J]. 全球科技经济展望,2005 (10):42-44.
[12] 施冬梅. 人力资源管理中优化薪酬结构的探索 [J]. 现代管理科学,2004 (5):85-86.
[13] 吴志华. 解析诺基亚内部薪酬体系 [J]. 人才瞭望,2004 (5):33-34.
[14] Martin Holtmann. Principles for designing staff incentive schemes [J]. Market-led solutions for financial services,2002 (05):11-19.
[15] 冯志波. 全员激励的企业薪酬体系的研究与设计 [J]. 郑州大学学报,2005 (5):25-27.
[16] 张庆仁. 岗次动态管理——全新的激励机制 [J]. 车间管理,2004 (3):22-25.
[17] 吴炯. 企业职能人员薪酬激励研究 [J]. 西南交通大学学报,2001 (5):11-12.
[18] 赵颖. 世界知名企业的薪酬激励 [J]. 中国人才,2004 (7):75-76.

第四章 生态视角的产业技术创新管理

第一节 提高技术创新力的意义

一、产业结构与技术创新力的关系

当今社会"科学技术是第一生产力"早已成为不争的事实,在此形势下,产业欲取得长久的竞争优势和长足的发展态势,就必须致力于提高自身的技术创新能力。产业技术创新能力的提高实质上是知识资源的积累和开发过程,此过程的实现必然引起自然资源、劳动力、资本、知识等生产要素结合比例的重新调整,即产业结构的优化重组,而由于自然资源、劳动力、资本的边际生产力的潜力已非常有限,知识的边际生产力为正,因此,面对资源总量的约束及潜力提高的有限性,要进一步调整优化产业结构,提高竞争能力就必须重视并依靠技术创新能力。

总之,产业结构的优化离不开自身技术创新力的提高,提高技术创新能力是产业结构优化的重要手段和决定因素。

提高技术创新力是产业结构优化调整的决定性因素,在产业结构调整中,依靠提高技术创新力,充分发挥知识要素对产业结构调整的关键作用就具有重要的战略意义和决定性作用。具体讲:

一是优化农业生产的内部结构,进一步提高农业生产能力和农业经济效益,推进农业向集约经营和可持续发展方向转变,实现农业增产、农民增收和农村社会稳定三大目标必须依靠技术创新力的提高;

二是加快经济的工业化进程以及优化工业内部产品结构,处于关键地位的决定性因素依然是技术创新问题。在当前国内买方市场已经形成,市场竞争日趋剧烈的形势下,市场的压力需要我们选择那些技术水平高、产品竞争力强、具有较好市场前景的优势行业和优势项目;现有行业、企业的发展,必须加强以产品为重点的新产品开发力度,加快影响生产成本的新技术、新装备的引进

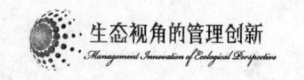

应用;

三是以信息化为先导的第三产业的发展,同样需要技术创新力的拉动。

总之,没有高水平的技术创新力,就难以解决产业发展的原动力、实现现有产业优化升级和高新技术产业进一步发展等问题。

二、产业技术创新研究需解决的主要问题

产业技术创新问题的研究需要解决如技术创新的特征、技术创新的环境、技术创新能力的评价与分析等许多问题。在诸多问题中,关于技术创新力的评价与分析是研究的核心。对于产业技术创新问题的研究,可以从广义角度对三大产业的技术创新力进行评价研究,也可以对农业、工业等内部产业的技术创新力进行评价研究。考虑到不同产业的技术经济特点不同,评价其技术创新力的方法差别较大,再加上目前科技统计的发展尚不完善,产业技术创新研究的很多资料也不具备。

第二节 工业产业技术创新力评价指标体系的建立

一、工业产业技术创新力评价指标体系的设置

(一) 产业技术创新力的构成要素

产业技术创新是指以市场为导向,以提高产业竞争力为目标,从新产品或新工艺设想的产生、经过技术的获取(研究、开发和引进技术、消化吸收)、工程化到产业化整个过程的一系列活动的总和。产业技术创新力是指采用先进的科学技术和手段开发新产品、新工艺使其形成经济效益的能力,是推动产业发展的能力。

从产业技术创新的概念中可以看出,产业技术创新是推动产业发展的主要动因,是产业综合竞争力提高的主要核心。产业技术创新能力的形成与提高都是在新技术、新工艺从产生——转化——应用——产业化的不断循环中实现的,是企业技术创新能力提高的有机结合。因此,评价产业技术创新力,就必须与构成产业的企业技术创新力相协调,以企业、产业新技术、新工艺的形成、转化实现相依托,着眼于创新能力形成的全过程,通过过程研究把握产业技术创新的整体。

从过程出发对决定产业技术创新力的因素可分为三个层次,如图4-1所示:

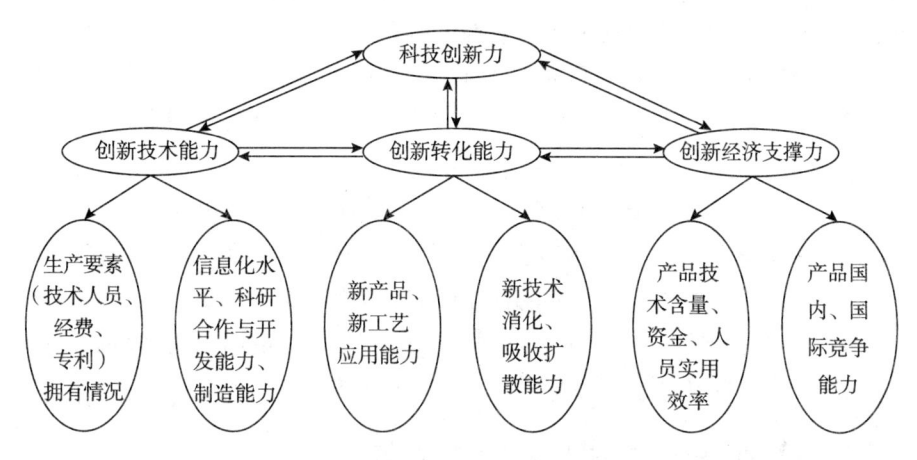

图 4-1 工业产业科技创新力影响因素

(1) 技术创新技术能力。它是指某企业或产业进行技术创新所具有的能力。它不仅代表了一个产业技术创新力已达到的实际水平,也能反映产业未来技术创新力的变化趋势,是最为根本的影响因素。从整体上看,产业从事技术创新活动的数量、频率和水平是整个产业技术创新力的具体体现,而技术创新活动的数量、频率和水平是由其所拥有的科技资源水平和科技能力所决定的。因此,此模块可以从科技资源水平与科技能力两方面建立相应的子指标体系。

(2) 技术创新转化能力。它是指新技术、新工艺转化为现实生产力的能力。这是连接研究开发与市场需求的桥梁,可以反映知识、技术向现实生产力转化的程度。技术创新成果经过开发、中试、规模化生产和技术扩散,形成最终产品,并成功进入和占领市场,形成现实生产力,这是技术创新的根本目的所在。因此,此模块可以从技术成果转化和技术成果扩散两个方面建立相应的子指标体系。

(3) 技术创新经济支撑力。它是指支撑技术创新的经济实力。一个产业的经济支撑力不但因资源约束可影响所有创新活动参与者的行为,而且对本产业创新意识、创新文化的形成和发展具有明显的促进与制约作用。因此,产业经济支撑力与技术创新力两者之间存在明显的正相关关系,评价可以从产业经济实力与竞争力水平两方面建立子指标体系。

(二) 产业技术创新力评价的原则

为实现全面、客观、科学地评价工业产业的技术创新力,应力求遵循以下原则。

(1) 全面性原则。产业技术创新能力是产业技术创新各要素的有机结合,是企业技术创新成果的集成,这就要求相应的指标体系具有足够的涵盖面,能

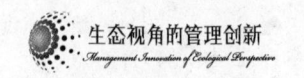

够将有关产业技术创新力的主要要素都考虑在内。

（2）导向性原则。在全面性的基础上，应尽可能选择具有足够代表性的综合指标和专业指标，以比较准确、简洁地表述产业技术创新的状况，引导人们找出努力的方向。

（3）可行性原则。虽然从理论的角度，可以设计出一个较为理想的指标体系，但在实践中，要考虑到数据采集的难易程度，应尽可能采用量化的指标，以便于操作，避免人为因素的存在影响评价的结果。

（4）系统性原则。技术创新力评价指标体系不是指标的简单堆积，指标间应具有一定的内在技术、经济联系。

二、工业产业技术创新力评价指标体系

根据产业技术创新力构成因素和评价原则，本研究建立由三大模块（技术创新能力、技术创新转化能力、技术创新经济支撑力）、五大要素（创新资源水平、创新科技能力、成果转化扩散能力、经济实力基础、竞争力水平）、21个基础指标构成的工业产业技术创新力评价指标体系，见表4-1所示。

表4-1中各指标的经济意义及计算公式如下：

拥有科技活动企业所占比重（A_{11}）：是指某一行业拥有科技活动企业数与同期产业企业总数之比，用来反映行业中企业开展科技活动的普遍程度，计算公式为：

$$A_{11} = \frac{某行业拥有科技活动企业数}{行业企业总数} \times 100\% \qquad (式4-1)$$

表4-1 工业产业技术创新力评价指标体系

创新模块	创新要素	创新具体指标
技术创新能力（A）	创新资源水平（A_1）	1. 拥有科技活动企业所占比重（A_{11}）
		2. 技术开发人员占从业人员数的比重（A_{12}）
		3. 自筹技术开发经费占销售收入的比重（A_{13}）
		4. 新产品开发经费投入强度（A_{14}）
		5. 专利批准数（A_{15}）
	创新科技能力（A_2）	6. 建立内部网的企业比率（A_{21}）
		7. 产学研合作开发度（A_{22}）
		8. 生产设备中微电子控制设备比重（A_{23}）
		9. 工程技术人员占从业人员数的比重（A_{24}）
		10. R&D经费投入强度（A_{25}）
		11. 成果获奖指数（A_{26}）

续表

创新模块	创新要素	创新具体指标
技术创新转化能力（B）	成果转化扩散能力（B_1）	12. 新产品销售收入占全部销售收入的比重（B_{11}）
		13. 技术改造投资比率（B_{12}）
		14. 科研成果完成率（B_{13}）
		15. 技术引进消化吸收比例（B_{14}）
技术创新经济支撑力（C）	经济实力基础（C_1）	16. 工业增加值率（C_{11}）
		17. 投资效果系数（C_{12}）
		18. 全员劳动生产率（C_{13}）
	竞争力水平（C_2）	19. 产品市场占有率（C_{21}）
		20. 市场优势指数（C_{22}）
		21. 出口产品率（C_{23}）

技术开发人员占从业人员数的比重（A_{12}）：是指某一行业科技活动人数与同期行业从业人数之比，用来反映行业技术创新活动人力资源的拥有状况，公式为：

$$A_{12} = \frac{某行业科技活动人数}{行业从业人数} \times 100\% \quad （式4-2）$$

自筹技术开发经费占销售收入的比重（A_{13}）：是指某一行业企业自筹科技经费与同期行业销售收入之比，用来反映行业企业对科技开发活动的资金支持力度，公式为：

$$A_{13} = \frac{某行业自筹科技开发经费}{行业销售收入} \times 100\% \quad （式4-3）$$

新产品开发经费投入强度（A_{14}）：是指某一行业新产品开发经费支出与同期行业科技开发活动经费支出总额之比，用来反映行业企业对新产品开发活动的资金支持力度，公式为：

$$A_{14} = \frac{某行业新产品开发经费支出}{行业科技开发活动经费支出总额} \times 100\% \quad （式4-4）$$

专利批准数（A_{15}）：是指某一行业经批准享有专利权的科技开发项目成果数，用来反映行业技术创新活动开展的普遍程度，此指标为绝对数。

建立内部网的企业比率（A_{21}）：是指某一行业建立内部网的企业数与同期行业企业数之比，用来反映行业信息化程度，公式为：

$$A_{21} = \frac{某行业建立内部网企业数}{行业企业数} \times 100\% \quad （式4-5）$$

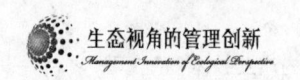

产学研合作开发度（A_{22}）：是指某一行业对研究机构、高等院校的经费支出与同期行业科技开发活动经费支出总额之比，用来反映企业、科研机构、高等院校在科技开发活动中的合作程度，公式为：

$$A_{22} = \frac{某行业对研究机构、高等院校的经费支出}{行业科技开发活动经费支出总额} \times 100\% \quad （式4-6）$$

生产设备中微电子控制设备比重（A_{23}）：是指某一行业微电子设备原值与同期行业生产设备原值之比，用来反映行业劳动手段的先进程度，公式为：

$$A_{23} = \frac{某行业微电子设备原值}{行业生产设备原值} \times 100\% \quad （式4-7）$$

工程技术人员占从业人员数的比重（A_{24}）：是指某一行业工程技术人员数与同期从业人员数之比，用来反映行业高素质人力资源的拥有情况，公式为：

$$A_{24} = \frac{某行业工程技术人员数}{行业从业人员数} \times 100\% \quad （式4-8）$$

R&D 经费投入强度（A_{25}）：是指某一行业研究与试验发展经费支出与当年经费支出总额之比，用来反映行业对于科技开发活动的经费投入力度，公式为：

$$A_{25} = \frac{某行业研究与试验发展经费支出}{行业经费支出总额} \times 100\% \quad （式4-9）$$

成果获奖指数（A_{26}）：是指某一行业获省级奖的成果数占获奖成果总数的比重，用来反映行业研究开发的科技成果的水平，公式为：

$$A_{26} = \frac{某行业获省级奖的成果数}{行业获奖成果总数} \times 100\% \quad （式4-10）$$

注：获省级奖的成果数 = 获国家级奖的成果数 × 1.5 + 获省级奖的成果数 × 1 + 获地市级级奖的成果数 × 0.5

新产品销售收入占全部销售收入的比重（B_{11}）：是指某一行业新产品销售收入与同期全部销售收入之比，用来反映行业新产品开发取得的经济效益，公式为：

$$B_{11} = \frac{某行业新产品销售收入}{行业销售收入总额} \times 100\% \quad （式4-11）$$

技术改造投资比率（B_{12}）：是指某一行业技改投资完成额与固定资产投资额之比，用来反映行业新技术、新工艺开发的资金投入力度，公式为：

$$B_{12} = \frac{某行业技改投资完成额}{行业固定资产投资额} \times 100\% \quad （式4-12）$$

科研成果完成率（B_{13}）：是指某一行业当年完成项目数与同期科技活动项目数之比，用来反映行业当年科研取得的成效，此指标是行业科研成果转化与

扩散的基础,公式为:

$$B_{13} = \frac{某行业当年完成项目数}{行业科技活动项目数} \times 100\% \quad (式4-13)$$

技术引进消化吸收比例（B_{14}）:是指某一行业技术消化吸收费用与同期技术引进经费之比,用来反映行业技术引进的消化吸收能力,公式为:

$$B_{14} = \frac{某行业消化吸收费用}{行业技术引进经费} \times 100\% \quad (式4-14)$$

工业增加值率（C_{11}）:是指某一行业工业增加值与同期工业总产值之比,用来反映行业现有产品的技术含量、附加值的高低,公式为:

$$C_{11} = \frac{某行业工业增加值}{行业工业总产值} \times 100\% \quad (式4-15)$$

投资效果系数（C_{12}）:是指某一行业固定资产投资增加额与同期工业增加值增加额之比,用来反映行业新增投资产生的经济效益,公式为:

$$C_{12} = \frac{某行业固定资产投资增加额}{行业工业增加值增加额} \times 100\% \quad (式4-16)$$

全员劳动生产率（C_{13}）:是指某一行业工业增加值与同期从业人员数之比,用来反映行业人力投入的经济效益,公式为:

$$C_{13} = \frac{某行业工业增加值}{行业从业人员数} \times 100\% \quad (式4-17)$$

产品市场占有率（C_{21}）:是指某一行业的销售收入占同期全国同行业销售收入之比,用来反映行业产品在市场上的占有份额,公式为:

$$C_{21} = \frac{某行业产品销售收入}{全国同行业产品销售收入} \times 100\% \quad (式4-18)$$

市场优势指数（C_{22}）:是指某一行业产品销售收入占全国同行业产品销售收入的比重与同期行业工业总产值占全国工业总产值的比重之比,用来反映行业产品拥有的市场优势,公式为:

$$C_{22} = \frac{某行业产品销售收入/全国同行业产品销售收入}{行业工业总产值/全国同行业工业总产值} \times 100\%$$

$$(式4-19)$$

出口产品率（C_{23}）:是指某一行业产品出口交货值与同期行业工业总产值之比,用来反映行业产品的国际竞争力,公式为:

$$C_{23} = \frac{某行业产品出口交货值}{行业工业总产值} \times 100\% \quad (式4-20)$$

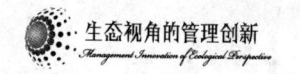

第三节　工业产业技术创新力评价模型的确定

在确定了工业产业技术创新评价指标体系后，就需要确定指标的权重，选择评价方法。

一、指标权数的确定

指标权数是以某种数量形式，权衡被评价事物总体中诸因素相对重要程度的量值。它既可以是绝对数，也可以是相对数；可以取正数，也可以取负数。权数的确定方法主要有：层次分析法，简称 AHP（Analytic Hierarchy Process）法，是利用某种能区别事物优劣的相对度量（权数或优先权数）作为评价事物合意度指标的方法；信息量权重法，常用主成分分析法、因子分析法，是根据各评价指标的实际值体现出来的变差信息来确定权重的方法；专家估价权重，常用德尔菲法，是通过规定程序，利用专家们的知识、经验和主观估计能力，对评价指标的权重做出判断的方法。这些确定权数的方法，在适用时因研究目的不同而各有侧重。本课题研究中，采用专家评分的方法确定指标间的权数为：A，B，C 分别为 0.6，0.35，0.15；A_1，A_2，B_1，C_1，C_2，分别为 0.4，0.6，1.0，0.35，0.65；A_{11}，A_{12}，A_{13}，A_{14}，A_{15}，A_{21}，A_{22}，A_{23}，A_{24}，A_{25}，A_{26}，B_{11}，B_{12}，B_{13}，B_{14}，C_{11}，C_{12}，C_{13}，C_{21}，C_{22}，C_{23} 分别为 0.25，0.25，0.2，0.2，0.2，0.2，0.2，0.1，0.2，0.1，0.3，0.3，0.3，0.2，0.2，0.4，0.4，0.2，0.4，0.3，0.3。

二、评价模型的确定

对工业产业技术创新力的评价采用模糊数学理论，具体采用模糊评价方法进行数据无量纲处理及加总计算，步骤为：

第一步，按一定的隶属函数关系计算各指标的得分。根据评价本身的特殊情况，兼顾人们对数据的认同习性，本研究对模糊数学模型进行了改进，主要是把理论上的 [0，1] 范围扩展为 [40，100] 的范围。在隶属函数的构造过程中，采用样本比较的方法，对于正指标 X_i，构造其隶属函数为：

$$A_{it} = \frac{x_{it} - x_{i\min}}{x_{i\max} - x_{i\min}} \times 60 + 40 \qquad (式4-21)$$

其中，x_{it} 是第 t 个行业第 i 项指标 x_i 的实际数值；$x_{i\min}$ 是样本行业中第 i 项指标 x_i 数据的最小值；$x_{i\max}$ 是样本行业中第 i 项指标 x_i 数据的最大值；A_{it} 是第

t 个行业第 i 项指标 x_i 的得分值。

这样构造隶属函数的依据是把该项指标最大值的样本行业得分定为 100 分，最小值的行业定为 40 分，其他各企业的得分与最大值和最小值进行比较后，用线性插值计算，求得该项指标的得分。

同样，对于逆指标 X_j，构造其隶属函数为：

$$A_{jt} = \frac{x_{j\max} - x_{jt}}{x_{j\max} - x_{j\min}} \times 60 + 40 \qquad (式4-22)$$

其中，x_{jt} 是第 t 个行业第 j 项指标 x_j 的实际数值；$x_{j\min}$ 是样本行业中第 j 项指标 x_j 数据的最小值；$x_{j\max}$ 是样本行业中第 j 项指标 x_j 数据的最大值；A_{jt} 是第 t 个行业第 j 项指标 x_j 的得分值。

本次研究中所用指标都是正指标，所以均使用第一个公式。

第二步，采用专家评分的方法确定指标间的权数。

第三步，计算样本行业综合得分。为了计算方便，可采用加权线性平均法计算各样本行业的得分。设评价指标体系为 x_1，x_2，……x_{p-1}，x_p，有 p 个被评价行业，则计算公式为：

$$z_i = \sum_{i=1}^{t} w_i A_{it} \qquad (式4-23)$$

其中，A_{jt} 是第 t 个行业第 i 项指标 x_i 的得分值；w_i 是第 i 项指标的权数；z_t 是第 t 个行业的综合得分值。

第四步，根据各行业的得分进行排序，得到评价结果。

在市场经济条件下，文化已经"经济化"，经济日趋"文化化"，文化和经济相互渗透，文化产业具有经济和文化的双重属性，使其在世界经济、文化的发展和市场竞争中占有举足轻重的地位。在经济全球化的今天，一个国家是否强大，不仅取决于经济实力，同时更取决于文化的影响力、凝聚力、感召力，文化已经成为核心竞争力的重要因素，越来越多的国家把提高文化软实力作为重要发展战略，文化产业日益成为国际经济竞争和文化交流的重要阵地。文化对于社会、政治、经济的强力推动作用已越来越突出，文化产业在国民经济发展中的地位日益提高，已成为许多国家经济的重要增长点，成为国家经济结构调整和社会可持续发展的原动力之一。发展北京文化产业，是中共北京市委、市政府作出的一项重要决策，市委、市政府多次明确提出"大力发展文化产业"，要把北京建成"全国重要的文化产业基地"，文化创意产业占全市 GDP 的比重将由"十一五"期间的 12.3% 提升至 15%，成为首都经济的战略性支柱产业。

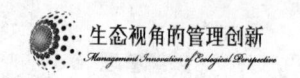

第四节 文化产业的创新发展

一、文化产业的概述

（一）文化产业的含义

文化产业（Culture Industry），产生于20世纪初，最初出现在霍克海默和阿多诺合著的《启蒙辩证法》中。文化产业作为一种特殊的文化形态和特殊的经济形态，影响了人们对文化产业的本质把握，不同国家有不同的理解。联合国教科文组织关于文化产业的定义如下：文化产业是按照工业标准，生产、再生产、储存以及分配文化产品和服务的一系列活动，从文化产品的工业标准化生产、流通、分配、消费的角度进行界定。

文化产业是以创新、创造、创作为根本手段，以文化内容和创意成果为核心价值，以知识产权实现或消费为交易特征，为公众提供独特文化体验的具有内在联系的行业集群。文化产业从事的是使文化产品（或劳务）进入生产、交换、消费和服务领域，成为商品，并使这一过程产业化。现代文化产业发展要具备三个基本条件，即文化产品、文化产品存在和传播的载体、先进的市场运作，只有这三个条件都很成熟、先进且配合良好，文化产业在国民经济中的地位才可能占优势。

（二）文化产业的分类

一是生产与销售以相对独立的物态形式呈现的文化产品的行业（如生产与销售图书、报刊、影视、音像制品等行业）；二是以劳务形式出现的文化服务行业（如戏剧舞蹈的演出、体育、娱乐、策划、经纪业等）；三是向其他商品和行业提供文化附加值的行业（如装潢、装饰、形象设计、文化旅游等）。

（三）文化产业的范围

根据国家的《文化及相关产业分类》，文化及相关产业概念界定为：为社会公众提供文化、娱乐产品和服务的活动，以及与这些活动有关联的活动的集合。根据这一概念，文化产业的范围为：

（1）为社会公众提供的实物形态文化产品的娱乐产品的活动，如书籍、报纸的出版、制作、发行等；

（2）为社会公众提供可参与和选择的文化服务和娱乐服务，如广播电视服务、电影服务、文艺表演服务等；

（3）提供文化管理和研究等服务，如文物和文化遗产保护、图书馆服务、文化社会团体活动等；

（4）提供文化、娱乐产品所必需的设备、材料的生产和销售活动，如印刷设备、文具等生产经营活动；

（5）提供文化、娱乐服务所必需的设备、用品的生产和销售活动，如广播电视设备、电影设备等生产经营活动；

（6）与文化、娱乐相关的其他活动，如工艺美术、设计等活动。

二、发展北京文化产业的意义

北京作为中国的首都，是全国政治、文化中心，是海内外文化交流的中心，有着丰富的科学、教育和文化资源。北京的文化产业主要是广播电视业、新闻出版业、体育业和旅游业等。文化产业具有附加值高、技术含量高、耗能低和污染低等优势和特点，是一种主要利用人类主体资源的消耗、自然资源较少、低污染排放的绿色产业，大力发展北京的文化产业不仅是深入贯彻落实科学发展观的客观需要，也是目前形势下调整产业结构、转变经济发展方式的必然选择。大力发展文化产业，是北京市深入贯彻落实科学发展观的战略举措，对推动首都经济社会全面协调可持续发展具有重要意义。

北京市委市政府对文化产业的发展十分重视。大力发展文化产业，是首都社会经济和文化发展的客观必然需要，必将成为首都经济的支柱产业。文化具有高融合和高渗透的特点，文化产业可以直接产生经济效益，也可以通过应用技术的嫁接、设计策划和品牌授权等手段，为其他产业提供附加值，推动其他产业创新发展，从而带动相关产业的发展，并形成区域经济的新增长点。文化产业是市场经济条件下繁荣发展社会主义文化的重要载体，加快发展北京的文化产业，有助于丰富人民群众的精神文化生活，有助于扩大内需特别是居民消费，对于推动首都经济产业结构调整具有重要意义。把北京的文化产业发展成为首都经济的支柱产业，增强其在第三产业中的优势，使其成为最活跃、最具增长潜质的产业，为促进首都经济增长、加快经济发展方式转变作出积极贡献，对于加快首都经济发展，推动社会和经济可持续发展，有很重要的理论价值和实际意义。

三、北京文化产业的现状与存在问题

（一）北京文化产业的优势

北京作为全国的政治中心、文化中心和国际交往中心，是有着三千多年历

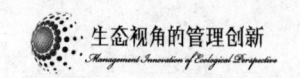

史的文化古都,是世界闻名的历史古城和文化名城,对全国具有强大的文化辐射力和影响力,是向世界集中展示中华文化的窗口,具备独具特色的深厚的文化底蕴和丰富的文化资源、密集的专业人才资源、强劲的科技创新能力、消费需求和强大的市场辐射力,与经济的可渗透性强,可开发程度高,为北京发展文化产业奠定了突出的比较优势。文化名城与首都的优势地位使北京汇集了大批文化人才,不仅包括享誉全国的文化名人、文学家、艺术家和学者,而且还有众多的领导人才、管理人才、创作人才和表演人才,这些都是首都文化建设和产业发展的重要资源。

近年来,党中央、国务院关于文化建设一系列的重大战略部署给文化产业发展带来了重大机遇,"十一五"时期,在党的十七大提出的促进文化大发展大繁荣方针的指引下,我国文化建设取得了突破性的进展,作为文化建设重要组成部分的文化产业更是成为经济增长的新亮点。党的十七届五中全会明确提出了"推动文化产业成为国民经济支柱性产业"的战略目标,"十二五"时期成为我国文化产业发展最为重要的战略机遇期,也决定了文化产业作为战略性新兴产业和支柱性产业地位的确立,北京也将发展文化产业纳入"十二五"规划目标。按照首都经济发展战略,未来几年北京仍将坚持以知识经济为方向,以第三产业为主导,大力发展文化产业,促进首都经济的快速发展,推动社会的和谐进步。

根据《北京统计年鉴》,北京市近10年来的地区生产总值如表4-2所示:

表4-2 2000~2009年北京市GDP及其构成

年份	第一产业 产值（亿元）	第一产业 所占比重（%）	第二产业 产值（亿元）	第二产业 所占比重（%）	第三产业 产值（亿元）	第三产业 所占比重（%）	GDP（亿元）
2000	89.97	3.63	943.51	38.06	1445.28	58.31	2478.76
2001	93.08	3.27	1030.6	36.22	1721.97	60.51	2845.65
2002	98.05	3.05	1116.53	34.75	1998.13	62.19	3212.71
2003	95.64	2.61	1311.86	35.81	2255.6	61.58	3663.1
2004	102.9	2.40	1610.37	37.60	2570.04	60.00	4283.31
2005	97.99	1.42	2026.51	29.43	4761.81	69.15	6886.31
2006	98.04	1.25	2191.43	27.84	5580.81	70.91	7870.28
2007	101.26	1.08	2509.40	26.83	6742.66	72.09	9353.32
2008	112.81	1.01	2693.15	24.23	7682.07	69.11	11115.00
2009	118.29	0.97	2855.55	23.50	9179.19	75.53	12153.03

资料来源:《北京市统计年鉴》

从表 4-2 可以看出，北京市经济在总量上呈不断增长趋势，GDP 由 2000 年的 2478.76 亿元增加到 2009 年的 12153.03 亿元，增长了 4.90 倍。经济结构中第一、第二产业占国内生产总值的比重逐渐下降，第三产业占国内生产总值的比重不断上升，第三产业产值从 2000 年的 58.31% 上升到 2009 年的 75.53%，第二产业产值从 2000 年的 38.06% 下降到 2009 年的 23.50%。根据马斯洛需求理论，当人的基本生理需求得到满足后，就会转向包括文化在内的更高层次的需求。可以预知，北京文化消费需求还有很大的发展空间。

（二）北京文化产业存在的问题

目前，我们的文化产业总体规模偏小，产业集中度不高，产业竞争力差，知名品牌偏少，科技含量偏低，内部结构不尽合理，文化市场发育不完善，投融资机制不完善，管理体制不健全等，文化产业呈现机遇和挑战并存，但机遇远远大于挑战的局面。我们要增强信心，积极应对，抓住机遇，克服挑战，大力发展北京的文化产业，确保其成为首都经济的支柱性产业，促进首都经济的快速发展。

1. 观念问题

文化产业追求的是收益最大化，讲求的是效率、效益和利润。中国是一个有着悠久历史的人治传统的国家，但文化产业发展是一个产业问题，是市场问题，不是传统的事业问题，一些传统的文化观念与现代产业发展理念发生冲突，成为产业发展的障碍。

2. 政策问题

一个产业的发展，需要相应的政策扶持和引导。在文化产业发展方面，国务院出台了《关于非公有资本进入文化产业的若干决定》，国家财政部会同相关部门出台了《财政部海关总署国家税务总局关于文化体制改革试点中支持文化产业发展若干税收政策的通知》，北京市出台了《北京市人民政府办公厅关于印发文化体制改革试点中支持文化产业发展和经营性文化事业单位转制为企业的两个实施办法的通知》等政策，从市场准入、财政支持、税收优惠、工商管理等方面为文化产业的发展提供政策支持。但总体上看，文化产业政策体系还不够完善，有些政策缺乏实施细则和措施保障。

3. 法制法规和体制机制问题

文化产业发展的法制保障不健全，特别是当前文化产业的战略地位、发展原则、扶持政策等，还没有从国家法律层面上得到确认。文化管理体制不顺，是造成文化事业与文化产业难以真正分离的重要原因。

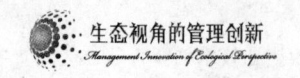

4. 投融资问题

文化产业的投融资渠道不畅通。金融是现代经济的核心，但目前我们文化产业发展资金缺乏。国有文化单位长期依赖政府财政，其他的融资渠道不畅，缺乏市场融资能力；民营文化企业大多也存在融资困难。

5. 人才问题

文化产业人才短缺，不论是现有的人才总量、结构、水平，还是人才培养和培训教育体系、人才流动和引进机制、人才使用和管理制度等，都不能满足目前文化产业迅速发展的要求，特别是既懂文化又懂经营的复合型人才、各领域的高端领军人才非常短缺。

四、发展北京文化产业的原则和对策

（一）发展北京文化产业要坚持的原则

我们要以提高北京市文化产业的产业化水平为重点，抓住文化企业集团化发展和文化产品精品化竞争这两个关键，大力发展出版业、广播电影电视业和体育产业这三大支柱性产业，使文化产业成为首都经济的支柱产业，加速首都经济的发展。

确定北京文化产业的发展战略时我们要坚持的原则是：效益原则，包括社会效益和经济效益；可持续发展原则，坚持有序有利有节制地开发文化资源，要有生态文化思想，保持文化的可持续发展；突出特色原则，在世界文化发展格局中寻找北京文化发展的比较优势，包括地域文化特色、民俗风情特色、旅游文化特色、历史文化特色、体育竞技特色等；市场优先原则，北京文化市场的每一个大的举动都会吸引全世界的注意力。

（二）发展北京文化产业的对策

(1) 发展北京的文化产业，有丰富的资源和广阔的空间，要积极借鉴国内外城市文化产业发展的成功经验，改善文化产业发展的内部和外部环境，使北京的文化产业发展尽快达到国际一流水平，为首都经济的腾飞注入强大动力。

观念上，领导要高度重视，充分利用好北京的文化资源和首都优势，大力发展北京的文化产业，拓宽文化产业的发展思路与空间，关注文化产业与其他产业的融合发展，把文化创意、技术、市场，与产品或服务有机地结合起来，使各行业的产品和服务都成为一定文化的载体。

(2) 完善文化产业法律法规制度，制定相应的优惠配套政策，加快落实国家相关政策法规，加强政策整合力度，制定出台支持北京文化产业发展的地方法规和优惠政策，努力建立起既符合国际规则，又适合中国国情、北京特点和社会主义文化发展需要的文化产业政策，统筹协调，整合资源，形成推动文化产业发展的合力。在政府投入方面，要充分发挥政府资金对文化产业的扶持和引导作用；在税收政策方面，要根据普惠制原则，让税收政策惠及所有文化企业，为加快文化产业发展营造良好的政策环境。

（3）理顺文化管理体制，对文化产业和文化事业采取不同的管理方式，建立集约化生产机制，健全完善发展文化产业的保障机制，制定和完善科学合理的文化产业政策体系，建立健全文化产品市场和文化要素市场，在文化产业发展过程中始终注重对文化产品创作生产的内容引导，促进文化产品和生产要素的合理健康流动，充分发挥市场在资源配置中的基础性作用。

（4）拓宽文化产业融资渠道，加大招商引资力度，建立多渠道融资机制，拓展融资渠道，进一步协调金融监管机构，共同研究制定金融扶持文化产业发展的政策和办法，与银行等金融机构建立长期合作关系，不断扩大合作领域，加快推进北京文化行业的改革，在政策允许的范围内积极吸收境外资金和社会资本投入文化产业，可以采取通过支持国有非文化企业兴办文化项目，吸引社会力量参与文化企业的经营管理等形式，形成文化产业的多元投资、多种经济成分并存的格局，为文化产业的迅速扩张提供更加有力的资金支持。

（5）加强人才队伍建设，充分开发人力资源，努力构建文化产业的人才优势，加强文化产业的科技投入，不断提高文化产品的科技含量。要坚持以人力资源开发为重点，实施人才兴业战略，着力培养文化产业人才，培养具有领先的策划能力、文化产品创新能力、市场营销能力和开放的国际视野的优秀文化创意人才和市场经营管理人才，并制定和完善有关文化产业人才队伍建设的政策措施，吸引国内外财经、金融、科技等领域的优秀人才进入文化产业领域。

发展文化产业是满足人民群众精神文化需求、保障人民群众文化权益的重要内容，是推动科学发展、促进和谐社会、加快经济发展方式转变的重要途径。文化产业是提高国家文化软实力、增强中华文化竞争力的重要举措，可以成为提供就业机会的重要行业、产业结构优化的朝阳行业和经济增长的支柱产业，为促进经济增长、加快经济发展方式转变作出积极贡献。我们要大力发展北京的文化产业，使其成为首都经济发展的新亮点，成为首都经济结构调整的重要着力点，成为首都经济的支柱产业。我们必须优化首都经济结构和产业结构，加快转变经济发展方式，满足人民群众多样化精神文化需求，拉动居民消

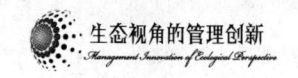

费结构升级，加速首都经济发展，促进社会和谐与稳定，提高国家核心竞争力。

本章小结

"科学技术是第一生产力"，基于生态的视角，产业的核心竞争力及其长久发展在于提高其自身的技术创新能力。产业结构的优化也离不开其自身技术创新力的提高，提高技术创新能力是产业结构优化的重要手段和决定性因素。本章基于产业结构与技术创新力的关系，分析产业技术创新需要解决的主要问题，建立工业产业技术创新力评价指标体系，确立工业产业技术创新力评价指标与评价模型，进行工业产业技术创新力的研究与探索，提高工业产业技术的可持续创新，确定产业发展的相关联性，在此基础上，对文化产业的创新发展进行了探讨，分析了北京文化产业的发展现状与存在问题，提出了北京文化产业的发展建议和策略。

参考文献

[1] 张金英. 低碳经济与产业技术创新框架的构建 [J]. 中国行政管理, 2010 (10).

[2] 伍春来, 赵剑波, 王以华. 产业技术创新生态体系研究评述 [J]. 科学学与科学技术管理, 2013 (7).

[3] 赵玉林, 程萍. 中国省级区域高技术产业技术创新能力实证分析 [J]. 商业经济与管理, 2013 (6).

[4] 张娜, 杨秀云, 李小光. 我国高技术产业技术创新影响因素分析 [J]. 经济问题探索, 2015 (1).

[5] 刘婧姝, 刘凤朝. 产业技术创新能力评价指标体系构建研究 [J]. 科技和产业, 2007 (11).

[6] 李荣平, 李剑玲. 产业技术创新能力评价方法研究 [J]. 河北科技大学学报, 2003 (1).

[7] 赵宗更, 吴国蔚, 董慧, 李荣平. 高技术产业技术创新能力评价指标体系研究 [J]. 河北工业科技, 2005 (2).

[8] 刘东霞. 工业企业技术创新效率 DEA 评价 [J]. 科技和产业, 2012 (1).

[9] 张倩男, 赵玉林. 高技术产业技术创新能力的实证分析 [J]. 工业技术经济, 2007 (4).

[10] 文化部网站 http://www.ccnt.gov.cn/.

[11] 陈蕴真. 北京市文化产业的发展 [J]. 城市经济, 2001.

［12］新华网 http：//www. xinhuanet. com/. 中国首都着力打造更具国际影响力. 2011.

［13］吴成亮. 以提高效率为着眼点推动文化之都建设. 九三学社北京林业大学支社. 2011 – 07 – 20.

［14］张妙弟. 发展首都文化产业要解决好的问题［J］. 前线，2003.

［15］崔永年. 让文化产业成为首都经济的支柱产业. http：//www. cnki. net/.

［16］刘丹萍. 推动文化投融资体制改革 促进首都文化产业发展［J］. 首都经济贸易大学学报，2006（2）.

［17］王粤. 论北京文化产业的发展［J］. 北京社会科学，2006（5）.

［18］文化部部长蔡武 2011 年讲话：加快推动文化产业成为国民经济支柱性产业.

［19］中宣部部长刘云山 2011 年讲话：推动文化产业成为国民经济支柱性产业.

第五章 生态视角的商业模式创新管理

第一节 商业模式创新的形式

一、商业模式创新的维度

Osterwalder（2004、2007）指出，在商业模式这一价值体系中，企业可以通过改变价值主张、目标客户、分销渠道、顾客关系、关键活动、关键资源、伙伴承诺、收入流和成本结构等因素来激发商业模式创新。也就是说，企业经营的每一个环节的创新都有可能成为一个成功的商业模式。一般商业模式创新可以从战略定位创新、资源能力创新、商业生态环境创新以及这三种创新方式结合产生的混合商业模式创新这四个维度进行，如图 5-1 所示。

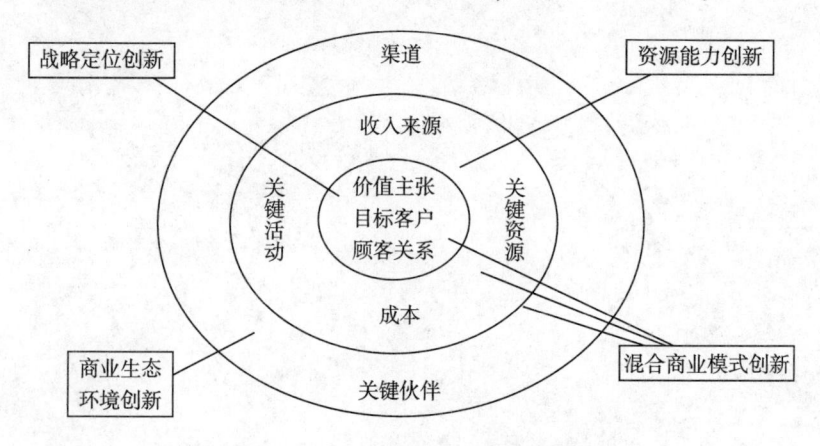

图 5-1 商业模式创新的四维模型

（一）战略定位创新

战略定位创新主要是指围绕企业的价值主张、目标客户及顾客关系方面的创新，具体指企业选择什么样的顾客、为顾客提供什么样的产品或服务、希望与顾客建立什么样的关系、其产品和服务能向顾客提供什么样的价值等方面的创新。在激烈的市场竞争中，没有哪一种产品或服务能够满足所有的消费者，战略定位创新可以帮助我们发现有效的市场机会，提高企业的竞争力。在战略定位创新中，企业首先要明白自己的目标客户是谁，其次是如何让企业提供的产品或服务在更大程度上满足目标客户的需求，在前两者都确定的基础上，再分析选择何种客户关系。合适的客户关系也可以使企业的价值主张更好地满足目标客户。美国西南航空公司抓住了那些大航空公司热衷于远程航运而对短程航运不屑一顾的市场空隙，只在美国的中等城市和各大城市的次要机场之间提供短程、廉价的点对点空运服务，最终发展成为美国四大航空公司之一。日本Laforet原宿个性百货商店打破传统百货商店的经营模式——每层经营不同年龄段不同风格服饰，专注打造以少男少女为对象的时装商城，最终成为最受时尚年轻人和海外游客欢迎的百货公司。王老吉创新性地将自己的产品定位于"饮料+药饮"这一市场空隙，为广大顾客提供可以"防上火"的饮料，正是这种不同于以往饮料行业只在产品口味上不断创新的竞争模式，最终使王老吉成为"中国饮料第一罐"。

(二) 资源能力创新

资源能力创新是指企业对其所拥有的资源进行整合和运用能力的创新，主要是围绕企业的关键活动，建立和运转商业模式所需要的关键资源的开发和配置、成本及收入来源方面的创新。所谓关键活动是指影响其核心竞争力的企业行为；关键资源指能够让企业创造并提供价值的资源，主要指那些其他企业不能够代替的物质资产、无形资产、人力资本等。在确定了企业的目标客户、价值主张及顾客关系之后，企业可以进一步进行资源能力的创新。战略定位是企业进行资源能力创新的基础，而且资源能力创新的四个方面也是相互影响的。一方面，企业要分析在价值链条上自己拥有或希望拥有哪些别人不能代替的关键能力，根据这些能力进行资源的开发与配置；另一方面，如果企业拥有某项关键资源如专利权，也可以针对其关键资源制定相关的活动；对关键能力和关键资源的创新也必将引起收入源及成本的变化。丰田以最终用户需求为起点的精益生产模式，改变了20世纪70年代以制造商为起点的商业模式，通过有效的成本管理模式创新，大大提高了企业的经营管理效率。20世纪90年代，当通用发现传统制造行业的利润越来越小时，他们改变行业中以提供产品为其关键活动的商业模式，创新性地提出以利润和客户为中心的"出售解决方案"模式。在传统的经营模式中，企业的关键活动是为客户提供能够满足其需求的

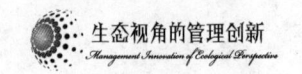

机械设备，但在"出售解决方案"模式中企业的关键活动是为客户提供一套完整的解决方案，而那些器械设备则成为这一方案的附属品。有资料显示，通用的这一模式令其在一些区域的销售利润率超过30%；另一方面，通用还积极扩展它的利润源，建立了通用电气资本公司。在20世纪80年代中后期，通用电气资本年净收入达到18%，远远超出通用其他部门4%的平均值。

（三）商业生态环境创新

商业生态环境创新是指企业将其周围的环境看作一个整体，打造出一个可持续发展的共赢的商业环境。商业生态环境创新主要围绕企业的合作伙伴进行创新，包括供应商、经销商及其他市场中介，在必要的情况下，还包括其竞争对手。市场是千变万化的，顾客的需求也在不断变化，单个企业无法完全完成这一任务，企业需要联盟，需要合作来达到共赢。企业战略定位及内部资源能力都是企业建立商业生态环境的基础。没有良好的战略定位及内部资源能力，企业将失去挑选优秀外部合作者的机会以及与他们议价的筹码。一个可持续发展的共赢的商业环境也将为企业未来发展及运营能力提供保证。20世纪80年代，美国最大的连锁零售企业沃尔玛和全球最大的日化用品制造商宝洁争执不断，他们相互威胁与抨击，各种口水战及笔墨官司从未间断，给双方都带来了损失，后来他们开始反思，最终促成他们建立了一种全新的供应商—零售商关系，把产销间的敌对关系转变成了双方均能获利的合作关系。宝洁开发并给沃尔玛安装了一套"持续补货系统"，该系统使宝洁可以实时监控其产品在沃尔玛的销售及存货情况，然后协同沃尔玛共同完成相关销售预测、订单预测以及持续补货的计划。这种全新的协同商务模式为双方带来了丰厚的回报。根据贝恩公司调查显示，2004年宝洁514亿美元的销售额中有8%来自于沃尔玛，而沃尔玛2560亿美元的销售额中有3.5%归功于宝洁。另一个建立共赢商业生态环境的是戴尔。戴尔公司自己既没有品牌又没有技术，它凭什么在短短的二十几年的时间里，从一个大学没毕业的学生创建的企业一跃成为电脑行业的佼佼者？就是因为它独特的销售渠道模式。但是，在其独特的销售模式背后是戴尔建立的共赢的商业生态模式，它在全球建立了一个以自己的网络直销平台为中心、众多供应商环绕其周围的商业生态经营模式。

（四）混合商业模式创新

混合商业模式创新是一种战略定位创新、资源能力创新和商业生态环境创新相互结合的方式。根据笔者的研究，企业的商业模式创新一般都是混合式的，因为企业商业模式的构成要素战略定位、内部资源、外部资源环境之间是相互依赖、相互作用的，每一部分的创新都会引起另一部分相应的变化。而且，这种由战略定位创新、资源能力创新和商业能力创新两两相结合甚至同时进行的创新方式，都会为企业经营业绩带来巨大的改善。苹果公司的巨大成功，不单单在其独特的产品设计，还源于其精准的战略创新。他们看中了终端内容服务这一市场的巨大潜力，因此，它将其战略从纯粹的出售电子产品转变为以终端为基础的综合性内容服务提供商。从其"iPod + iTune"到后来的"Iphone + App"都充分体现了这一战略创新。在资源能力创新方面，苹果突出表现在能够为客户提供充分满足其需求的产品这一关键活动上。苹果每一次推出新产品，都超出了人们对常规产品的想象，其独特的设计以及对新技术的采用都超出消费者的预期。例如，消费者所熟知的重力感应系统、多点触摸技术以及视网膜屏幕的现实技术都是率先在苹果的产品上使用的。另一方面，苹果的成功也得益于其共赢的商业生态模式。2008 年 3 月，苹果公司发布开发包 SDK 下载，以便第三方服务开发商针对 Iphone 开发出更多优秀的软件，为第三方开发商提供又方便又高效的平台，也为自己创造良好的商业生态环境。

总之，商业模式创新既可以是三个维度中某一维度的创新，也可以是其中的两点甚至三点相结合的创新。正如 Morris 等（2005）提出的，有效的商业模式这一新鲜事物能够导致卓越的超值价值，商业模式创新将成为企业家追求超值价值的有效工具。

二、商业模式创新的构成条件

抽象地说，商业模式创新是指为企业价值创造提供基本逻辑的变化，但具体来说，具备什么条件才能构成商业模式创新？企业是商业模式创新的主体，进行了商业模式创新的企业叫商业模式创新企业。了解什么是商业模式创新企业，有助于加深对商业模式创新含义及构成条件的理解。由于商业模式构成要素的具体形态表现、相互间关系及作用机制的组合几乎是无限的，因此，商业模式创新企业也有无数种。但我们可以通过对典型商业模式创新企业的案例考察，看出商业模式创新的三个构成条件。商业模式创新企业有几个共同特征，或者说构成商业模式创新的必要条件主要有（Mitchell，2003；乔为国，2009）：

第一，提供全新的产品或服务、开创新的产业领域，或以前所未有的方式提供已有的产品或服务。如 Grameen Bank 面向穷人提供的小额贷款产品服务，开辟全新的产业领域，是前所未有的。亚马逊卖的书和其他零售书店没什么不同，但它卖的方式全然不同。西南航空提供的也是航空服务，但它提供的方式，也不同于已有的全服务航空公司。

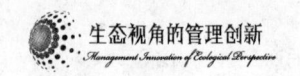

第二，其商业模式至少有多个要素明显不同于其他企业，而非少量的差异。如 Grameen Bank 不同于传统商业银行，主要以贫穷妇女为目标客户，贷款额度小、不需要担保和抵押，等等。亚马逊相比传统书店，其产品选择范围广，通过网络销售、在仓库配货运送，等等。西南航空提供点对点基本航空服务、不设头等仓、只使用一种机型、利用大城市不拥挤机场等，不同于其他航空公司。

第三，有良好的业绩表现，体现在成本、赢利能力、独特竞争优势等方面。如 Grameen Bank 虽然不以赢利为主要目的，但它一直是赢利的。亚马逊在一些传统绩效指标方面有良好的表现，也表明了它商业模式的优势，如短短几年就成为世界上最大的书店。数倍于竞争对手的存货周转速度给它带来独特的优势，消费者购物用信用卡支付时，通常在 24 小时内到账，而亚马逊付给供货商的时间通常是收货后的 45 天，这意味它可以利用客户的钱长达一个半月。西南航空公司的利润率连续多年高于其全服务模式的同行。如今，美国、欧洲、加拿大等的中短途民用航空市场，一半已逐步为像西南航空那样采用低成本商业模式的航空公司占据。

三、商业模式创新的实现形式

商业模式三要素是概念、价值和能力。首先，我们要看商业模式的概念到底包含什么，内涵应该很清晰；第二，要看商业模式为方方面面的参与者所创造的价值是什么，说清楚价值，才有吸引力；第三，看有无足够能力去实现它。一个成功的商业模式就是让大家"同意你的概念，相信你的能力，得到你的价值"。如图 5-2 所示。

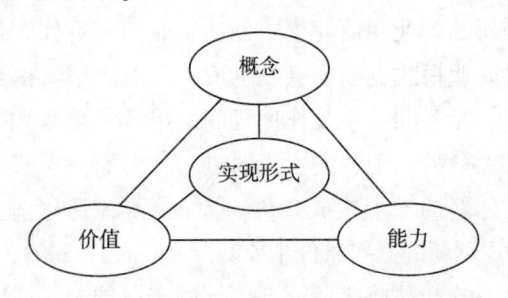

图 5-2　商业模式实现形式的三要素模型

实现商业模式创新，一般需要三个配合：一是实现形式的配合，二是组织生态圈的配合，三是经营模式的配合，否则再好的商业模式也只不过是构想和模型。

（一）我们来看实现形式的配合

我们必须为商业模式找到有效的手段、途径、渠道、载体等，使商业模式创新真正落地。因为只有具体的实现形式，才能把概念、价值和能力综合起来、运转起来。我们分析了一下 2007 最佳商业模式和未来之星的特征，看到各种各样的实现形式，大概有 10 种。包括互联网、手机、卫星导航、智能卡、通信网、各种传统媒体、特殊设备、核心技术、标准化手册和特殊的客户经理群等，其中以互联网最多。正是这些有效的实现形式促成了商业模式创新的成功。亚马逊公司的贝佐斯直接道出了要害："我认为构想很简单，但身体力行就很难。如果我坐下来头脑风暴，可以在黑板上写出几百个好构想，具体实施才是最难的部分，这其中很有学问。"既然概念构想本身不创造价值，而亚马逊又无特殊的核心能力，那么亚马逊靠什么创造价值呢？它靠的是互联网。互联网不是一种概念，它是一个实体。互联网不是一种核心能力，因为谁都可以利用。互联网只是一种形式，亚马逊公司就是借助互联网这种形式，使在线购物的概念成为现实，并创造出价值。亚马逊的快速成长，恰恰说明了实现形式在商业模式创新中的重要作用。盛大网络公司的陈天桥用种菜的农民和炒菜的厨师来比喻两种不同的创新，一种是从无到有的创新，如发明技术和软件的人，像种菜的农民，这些菜不能直接吃，还必须经过精心烹调。第二种是从无序到有序的创新，如利用互联网和新技术的发展，将游戏、电影及歌曲放到网络上。这就好比炒菜的厨师，从不同地方买菜，然后适应顾客口味烹调。有些中国企业太重视从无到有的创新，不重视从无序到有序创新。其实很多成功的产品在技术上没有很大的创新，只是将精力放在研究受众的需要及应用的便利上。这又和我们中国人的价值观有关系，我们有时候看不起这种创新，认为这只是"换汤不换药"，认为是"新瓶装旧酒"，甚至认为是骗人。事实上，我们看到的商业模式创新多数是形式创新、方法创新，不是产品本身和技术创新。因此，我们需要改变观念，才能更好地促进商业模式的创新。集成式的商业模式创新是比较好的一条途径。美国人似乎也不是什么都原创。有个故事说，博览会上，各国都在展示自己引以为自豪的美酒。中国人拿出了茅台酒，俄国人拿出了伏特加，法国人拿出了香槟，德国人拿出了威士忌，美国人呢？什么都没拿来，只好来个兼收并蓄，博采众长，勾兑出了鸡尾酒，也形成了自己的创新。

（二）商业模式创新要有组织生态圈的配合

过去的游戏规则是尽量把竞争对手干掉，有钱自己赚，知识经济时代则是和众多的大小伙伴一起来玩,在双赢、多赢中让自己获得最大的收益。高通公司专营 IPR 转让,其转让费通常在产品售价的 6% 左右,这是一种明码标价又非常单一的赚钱模式。高通公司的组织生态圈特征是,它不和谁竞争,也不吃掉谁,让每个加入新游戏的公司都好好地活着,因为有了大家的存在,它才有更多的收益。但是,它要做这个生态圈的真正主宰者,它要掌握游戏规则。一个成功的商业模式的战略结构应该如此:产品层次上双赢,服务层次上领先,规则层次上垄断。你其实是通过商业模式的巧妙设计,让大家在这个游戏里获得自己应该有的东西。高通公司的基本模式就是:我垄断标准,你垄断市场,他垄断产能,其他人垄断劳动力……但大家都在一个生态圈里,这样谁都离不开谁。这是一种多重垄断形成的价值链,与过去的传统垄断有本质不同。

(三) 商业模式创新还要有经营模式的配合

再好的商业模式也需要经营。微软公司的商业模式可以叫知识垄断模式,但其经营模式对商业模式的成功至关重要。总结起来有以下五点:

(1) 尽早进入大规模的市场,或以能够成为行业标准的足够好的(不是完美无缺的)产品促进新市场的形成。

(2) 不断改进新产品,定期淘汰旧产品。

(3) 推动大批量销售,签订专有供货合同,保证公司产品继续成为行业标准。

(4) 经营目标不是收入最大化,而是与消费者、软件开发商和英特尔这样的公司建立战略关系来支配标准,支配标准意味着支配这些关系网络。

(5) 集成、拓宽并简化产品以进入新的大规模市场。同样,英特尔公司也有自己的商业模式,但是它下面还有自己有效的经营模式。

四、基于价值链的商业模式创新

价值链是由美国哈佛商学院的 Michael E. Porter 在其所著的《竞争优势》中首先提出来的。他认为,"导致企业内外价值增加的活动分为基本活动和辅助性活动,包括企业生产、销售、进料、发货、售后等多个环节,正是这些互不相同但又相互关联的生产经营活动,构成了一个创造价值的动态过程,即价值链"。企业要保持的竞争优势,实际上就是企业在价值链某些特定的战略环节上的优势。1995 年,Jeferey F. Rayport 和 John J. Sviokla 提出虚拟价值链的观念,即电子商务在信息与通信中的活动所构成的价值链。企业面临着两种价值链:管理者所能看到和触摸到的市场场所的实物价值链,和由信息形成的市场空间的虚拟价值链。虚拟价值链"是一种为顾客重新创造价值"的活动,是在市场空间中的延伸,是传统价值链在信息领域的新发展。

这里主要从价值链角度切入,研究企业商业模式创新问题,并简要进行这方面的理论综述。国内外学者在这一方面已经进行了长期研究,并形成了很多非常成熟的理论。而不同的学者所研究的角度和方法存在很大差异,所得出的结论也各不相同。罗珉教授等(2003,2005)提出,商业模式创新本身就是一种战略创新或变革,是使企业获得长期竞争优势的一系列制度结构,它是企业在内外部环境一定的前提下,用于整合所有利益相关者来获取超额利润的一种战略创新意图。翁君奕教授(2004)把商业模式定义为一个由价值主张、价值支撑、价值保持构成的三维空间,它为商业模式的创意思维和决策提供了一种思维方法。他通过运用大量的案例进行商业模式创新的价值分析,帮助企业管理者掌握商业模式创新的价值分析体系,以此来获得企业长期竞争优势。程愚(2004)认为,企业的全部活动不仅是价值创造活动,而且是一种交易活动,可以从"交易—价值"的范式来认识研究企业商业模式的结构和创新问题,这样可以得到更高的企业运行效率。国外学者对商业模式的研究主要集中于企业在产业价值链上的定位和企业价值链活动。安纳利·萨克森宁(1994)认为,商业模式是企业垂直一体化的生产模式和与之配套的组织结构,它包含了企业生产经营方式和企业组织结构。詹姆斯·弗·穆尔(1999)认为,企业商业模式包含生产技术、企业管理方法和消费者划分等一系列内容。欧洲学者Timmers(1998)在对电子市场进行研究的过程中认为,商业模式是对企业产品、资金、信息的运作机制。Venkatraman和Henclerson(1998)将商业模式和fT技术结合起来研究商业模式。他们认为,知识运用在商业模式中具有十分重要的作用,知识、客户互动、资产组合共同构成企业的商业模式,商业模式是沿着这三个方向设计战略的协作计划。Amit和Zott(2001,2002)从电子商务的背景研究商业模式。他们认为,商业模式是通过对电子商务交易中的内容、结构和治理进行设计,以此来创造商业机会,创造价值。通过以上分析可以看出,学者很早就开始从价值链的角度研究企业的商业模式问题。但已有文献对商业模式的研究主要集中在企业层面上,而忽视了企业商业模式所赖以生存的环境。本书针对这一研究局限,从广义价值链角度对整个商业模式分析框架进行研究,重点进行商业模式创新的环境分析和企业商业模式创新的实现与维护途径分析。

商业模式的创新与变革,随着商业模式研究的深入,逐渐成为商业模式研究的另一个重要方向,其中多以价值链理论为基础。Timmers运用波特的价值

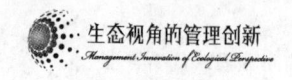

链理论，对参与电子商务各方的价值链进行解构和重构，所使用的系统分析方法得到后来研究者的广泛认同。Magertta 将商业模式创新与价值链理论相结合，认为新的商业模式是对现有价值链的调整。Gordijn 则较好地抓住了商业模式变革的本质，把企业实施商业模式变革的过程视为对自身价值模型进行解构和重构的过程，为商业模式变革研究的深化提供了很好的研究框架和理论基础。从本质上讲，企业商业模式是通过对企业全部价值活动进行优化选择，并对某些核心价值活动进行创新，然后再重新排列、优化整合而成的。换种说法，就是创造价值是商业模式的一个核心词汇。而价值蕴含在价值链中，因此在研究商业模式创新时，通过价值链来研究比较具有现实意义。已有学者，如 Rappa 明确指出，商业模式规定了公司在价值链中的位置；曾楚宏、高闯等也对商业模式价值链进行过研究。因此基于价值链研究商业模式创新具有理论基础。而且基于价值链的商业模式在一定程度上弥补了价值链理论在应用上的一些不足：首先，企业的各个活动单元是依企业经营的具体情况而定的，而不仅仅只局限于价值链中的几个类型；其次，基于价值链的商业模式认为企业的各种资源就是企业各活动单元之间相互影响的内在机制，从而理清了各价值活动之间的关系；最后，该模式具有整体性和系统性，并认为企业一系列的初始资源只有通过各活动单元连续地转换成规模更大的资源集合后才能够创造价值。因此该商业模式更符合企业的真实运营情况，具有更大的应用空间。但是，随着信息时代的到来，消费者的行为特性已经发生了一系列的变化，消费需求也有了明显的差异性和分散性。更加强调购买的便利性和购买乐趣，同时又具有层次性，因此企业仅仅将注意力放在自身的特定价值活动已经不够，企业还必须关注整个行业价值系统的整体效率。从而，一种新的价值管理模式出现，不同企业间的价值链关系演变成价值网关系，更好地协调不同企业之间的价值链，而且基于价值网的商业模式更加高效灵活，该模式能够更好地满足消费者低层次到高层次逐步延伸发展的需求，具有更强的竞争优势。

波特同时指出，供应商价值链、企业价值链、渠道价值链和买方价值链构成了整个价值体系，即一个完整的产业价值链。波特的作业价值链是产业价值链中的一环，即企业基本价值链，根据企业性质不同企业也可囊括上下游的价值链，但我们按照一般分类将产业价值链分为图 5-3 所示类型。

供应商价值链 → 企业的基本价值链 → 渠道价值链 → 顾客价值链

图 5-3 产业价值链

商业模式创新涉及的所有活动均包含在产业价值链中。企业如果要进行商业模式创新，可以通过延长自身基础价值链，如前向一体化和后向一体化，形成企业商业模式；又可以通过对自身基础价值链分拆、职能外包来缩短价值链，进而形成企业商业模式；也可以通过对自身基础价值链延展和分拆同时进行而形成企业商业模式；还可以通过对企业价值链上的一项或多项基础价值活动进行创新来形成企业商业模式。此外，企业可以通过前三种方式中的一种与价值活动进行创新相结合来实现企业商业模式的创新。企业通过价值链创新改变某些原有的价值活动，并将创新后的价值活动组合成高效的价值模块，最后再把这些价值模块链接成有效的价值系统。概括来讲，这些对价值链优化与整合的活动可分为企业业务分解与业务创新活动（也即企业解绑），构建新型战略集团（也即企业集群）。这都是针对价值链上企业活动来展现的商业模式创新，而具体到企业活动的实施又可划分为三种商业模式创新类型：顾客价值创新、成本结构创新、利润保护模式创新，这三个方面均可通过价值链优化得以体现。

五、产业生命周期商业模式创新模型

产业生命周期是每个产业都要经历的一个由成长到衰退的演变过程，是指从产业出现到完全退出社会经济活动所经历的时间，一般分为初创阶段、成长阶段、成熟阶段和衰退阶段四个阶段。由于产业生命周期构成了企业外部环境的重要因素，因此产业生命周期理论自诞生之日起就引起了经济学和管理学研究者的极大兴趣。在此从产业生命周期的阶段性变化来研究其对商业模式的影响，以及生命周期不同阶段如萌芽期、成长期、成熟期可供企业选择的商业模式创新策略。

（一）萌芽期的商业模式创新

萌芽期的商业模式创新更多的由创业者推动。创业者的商业直觉在创意发展为成熟商业模式的过程中，对商业模式各组成要素均发挥着能动作用，并最终完成独特的要素组合，形成企业特有的商业模式。所以很多新创企业的商业模式往往对市场形成颠覆性的创新。在价值主张方面，新创企业极易形成独特的价值主张，正如江南春本人经常说的那句"创意创造生意"，类似的企业有分众传媒、如家酒店、盛大网络等。如果是生产型企业，由于产业未结构化，产品和市场都不稳定，市场信息收集和市场预测很困难，产品开发不可能一步到位。这就要在推出最初的产品之后根据市场和用户的反馈不断改进产品，不

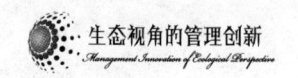

断使产品"变形",使新兴产品成为更加成功的商业化产品。企业的市场开拓能力是产业创新成功的关键环节。市场创新的一个基本目的就是刺激市场需求,采用极富创造性的方法来使人们认识和接受新产品。市场创新的主要内容一是塑造产业的竞争规则,因为处于萌芽期产业的基本特征是没有游戏规则。市场创新首先面临的问题是建立产业竞争规则,如产品质量标准、产品市场形象、分销渠道等,使企业可以遵循并在这些原则下发展繁荣。二是开拓新的客户资源。市场容量是一个产业成长的基本环境。市场容量的开拓可通过两条途径实现:其一是提高产品直接客户的市场占有率;其二是不断开辟产品新的应用领域。

(二) 成长期的商业模式创新

技术已经成熟,对生产要素的要求是大量的资本,以进行大规模生产;产品性质是资本密集型的。这个时期很多企业疏于商业模式的考虑,市场的成长性导致企业快速增长掩盖了企业潜在的危机,也使得企业家志得意满走向过度自信。这个时期可以通过因果模糊、规模经济等途径形成无形的模仿障碍,或者通过技术形成自己的隔绝机制,从而建立起核心竞争力使得自身商业模式难以模仿。这个时期的技术创新更多的是一种增量创新,是工程师和其他直接参与生产活动人员的发明和提出改进意见的结果,或者是用户首创或建议的结果。实证研究表明,这一类创新对于改进各种生产要素的使用效率非常重要,也是推动企业商业模式继续深入创新的重要动力来源之一。这个时期很多企业由此从产品型商业模式转型为服务型商业模式。基本创新在各个部门和各个时期的分布不均匀,常常会形成新产品、新工艺和新组合,并带来经济结构的变革,是重要的产业创新活动之一。技术体系的变革对若干产业产生重大影响,同时导致全新产业出现影响深远的技术进步,其变革以增量创新和基本创新的一种组合为基础,使整个产业体系产生组织和管理方面的创新。

(三) 成熟期的商业模式创新

对成熟期产业而言,设法从根本上改变其游戏规则,打破现有的竞争格局,从而在这个产业中走出领先者的阴影,成为产业新的领先者,是常见的路径之一。一般地,成熟期产业结构化程度较高,游戏规则较明确,产品概念较清晰,产业界限较固定,技术创新难度较大,而产业竞争规则创新的潜力较大尤其是信息技术的广泛使用,使很多中间环节被取消,改变了企业与企业以及企业与消费者间的关系,使成熟期产业竞争规则创新更为容易了。如借助于电子商务使成熟的传统零售业的竞争规则得到了根本的改观，零售业的竞争规则创新改变了产业的价值链，降低了产业的进入壁垒，企业的获利"引擎"也由传统商业中的产品销售模式向解决问题商业模式转变，即零售业不仅是销售产品，而更重要的是提供解决问题的方案及顾客需要的服务。产业竞争规则创新在传统服务业中应用较多，大量上市公司通过产业竞争规则创新获得了新生，如传统百货行业的大部分企业通过竞争规则创新转向了发展前景好的连锁超市；交通运输业内的大多数上市公司通过竞争规则创新转向了现代物流产业等。

（四）衰退期的商业模式创新

产业一旦结构化，企业创新的主战场将从突破性新技术开发转向跨行业的技术应用开发，如技术再造和技术改良。商业模式创新的途径由产业内创新为主转变为产业间创新为主，表现出产业融合、资源整合的特点。在这方面的突出实例是苹果公司，苹果在资源整合方面不仅是内部资源的优化，也包括对合作伙伴价值和利益的平衡。苹果虽然提供了一整套的服务方案，但它并没有试图去做所有的事情。它致力于与内容提供商和程序开发者的合作，保证合作伙伴可以得到更多。苹果商业模式的精妙之处在于，苹果在硬件的功能上做足了功夫，将软件、硬件和内容捆绑在一起，提供一站式整体解决方案。另外一种商业模式创新的方式是产业延伸，产业延伸是产业的分化与重组过程，更确切地说是衰退产业或成熟产业与新兴产业的结合过程，这种结合突破了传统产业的界限，通过延长产业价值链，延长了衰退产业的生命周期。在传统经济中，制造业与服务业是泾渭分明的，对于大多数生产企业而言，制成品是企业利润的源泉，而为制成品价值实现服务的其他环节则游离于企业战略之外，或是生产过程的附属品。但产业延伸有效克服了上述弊端，企业不仅仅通过生产和销售产品本身来获取利润，还销售"教顾客怎样利用和组装这些产品"的服务建立竞争优势，后者对于产品价值的实现越来越重要。对于衰退产业而言，后者的价值增加额甚至远远超过前者。如美国的衰退产业火车机车制造业中机车本身的价值只占整个产业收入的5%以下，而为机车服务的相关产业占整个产业价值的95%以上，后者大约是前者的21倍；拖拉机制造业中后者是前者的30倍。

（五）再生期的商业模式创新

产业的生命周期不同于产品的生命周期，一些产业的生命周期的成熟期无限延长，而一些产业的生命周期会出现反复。如电视机产业经历从黑白到彩电

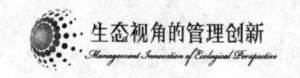

到液晶，不断衰退而又重新崛起，一波三折。再生期的商业模式创新根据企业已有的资源和能力特点，进入相关产业或者纵向延伸产业链，进入产业丰厚的利润环节而延续企业的寿命。这里可以进行价值主张模式创新、构建新的合作伙伴网络、重新进行定位等途径进行创新。进行创新的关键是培养企业产业洞察力，预见到现在的产业趋势。产业演进具有路径依赖的特点，这是由技术发展的路径依赖规律决定的。未来需求是产业发生的驱动因素，需求变化与技术发展决定了产业演化的方向，所以可以用技术发展的路径走向来检视根据顾客需求而构想的产业，剔除其中明显偏离技术发展走向的产业构想，以免造成不必要的浪费。

综上所述，萌芽期的商业模式创新实际上涉及其各组成要素，更易形成独特的商业模式。不过其着重点在于确立新型的价值主张，创新价值网络；成长期更多的是提升技术，进行更好的价值创造和价值维护。成熟期产业结构化程度较高，游戏规则较明确，不过新进入者有可能打破这种规则，进行价值主张模式创新，从而确立新的价值创造方式和新兴网络。衰退期的商业模式创新更多地通过产业融合和资源整合的方式，而再生期则更需要商业洞察力。可以看出，每一种商业模式的背后都有其思想和价值观，都有其相应的文化和社会环境。背后的思想和价值观是"道"，而创新路径是"术"，从这点来说，商业模式创新需有文化和价值观作为支撑或者说是文化和价值观先行。商业模式的创新是一个系统工程，在创新商业模式的过程中，应该更多地基于系统的观点，对商业模式关键环节做出成功创新后，还要对整体商业模式进行审视，并以系统功效最大的原则做出相应的调整和创新。在 AMD 和英特尔的双核处理器之争中，充分体现了这一点的重要性。比较如表 5-1 所示。

表 5-1 产业生命周期商业模式创新模型

	特点	做法	本质
萌芽期	创业者的商业直觉在创意发展为成熟商业模式的过程中，对商业模式各组成要素均发挥着能动作用，并最终完成独特的要素组合，形成企业特有的商业模式	要在推出最初的产品之后根据市场和用户的反馈不断改进产品，不断使产品"变形"，使新兴产品成为更加成功的商业化产品	实际上涉及其各组成要素，更易形成独特的商业模式

续表

	特点	做法	本质
成长期	技术已经成熟，对生产要素的要求是大量的资本，以进行大规模生产；产品性质是资本密集型的	通过因果模糊、规模经济等途径形成无形的模仿障碍，或者通过技术形成自己的隔绝机制，从而建立起核心竞争力使得自身商业模式难以模仿	更多的是提升技术，进行更好的价值创造和价值维护
成熟期	产业结构化程度较高，游戏规则较明确，产品概念较清晰，产业界限较固定，技术创新难度较大	设法从根本上改变其游戏规则，打破现有的竞争格局，从而在这个产业中走出领先者的阴影，成为产业新的领先者	产业结构化程度较高，游戏规则较明确，不过新进入者有可能打破这种规则，进行价值主张模式创新，从而确立新的价值创造方式和新兴网络
衰退期	突破了传统产业的界限，通过延长产业价值链，延长了衰退产业的生命周期	企业不仅仅通过生产和销售产品本身来获取利润，还销售"教顾客怎样利用和组装这些产品"的服务建立竞争优势，后者对于产品价值的实现越来越重要，后者的价值增加额甚至远远超过前者	商业模式创新更多地通过产业融合和资源整合的方式
再生期	根据企业已有的资源和能力特点，进入相关产业或者纵向延伸产业链，进入产业丰厚的利润环节而延续企业的寿命	可以进行价值主张模式创新、构建新的合作伙伴网络、重新进行定位等途径进行创新	更需要商业洞察力

第二节　商业模式创新的因素分析

一、商业模式创新的目标

（一）提升效率

效率是商业模式创新首要考虑的因素。从一个国家的视角来看，决定一国富裕或贫穷的砝码是效率；那么对一个企业而言，决定企业能否具有盈利能

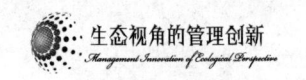

力、能否长远发展,也是效率。一个企业提高效率,首先要解决的是该企业的愿景及核心价值观,这是企业生存、发展最根本的动力。因而商业模式创新首先要解决的就是根据企业的发展宏图,确立企业愿景及核心价值观。其次,要建立一套具有可操作性的科学的运营管理系统,以便解决系统协同、计划、约束等问题。最后,还要建立科学的奖励激励机制,以便让员工分享企业成长的果实,从而充分调动员工为实现企业的愿景而不断努力工作的积极性。

(二) 增进互补

互补是指相关的多个商品可提供比单个商品更多的价值。首先,商业模式创新时可以通过提供互补产品和服务的协调来创造价值,产品和产品的互补指的是向顾客提供具有互补性的商品和服务。这些商品和服务通常都与企业的核心业务有关。其次,商业模式创新时若考虑采用电子商务手段,则可以实现网上、网下业务的互补。顾客通过网络可以方便、快捷地浏览有关商品或服务的信息,并下单、付款,但一些顾客可能也希望通过实体店铺得到面对面的售后服务,尤其是退换货服务。因而传统企业的营销网络与网络相结合,在传统产业价值链中实现网上网下的互动,通过这种全方位的服务为顾客创造更大的价值。

(三) 加强合作

合作是商业模式创新的一个重要方向。由于竞争加剧,在商业模式创新中寻找到一种与产业链的上游、下游企业合作的方法,实现"共赢",有助于企业的长远健康发展。例如,物联网近几年红遍了大江南北,物联网成为许多省市大力发展的领域。但物联网尚处于发展的初级阶段。各行业的信息化水平参差不齐,不同行业之间还存在着信息"孤岛现象"。各部门之间的壁垒也广泛存在,从而影响了物联网的跨行业应用。创新商业模式才是打造物联网可持续发展产业链的基本保障。在这条产业链中,物联网的发展需要传输海量的数据,需要在业务和管理方面实现"物与物"和"人与人"通信的结合,实现所有业务的订购关系管理、认证管理,这就要求业务提供者建立用户数据层。这一切都离不开基础通信网络的保障,离开了"网",物联网无法发挥其核心价值。对运营商而言,他们需要与上下游之间展开紧密合作,抓住眼下物联网业务价值链分散的时机,利用其广泛的客户资源以及强大的技术力量,力求担当价值链的核心角色,从而实现有效的突破。

(四) 强化锁定

"锁定"是指阻止顾客流失、防止战略合作伙伴背叛的一个重要特性。顾客的重复购买、战略合作伙伴对于合作关系的长期维护，对于商业模式创新具有很重要的意义，能够增强企业的价值创造潜力。尤其在当今的网络经济中，由于产品信息获取的便捷性，顾客更容易流失，因而如何吸引顾客的注意力并锁定顾客，对于商业模式创新能否成功具有至关重要的作用，通过培养顾客对于本企业产品、服务或信息的习惯性，并采用定制化生产方式满足用户的个性化需求，从而提高对客户的锁定程度。此外，还应当运用统计分析技术，及时分析用户信息、购买记录等个人信息，设立个人档案，从而创建个性化接口，进行直接促销和交叉销售。

（五）力求新颖

熊彼特的创新理论认为新产品或新服务、新生产方式、新销售或者新营销方法、新的市场开发方法，是企业通过创新获得价值的来源。显然，新颖性是商业模式创新不可缺少的题中之意。商业模式创新不只是技术性的突破，而应当贯穿于企业经营的整个过程当中，包括企业的资源开发、研发模式、制造方式、营销体系、市场流通等各个环节，也就是说新颖性在企业经营的各个环节都可以大胆进行突破。通过对上述商业模式创新五个目标的分析，可以发现这些特性相互之间联系密切，相互作用，可以使企业运作的方式及业务构成模式发生较为深远的变化，开拓企业价值的新来源，见图5-4。

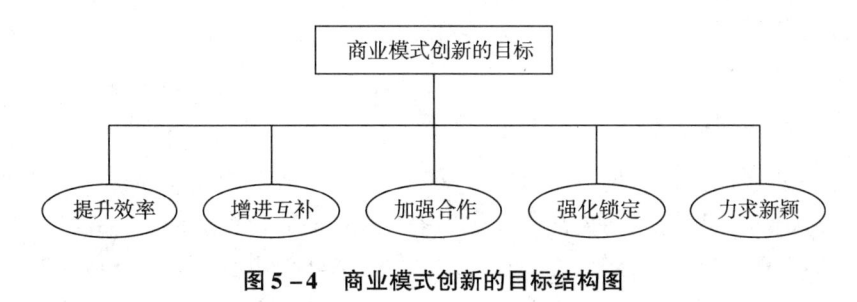

图5-4 商业模式创新的目标结构图

二、商业模式创新的作用

（一）有助于出口导向型企业转型

商业环境变动、技术突破及法律环境变化等，常给现有的产业和企业带来严峻的挑战，商业模式创新有利于应对不利产业环境的变化。如我国大量出口导向型企业，由于处于国际产业链的低成本制造环节，以国外为主要市场，简单接受订单，完成代工，缺乏自己的销售渠道、产品品牌和研发设计能力，在国际金融危机引发的国外需求减少、订单下降的情况下，其传统商业模式赖以

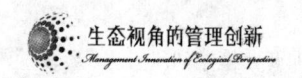

成功的环境已经发生根本性的变化，原有商业模式出现严重问题。那些在国内还是有市场的，包括我国东部或南部的服装、玩具等企业，可以通过商业模式创新，将其目标客户市场由国外转向国内，通过加强研发力量打造自己的品牌，并通过构建国内销售网络等，完成由出口导向向服务国内市场的成功转型。

（二）有助于技术产业化形成新的生产力

科技是第一生产力，与发明新技术同样重要的是将其产业化实现潜在的经济价值。而将技术推向市场是要借助一定的商业模式来实现的。商业模式创新有助于技术的产业化。我国在许多领域有技术优势，但却无法成功将其产业化。如我国的移动宽带 ICT 产业刚完成 3G 的发牌时，日本已开始 4G 技术的商业化应用。2001 年，无线环境技术在我国"863"计划中立项，目的是取得与后 3G 有关的一系列核心专利。目前，我国在技术方面并不落后，但如何把新技术产业化，把技术优势转化为产业优势，形成优势产业却是我国移动宽带 ICT 产业发展需要破解的关键问题。产业发展并形成竞争力，技术进步是重要和必要的条件，但仅有技术是不够的，还需要有合适的商业模式。日本的 DoCoMo 公司在 1998 年率先成功推出 i-mode 移动互联网服务，不是因为它有领先的技术，而是因为它成功的商业模式创新。因此，商业模式创新也会有助于我国的企业将技术产业化，实现其潜在的价值，形成新的生产力和产业增长点。

（三）有助于已有产业中企业提高国际竞争力

企业可以通过商业模式创新降低成本或风险，充分发挥核心能力，更快利用成长机会、或变得更为灵活等。如沃尔玛最初的商业模式创新，其核心特征是面向其他大型零售商所忽视的小镇，以连锁折扣店模式起家。乡村消费者可以在本地以低廉价格享受像城市一样的商品。相比它的竞争者，即传统的小镇商人，其价格和产品质量的竞争优势是非常明显的。沃尔玛随着所属商店数量增加、地域扩展而不断发展壮大，利用不断扩大的规模优势，争取到更低廉的进货价格。对高科技物流系统的投资，使沃尔玛拥有效率很高的配送系统，降低了作业成本，以比竞争对手更低廉的成本运送货物，低成本为其低价格提供了基础。正是因为通过对门店的简单复制，帮助企业实现低成本、大规模的快速扩张，实现规模经济等，以沃尔玛为代表的连锁经营被认为是 20 世纪的一场革命，并成为一种普遍有竞争力的商业模式形态。在日益开放的背景下，我国企业面临越来越多的国际竞争。商业模式创新也可以从多方面、更大程度上增强我国企业的国际竞争力,巩固原有市场,并拓展新的市场。

(四) 有助于成功创业及企业家经济的构建

无论是社会经济还是技术,总是处于不断发展变化当中,美国次债危机的爆发带来挑战的同时,也带来大量机遇。如专业科技服务和健康服务是美国的第三和第四大服务业,在 GDP 中比重分别高达 7% 和 6.8%。在这两个领域,我国大量社会需求远未得到满足,有很多机遇。创新是企业家职能,无论在区域范围,还是国家范围,如果有企业家在积极活动,就可以将变化或危机转变为开创新企业和服务的机会,也可利用机遇创造并提供新的就业机会。因此,一个有利于产生企业家并有大量企业家活动的经济体,就可以称为企业家经济。企业家经济可以为产业发展提供源源不断的动力、竞争力和高收入来源。他们可以通过商业模式创新,把生产要素和生产条件的新组合引入生产体系,如推出新产品、开辟新市场、找到新的供应来源等。这应是保持增长动力最为基础和根本的途径。但创业是高风险的,即便获得风险投资的项目,其中,也只有约 1/10 是比较成功的,不成功的原因大多是因为没有合适的商业模式。见图 5-5。

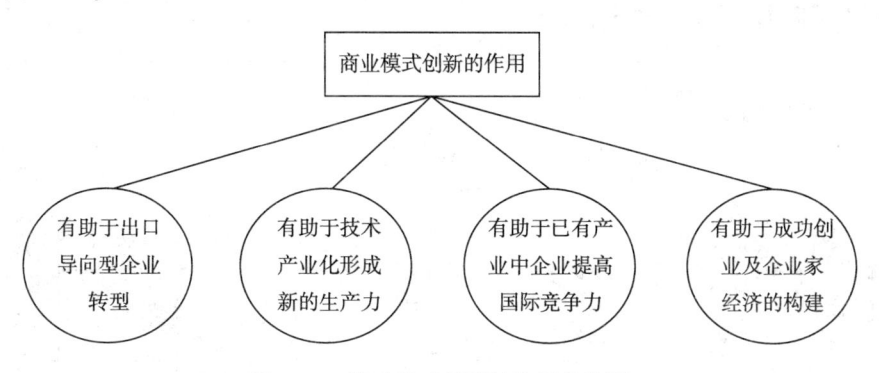

图 5-5 商业模式创新的作用结构图

三、商业模式创新与企业核心能力

商业模式创新可以提升企业核心能力。创造何种价值,通过怎样的途径、使用何种手段和方法来创造价值,以及用什么去创造价值,就是商业模式创新需要解决的三个基本问题,显然,解决这些问题都需要一定的企业能力支持。一般而言,进行商业模式创新有两条基本的思路:一是根据企业所拥有的能力建立新商业模式;二是根据新商业模式的需要发展新的企业能力。前者是拓展企业现有能力的应用领域,充分发挥现有能力的价值;后者则需要改造现有能

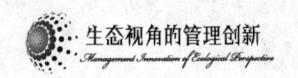

力或者开发新的能力,从这一意义上讲,商业模式创新为企业核心竞争能力的发展指明了方向,如图 5-6 所示。

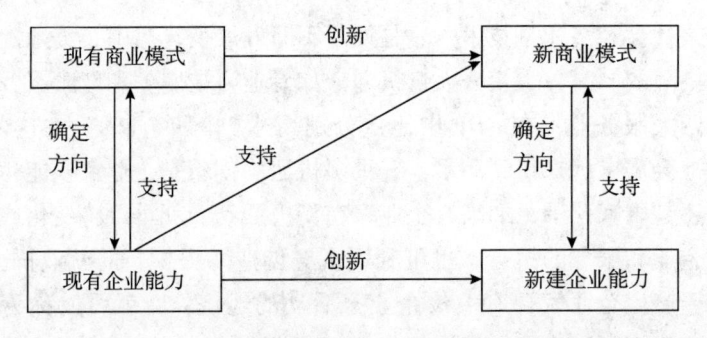

图 5-6　商业模式创新与企业核心能力的关系

每一种商业模式都需要一定的价值界定能力、流程管理能力和资源整合能力的支撑,不同商业模式所需要的价值界定能力、流程管理能力和资源整合能力的组合也是不同的。因此,商业模式的创新往往需要发展或更新这三种能力中的一种或几种。这就为企业能力的发展指明了方向,基于商业模式创新的企业核心能力发展决定机理,如图 5-7 所示。

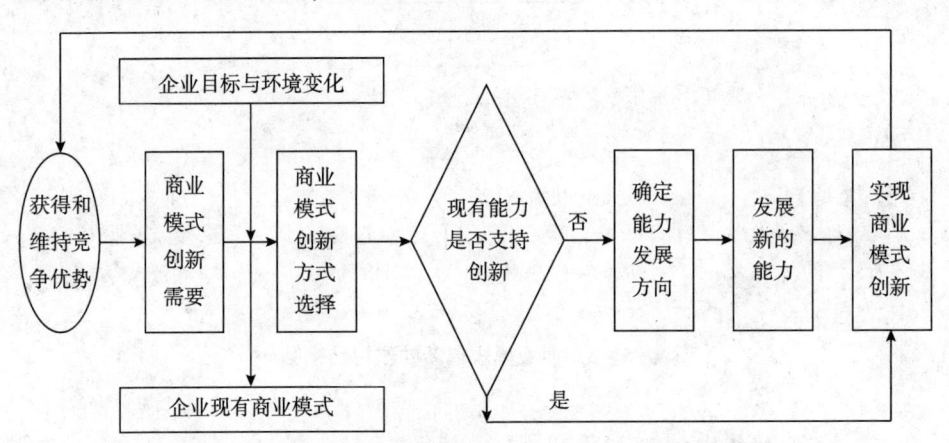

图 5-7　基于商业模式创新的企业核心能力发展决定机理

四、商业模式创新与技术创新

目前有一些学者的观点是将技术创新理解为创造一种"以前不存在的""崭新的"技术或产品的活动。而商业模式创新既包括在原有技术或产品上所作的改进,也包括系统地、主动地创造一种以前不存在的产品、服务或者技术。以这样的理解，技术创新属于广义创新范畴，而商业模式创新既有狭义创新也有广义创新。对技术创新的理解过于强调创新活动的突变性，将质变和量变对立起来，而忽视了技术创新和商业模式创新的共同点和联系。事实上，技术创新和商业模式创新的共同点和联系比两者之间的区别更多，这体现在以下几个方面。

（一）商业模式创新和技术创新内涵的一致性

自商业模式概念出现以来，许多研究者一直试图找到一套具有一般性、基础性的商业模式理论模型，设想用它作为通用工具来解释企业的价值创造活动。虽然到目前为止学术界对商业模式的概念内涵还未得到一致的认可，但随着研究的不断深入，本着好的理论通常是概括而通俗的，正如许多权威理论专家所言，理论应当提纲挈领，简明扼要地揭示复杂现象的本质联系这一研究理念，近年来诸多研究者开始从商业模式的构成要素，即"资源和能力、决策及价值成果"入手撕开了一道关于商业模式理论通俗概括的研究口子。如北京航空航天大学经济管理学院欧阳桃花教授和武光博士，以价值创造和获取为理论视角，通过选取两家代表性农业物联网企业为案例研究对象，印证了两种商业模式的适配形式，即资源联合—价值分配与资源配置—价值占有。对外经济贸易大学国际财务与会计研究中心汤谷良教授、戴天婧，香港中文大学商学院张茹博士提出企业商业模式是通过现金流为核心的战略安排，积淀关键资源和能力，重组整合业务系统，以维持优质盈利的过程。另外 Amit 和 Zott、Dubosson、TaPscott 和 Tieoll、Thomas、Mahadevan、Weill 和 Vitale、罗珉和曾涛等学者虽然研究视角不一，但是一致认为商业模式是企业通过发掘和完善自身拥有及后天获取的资源和能力，制定一系列具有针对性的战略决策，达到预定的价值成果的活动。而厦门大学程愚、孙建国利用扎根理论研究方法，通过对中国卫浴领军企业路达（厦门）供应有限公司的深入调查，认为商业模式是由价值成果、资源和能力以及决策三要素组成的创新活动。该研究结果提炼出了商业模式具有普适性和一般性的模型解释，为学习商业模式提供了指导性的理论框架。因此，本书借鉴程愚、孙建国对商业模式概念的认知，认为商业模式是由资源和能力、决策及价值成果组成的创新活动。对于技术创新内涵的理解，虽然早期国内为区别"创新"内涵而在"创新"前加上"技术"二字，但是技术创新的内涵已经随着研究的深入日益显示出与商业模式一致的要素内涵即"资源和能力、决策及价值成果"。如王兰、龙勇认为在资源理论观中，异质资源和能力是企业形成竞争优势的必要条件，因此，资源和能力必然会对

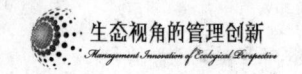

企业技术创新产生根本性的影响。在资源和能力不可或缺的情况下，彭福扬、胡元清等人认为技术创新是一个"技术—价值实现"的动态过程。傅家骥等学者也在梳理综合各种技术创新的定义后认为：技术创新行为是企业家抓住市场的潜在赢利机会，以获取商业利益为目标，重新组织生产条件和要素，建立起效能更强、效率更高和费用更低的生产经营系统，从而推出新的产品、新的生产（工艺）方法、开辟新的市场、获得新的原材料或半成品供给来源或建立企业新的组织的行为。李新男进一步指出，在工业化进程中，正是由于一大批企业通过不断的技术创新，把发明或科技成果引进生产过程，增强技术和生产能力，制造出市场需要的产品，形成规模产业，把知识、技术转变为物质财富。由于企业的发展和自身财富的积累，才能够形成新的研发投入，促进知识的更新和技术的突破，实现经济与科技发展的良性循环。综合学者们的研究发现，技术创新也是通过企业自身资源和能力的积累，辅之以合适的战略决策，不断增强技术和生产能力，制造出市场需要的产品，也就是得到价值成果的活动。在技术创新中同样离不开对"资源和能力、决策及价值成果"的把握。

因此，学者们在商业模式创新和技术创新概念界定上存在着共性，即认为商业模式创新和技术创新是企业基于自身积累及利用起来的资源和能力，通过实施一系列有利于企业发展的决策，从而实现客户满意、企业成长等价值成果的系统活动，实质在于对"资源和能力、决策及价值成果"的把握。认为商业模式创新和技术创新包括"资源和能力、决策及价值成果"三要素，只提炼出少数几个在价值创造的一般过程中真正不可或缺的要素，打破了以往"果篮式"模型试图在"截面"上穷举要素的静态分析，以动态立体的方式使价值创造活动从最关键的节点、流程进行到终点，商业模式创新、技术创新即完整呈现。

（二）商业模式创新和技术创新的理论模型

在商业模式创新和技术创新概念要素一致性的共性认识下，接下来通过深入分析资源和能力、决策及价值成果的内涵与关系，获取商业模式创新和技术创新的理论模型。

1. 资源和能力

在科技经济快速发展的市场格局下，企业除了拥有资源基础观（RBV）认为的有价值的、稀缺的、不可模仿的、不可替代的资源之外，还必须具备动态能力观所关注的知识和能力，并考虑能力的动态性，拥有动态能力显得尤为重要。这种动态能力正如 Teece 所说是快速应对变化的环境，企业整合、建立和重新配置内部和外部资源的能力,可以用来改变企业的资源基础。在全球化、信息化不断深入的今天,企业面临着完全不同的时代机遇和威胁。为建立创新型国家,在2020年步入中等创新国家之列,需要中国企业具备抓住时代机遇和改变格局的能力,具体而言,就是具备识别机会的能力、资源整合的能力及改变资源基础的能力,而这些都是动态能力的内涵意义。因此,资源和能力作为商业模式创新、技术创新的基本要素,是非常适切的。

2. 决策

百思迪、谢伟将决策分为开发性决策和利用性决策,企业在现有资源和能力积累的前提下,可以通过利用性决策适应现有环境,也可以通过开发性决策谋求新的资源和能力以适应新的环境。开发性决策决定资源和能力,而利用性决策决定于资源和能力。决策是创新活动得以实施和成功的关键,是承接创新起点和价值成果的转折点。

3. 价值成果

创新理论的奠基者熊彼特1911年就提出,创新是新思想的首次商业化应用,但是简单的商业化无法表明整个创新过程已经终结,更无法涵盖规模化的经济价值和其他价值创造环节。从整个国家角度来看,通过创新获得经济价值固然重要,也是企业进行商业模式创新及其他一切创新活动的根本出发点,但不能忽视创新带来的科学价值、精神价值等人文价值的提升。不强调经济价值的创新,必然是一个低效率的创新和没有竞争力的创新,忽视社会需求的满足、人民福利提高的创新是没有基础的创新。因此,本书的价值成果是一个包含经济价值获取,也包含了人文价值提升的广义内涵。创新三要素之间存在着互为因果、互相制约和促进的动态关系:资源不仅是企业获利的基础,而且是企业能力产生的源泉。企业在资源获取、整合和应用等业务流程中,识别和筛选出高效率的资源配置流程并将其制度化为组织惯例,一旦为各部门所接纳之后便演变成企业能力。企业的创新决策是企业获取包括经济价值增值和人文价值提升的价值成果这一新的成长空间所必需跨过的"门槛"。从资源学派的视角来看,企业做出创新决策是开拓外部环境新"生产机会"的努力。较高的资源水平和能力优势对于企业的创新决策具有显著的推动作用。而企业所付出的努力反过来又有助于企业形成新的独特资源与能力优势。通过对技术创新和商业模式创新三要素的分析,得出二者的理论模型如图5-8所示。

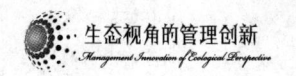

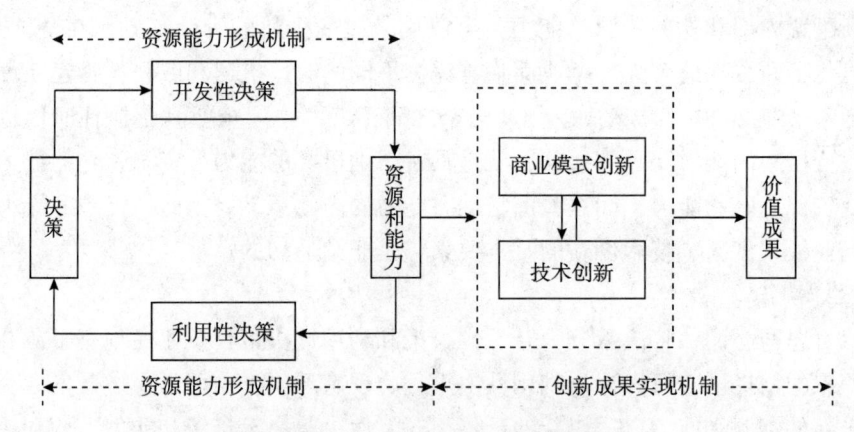

图 5-8　商业模式创新和技术创新理论模型

(三) 技术创新和商业模式创新的动态创新系统

如果说对技术创新和商业模式创新概念一致性的理解是内部分析的话，那么接下来对技术创新和商业模式创新过程中的各主体的探讨则是外部分析。随着对技术创新和商业模式创新认识和研究的不断加深，学者们发现，技术创新和商业模式创新的核心逻辑和价值创造并不仅仅是通过企业内部资源的整合就可以实现的，企业除了要为自身创造价值外，还要为供应商、客户及企业广泛的伙伴群体创造价值。随着时代的发展，纵横交错的利益关系要求企业在进行创新活动的过程中应关注怎样通过组织、供应商、顾客和伙伴的网络协作来实现价值创造和价值增值，这无疑将技术创新和商业模式创新带入了一种整合企业、供应商、科研人员、政府、用户等广泛参与者的动态创新系统。其中，Weill 和 Vitale、Michael Morris 等重点强调了商业模式创新的多主体、多要素相互联结的体系特征。罗珉、曾涛和周思伟等认为一个好的商业模式就是把多个组织的资源能力进行整合，通过一定的内在联系把各部分有机地串联成一个良性的价值体系，它应该是一个用于整合组织本身、顾客、供应链伙伴、员工、股东或利益相关者来获取利润的一种战略创新意图和可实现的结构体系及制度安排的集合。同样，技术创新作为广义创新过程的特殊性体现在它通常不是由单个企业家就能完成的，而是一个互动和相互作用的过程，在这个过程中，一些机构、组织相互作用、互动，并同时和外部环境发生联系，从而获得技术创新与研发所必需的知识和信息，以及选择创新的方向和可能性。这些机构、组织包括用户、大学及科研机构、供应链各参与方、股东及债权人、政府等众多参与者。从系统角度看，技术创新和商业模式创新是一个由数量庞大的异质多主体构成的具有网络结构和层次结构的、复杂的动态系统，每个主体都在自身资源限制下，试图优化个体或整体目标，这些主体间的合作和竞争行为又共同推动着商业模式创新及技术创新的推陈出新。那么，上述主体具体是如何通过各自所做出的行为来共同推动技术创新和商业模式创新的发展和演变的，如图5-9，简化地展示了主体间的复杂关系。

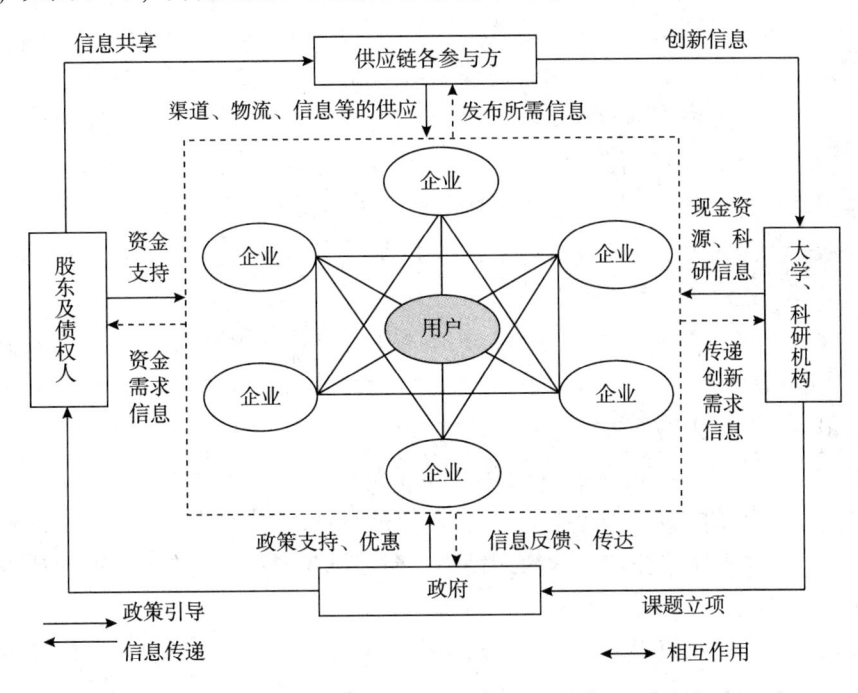

图5-9 多主体参与的、复杂动态创新系统

处于系统中心的用户通过个性化、多样化消费需求和对产品、服务的选择向企业传递出需求信息，企业接收到需求信息后开始进行需求分析及预测，众多企业交织成一张为不断满足用户需求获取持续竞争优势而创造价值的网络，其联系的中心是用户需求。企业与企业间、企业之间为获取更多的价值进行合作与竞争活动，期间伴随着资源、信息、知识、技术的共享及价值创造、价值增值、价值传递、价值攫取活动，而这一切得以顺利进行的前提及保障是处于最外围的供应商群体提供的各种保障及支持。供应链各参与方通过接收企业发送出的需求信息，提供渠道、物流、信息等的供应；股东/债权人则通过输送足够的资金来保证价值创造活动的开展；政府一方面在接受企业所传达出的信息需求时，通过不断完善和制定相关法律、法规给予企业发展的便利，另一方面也通过政策来引导和课题立项为企业创新活动提供环境保障；大学及科研机构则不断将先进的理论研究及科研成功输送到企业，为创新成果转化为实际产

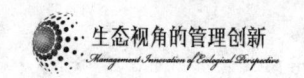

品提供了坚强的理论保障。而各供应商主体之间又存在着资源、信息之间的共享，企业与供应商之间、企业与企业之间、企业与用户之间以及用户与供应商主体间复杂的价值传递、价值攫取、价值创造和价值增值活动共同构成了技术创新和商业模式创新系统的复杂多变，处于复杂系统中的企业所进行的技术创新和商业模式创新活动正是由这些主体共同参与的、复杂的动态创新系统，其实质是通过主体间的相互作用达到技术创新和商业模式创新的最优状态。

另外，商业模式创新和技术创新二者的一致性还体现在以下几个方面：

（1）技术创新和商业模式创新的共同点在于两者根本目的相同，都是为了得到更好的产品、服务或技术，使消费者更加满意。进一步讲，人类之所以要创新，就是为了改造世界，以使自己生活得更好。因此，技术创新和商业模式创新都是达成越来越高的人类目的的手段。

（2）技术创新和商业模式创新在本质上有相同之处。技术创新是为了追逐熊彼特租金，从而消除技术矛盾，带来最大利润；商业模式创新是为了获取经济租金，提供独特的做生意及赚钱的方法。

（3）技术创新和商业模式创新有时并没有黑白分明的界限，例如，商业模式创新就包括渐进式的技术创新，有时甚至是突破性的技术创新，也就是技术创新一定程度上会带动商业模式创新，商业模式创新反过来又有助于技术创新的跃迁升级。

从以上几点可以看出，技术创新和商业模式创新互为因果，技术创新贯穿于商业模式创新的整个过程，商业模式创新离不开技术创新。之所以许多人认为技术创新与商业模式创新存在着质的区别，主要是因为在当前学术界，创新理论概念界定存在分歧。如果将创新界定为一系列动态的、多模型的"广义创新"，那么两者间的区别就变得模糊。总之，技术创新和商业模式创新的过程都包含大量的优化活动，而二者本身也同样以最优化产品、服务或者技术为根本目的和动力。甚至可以说技术创新和商业模式创新过程既包含了狭义的、单一的创新过程，又是一次广义的创新过程。

五、商业模式创新与新兴产业

新兴产业是与传统产业相比较而言的。传统产业由于经过较长时间的发展而具备了各种成熟的基础，业态也已被社会所广泛接受，而新兴产业是在特定历史节点上出现的新的产业形态，一般而言具有与以往不同的技术成果和产业群落。相对传统产业，新兴产业有其明显特征：首先，其蕴含的时代气息强烈，产业的出现与经济社会发展的阶段性特征关系紧密；其次，其战略意图明显，往往肩负着扭转经济发展低迷和推动历史发展的重任；另外，产业内部知识创新密集，科学技术和经营管理模式等创新因素在产业发展过程中不可或缺；再次，产业不确定性突出，产业培育和发展过程因技术和市场因素而危机四伏；最后，其带动效益可期，产业在发展后期将辐射带动其他配套产业出现"倍增式"甚至是"指数式"的增长。

（一）商业模式创新与新兴产业发展

1. 新兴产业发展是商业模式创新的重要动力

关于新兴产业发展推动商业模式创新的研究，早期多以总结信息技术驱动商业模式创新的案例为基础。Timmers（1998）、Kodama（2004）、Venkatraman（2008）等都强调信息技术体系在推动商业模式创新中的作用。魏江（2012）等指出，正是伴随信息技术与电子商务的迅猛发展，商业模式创新才成为理论界和实践界的热门话题。有关商业模式创新的研究从开始聚焦于电子商务领域，到后来互联网泡沫破灭，大量电子商务企业倒闭，戴尔等一批非互联网公司依靠其独特的商业模式崛起，逐渐扩展到非信息领域，从创业型企业扩展到成熟企业。也有一些研究将商业模式分解成客户价值主张、企业资源和能力以及盈利模式等几个关键环节，逐一分析信息技术对各个环节的影响，进而证明信息技术是商业模式创新的潜在驱动力（王茜，2011）。

2. 新兴产业发展壮大迫切需要商业模式创新

苗圩（2011）多次强调，在现代市场条件下，商业模式创新与科技创新、企业的产品创新同等重要，特别是制造业、现代服务业的加速融合，推动生产体系的重构，已经成为新经济的显著特点。陈志（2012）认为，商业模式是产业形成的必要条件，因为技术本身没有任何经济价值，只有将其商业化才有"产业"的形成；此外，新兴产业的技术路线尚未确定，可替代技术之间的激烈竞争、不断上升的研发成本意味着再先进的技术也需要通过商业化获得满意的经济回报。汪克强（2013）指出，技术进步之后的商业缺失，往往制约了产业利润的积累和对持续创新的投入，影响了创新能力的再提升和产业发展的良性循环，只有创新商业模式才能为新兴产业发展提供持久活力和强大动力。也有一些研究在总结近年来苹果、谷歌等企业商业模式创新案例的基础上，认为新兴产业发展必然带来全新的商业模式。

综上所述，商业模式创新有利于推动新技术实现产业化，也有利于基于新技术衍生的新兴产业发展壮大并持续保持竞争优势。反过来，新兴产业在经历科学发现、技术发明到产业化发展壮大的过程中，也不断激励企业尝试创造新的商业模式，以适应新的技术、创造新的客户价值、塑造新的竞争优势、形成新的供求关系和产销网络。可以认为，商业模式创新与新兴产业发展——尤其是基于新技术衍生发展的新兴产业之间具有密切的正相关联系。

（二）商业模式创新对新兴产业的促进

在新兴产业的发展过程中，产品特性、市场空间、领军企业（人才）、产业链条、资源环境等要素尤为重要。这里以此5个要素作为矩阵的横轴，同时以商业模式的7个关键要素作为矩阵的纵轴，以星号（※）标识出两个维度的各个要素所存在的结合点，如表5-2所示。

表5-2 商业模式创新与新兴产业要素结合分析

商业模式关键要素		新兴产业发展要素 产品	市场	领军企业（人才）	产业链	资源环境
客户价值主张		※				
资源	客户资源		※			※
	产品渠道		※			※
能力	价值配置			※		
	核心能力			※		
	合作伙伴				※	
持续收入			※			※

从上表可见，在商业模式与新兴产业的两个不同维度中存在诸多关联，这些相互关联的结合点可以总结为以下五个方面。

（1）商业模式和新兴产业在产品价值上存在关联。商业模式要求更好地通过产品传递客户的价值主张，把技术和服务融合为新的价值赋予客户端；而产品质量的好坏则是直接影响新兴产业能否进一步发展的关键因素，没有优秀的产品质量就不可能有下一步的产业发展空间。

（2）商业模式和新兴产业在客户资源和产品渠道上存在关联。商业模式要求通过挖掘潜在的客户资源实现客户的集聚和产品渠道的拓展；而新兴产业也需要开拓市场空间，产品需要得到市场的认同和客户的接受。

（3）商业模式和新兴产业在价值配置和核心能力方面存在关联。商业模式强调利用价值配置来形成灵活的市场机制，通过市场的作用集聚创新资源；

而新兴产业则需要集中领军人才或龙头企业等优势资源来引导整个产业的协同发展。

（4）商业模式和新兴产业在合作伙伴关系上存在关联。商业模式强调利用可以调动的一切资源为企业实现盈利，并且通过重构利益相关者的交易方式以更加有效的途径改变原有产业链布局，甚至是形成新的产业链条；而新兴产业属于产业的发展前期，更是需要有众多愿意主动创新的企业融入产业链条中，这就成为两者的最佳结合点。

（5）商业模式和新兴产业在产业价值回收上存在关联。商业模式的创新就是为了更好地利用资源环境来获得更多的收益；而新兴产业也必然要求能为企业带来持续收入，只有持久获利的商业模式和产业才能同时被社会所接受。从这一点上看，新兴产业发展水平的高低情况将是对商业模式优劣与否的客观评价。

由以上分析可知，商业模式与新兴产业在各自的要素构成方面存在许多结合点，因此科学合理的商业模式创新将通过价值链的改变而传导到新兴产业的经营模式上，从而对新兴产业的成长过程产生促进作用。在理论机理上具体表现为：

第一，商业模式创新可以创造出具有竞争力和创新意识的客户价值主张，这些新的价值以独立于技术以外或与技术统一融合的形式，通过产品传导到用户端，形成产业化市场并推动整个新兴产业的发展。

第二，商业模式创新通过挖掘潜在的客户资源实现客户的集聚和产品渠道的拓展，更加有效地开拓新兴产业的市场空间，以商业模式创新的形式更加灵活地发挥市场的作用，从而有利于新兴产业的快速成长。

第三，商业模式创新可以创造更高的价值配置和核心能力，帮助新兴产业中的领军人才或龙头企业集聚创新资源，在其他企业或创新群体中间形成学习效益，从而引领整个产业协同发展。

第四，商业模式创新可以为产业链上的企业搭建合作的桥梁，甚至是通过合作模式或盈利形式的创新而结成新的伙伴关系，使得产业链上的企业更加活跃并主动创新，从而加固和延伸产业链。

第五，新兴产业的资源环境丰富与否、产品渠道的畅通与否以及市场的发展成熟情况反过来也是检验商业模式创新的结果科学与否的准则，只有能够为产业带来持续收入并且形成良性资本循环的商业模式，才是成功的商业模式。以上作用机理可通过图5-10表示。

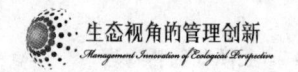

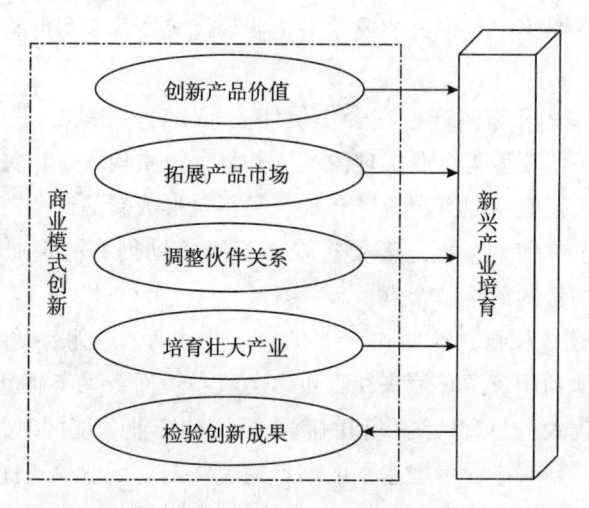

图 5-10 商业模式创新对新兴产业的促进作用机理

（三）新兴产业发展中商业模式创新的实例分析

这里通过若干案例介绍商业模式创新对新兴产业的促进作用，从具体的案例出发对商业模式创新的作用进行分析，同时对上述的结合机理进行佐证。

1. "智能终端 + 应用商店"商业模式对智能移动终端产业的促进

为应对日益激烈的市场竞争和单薄的市场利润，美国苹果公司放弃过去单纯以出售电脑硬件为主要利润来源的做法，取而代之的是软件平台和服务产品化的营业理念，也即后来被全球所推崇的"智能终端 + 应用商店"的战略。苹果公司除了在客户购买硬件时赚取了一次性的硬件利润外，还有更多的利润源源不断地来自此后用户在使用硬件时所下载的各种应用程序，只要有人在"苹果商店"的平台上面下载音乐和软件，苹果公司就能够从中获得利润。这种"卖手机 + 卖内容"的策略为苹果公司创造了巨额利润，也排除了被山寨手机制造商跟风推出盗版的可能性。从商业模式的角度看，该案例对价值主张、客户资源和合作伙伴等要素进行了重构。首先，它改变了电子消费产品制造商传统的获利方式；其次，它培育了用户的使用体验，建立了客户基于应用商店上的消费习惯，也借此实现了硬件生产商由基于终端设备转变为内容服务提供商的历史性跨越；最后，它形成了强大的产业链整合能力，这个产业链涉及手机操作系统提供商、手机制造商、应用服务提供商、电信运营商、广告商等，多个利益相关者在这条产业链条上获得了稳定的利润，实现了共赢。

2. "合同能源管理（EMC）"商业模式创新对新能源产业的促进

20 世纪 70 年代世界石油危机爆发后，合同能源管理（EMC）作为一种全新的节能机制在全球市场经济国家逐步发展起来。这种能源管理模式是在充分利用市场经济条件下的一种节能新机制，其基本运作机制是：由节能服务公司为用能企业进行能耗诊断，计算出在整个合同过程中的节能预算，通过合同来约定双方的节能指标和服务以及投融资及技术保障，由此建立一个长效的节能合作机制。在合同期内，节能服务公司为用能客户无偿提供改造的资金、设备和技术；合同结束后，节能服务公司要将全部节能设备无偿移交给耗能客户，此后由耗能企业自己负责经营。在实现节能效益后，将由政府等部门支付利润给节能服务公司。从该商业模式对新兴产业的促进看，它对价值配置、客户价值主张和利润收入方式等要素进行了重构。首先，该商业模式颠倒了传统的市场获利顺序，新模式允许用户使用未来的节能收益为工厂和设备升级拓展了产业的利润空间，实现了当前对未来利润空间的索取。其次，降低了客户的开发成本，赋予客户较高的价值期望，有利于客户的成长。合同能源管理机制的实质是一种以减少的能源费用来支付节能项目全部成本的节能投资方式。这种节能投资方式降低目前的运行成本，提高能源利用效率。最后，它转移了产业在客户端的成长风险，由节能服务公司组织专业化的技术工种和管理队伍来降低产业风险，也就降低了整个产业初期的发展风险。

3. "车电分离"商业模式创新对新能源汽车产业的促进

新能源汽车产业是降低化石能源消耗、降低城市废气污染、实现低碳经济的重要新兴产业。然而，纯电动汽车的价格往往要比其他汽车高出许多，而且其中电池的造价接近一半，寿命为充电 2000 次，在此之后驱动电池就必须被更换掉而作他用。如果整台车的造价都由消费者承担，新能源汽车将由于成本问题而难以取代普通的燃油汽车，整个产业也将因为产品市场竞争力太弱而受到制约。"车电分离"的模式较好地解决了上述问题，也即在购买车辆时，客户只需支付电池以外的车身价格，电池由运营商租赁给客户，客户无须负责充电等事务。在新的商业模式下，专业的电池运营商将对电池进行维护和管理，引入电池行业的市场竞争，降低用电成本，而且在汽车电池寿命结束后，还可利用其作为储能电池储存风能、太阳能，实现所谓的梯次利用。从商业模式的特点看，它首先降低了电动车的入市价格，改变了以往的客户价值观念，在价格门槛上有利于新兴产业的培育，让不带电池销售的电动汽车价格具有更大的市场竞争力，有利于建设城市能源供给网络系统，并能够进行盈利的商业化运营；同时，引入规范化的电池充电技术和管理机制，为电动汽车及电池产品的长期发展提供更科学、更宽广空间，同时也可以降低电池的制造成本；另外，建立起与汽车加油一样方便的能源补给网络，形成新的合作伙伴关系，引入多

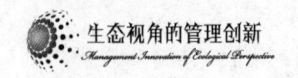

个电池充电企业的竞争经营,有利于培育更加规范化的市场竞争体制。

总而言之,商业模式通过对要素的重构,改变了企业的经营方式,从利润分配、合作方式等价值链的调整形式降低了新兴产业的成长风险,提高了技术创新的适用范围,为新兴产业的培育创造了良好的市场氛围。整个商业模式创新对新兴产业的发展促进路径如图 5-11 所示。

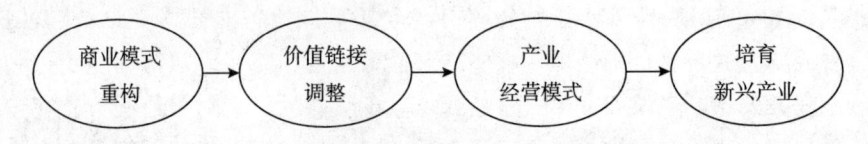

商业模式重构 → 价值链接调整 → 产业经营模式 → 培育新兴产业

图 5-11 商业模式创新对新兴产业的发展促进路径

(四)战略性新兴产业与商业模式创新关系分析

1. 商业模式创新是战略性新兴产业发展的关键驱动力

战略性新兴产业都是建立在技术创新、技术突破基础上的技术驱动性的产业,然而仅依靠技术创新并不能带动产业的发展,技术创新只有和整个商业模式结合起来才能实现产业化。企业将新技术推向市场都要借助一定的商业模式才能实现,商业模式是联系技术及其经济价值的桥梁(Chesbrough,2002)。战略性新兴产业所面临的挑战是在技术和市场都存在诸多不确定性且在不断发展变化的条件下,如何找出合适的商业模式,把技术特性与市场需求特性二者紧密联系起来,努力实现技术的潜在经济价值。因此,商业模式创新对于战略性新兴产业的发展至关重要,它可以帮助新技术实现产业化,或者可以在一定程度上弥补技术方面的缺陷,特别是对于我国许多企业在不具备太多关键技术的情况下,商业模式创新需要给予充分的重视(乔为国,2012)。

2. 商业模式创新有利于促进战略性新兴产业体系形成

商业模式创新需要建立市场的多个不同主体之间的密切合作,特别是共性技术平台搭建、基础设施建设都需要政府的积极参与支持。如新能源汽车产业的发展,不仅需要开展车身材料、汽车电子、动力电池及其关键材料的技术攻关,以及生产、控制与检测装备等的研制,而且还要积极推进充电基础设施建设,开展私人购买新能源汽车补贴试点,不断探索新能源汽车整车租赁、电池租赁以及充换电服务等多种商业模式。这种不同的商业网络的构建以及合作模式的变化会在原有的市场上产生新的商业机会或者会创造新的市场,从而引起产业本身以及附属产品、服务的变化,有可能会催生一些新兴的产业。

3. 战略性新兴产业发展能带来已有产业商业模式重构

技术创新特别是激进型和破坏型的创新必然会引起商业模式相对比较彻底

的变革创新，引发商业模式重构，这是战略性新兴产业的突破性带来的应有之意（陈志，2011）。如苹果公司自主设计了 iPad 的微处理器，独立开发操作系统 iOS，新技术的应用带来了产业的彻底改变，iPhone 就是手机、相机、音乐播放器和掌上电脑功能的组合，将硬件、软件和服务整合在一起，改变了普通人的消费方式，同时也开启了手机数码产品新的商业模式。

4. 经济全球化背景下战略性新兴产业发展需要商业模式创新

后金融危机时代，世界主要发达国家和地区都加快了对新兴技术和新兴产业发展的战略布局。可以预见在不久的将来全球将形成一个以新能源和节能环保产业、生物技术产业、信息产业及相关高科技产业为新的经济增长点的产业发展新格局。新兴产业通常是建立在颠覆性技术基础之上，会导致传统产业的产业链重构，甚至会使某些产业出现"创造性的毁灭"，随着新技术的不断商品化和新产品的产业化，新的商业模式也将不断随之产生。同时，经济全球化背景下世界发达国家和地区都加快了以跨国公司为主导的国际分工进程，促进了商品、资本、人员、技术等生产要素的跨国界流动，形成了制造业新的全球价值链，而新的全球价值链的形成，新的产品、新的服务又需要新的商业模式。

（五）战略性新兴产业商业模式创新的挑战

正因为战略性新兴产业的商业模式创新有技术是重要支撑、依赖价值网络及解决产业链启动等特点，在进行战略性新兴产业的商业模式创新时，在我国特定的环境背景条件下，面临以下几方面突出的制约与挑战。

1. 产业需求制约

战略性新兴产业的商业模式创新、产业启动，以需求为基础，其能否成功依赖产业链下游环节，也常需要解决下游的产业启动问题。以节能环保和新材料产业为例，工业化住宅是其应用的主要领域之一。我国建筑建造和使用能耗占全国总能耗的 30%，木材用量占全国总用量的 40%，而住宅建筑面积超过建筑面积的一半。工业化住宅是施工建造方式变革的产物，由半手工半机械的现浇施工方式，转变成工业化生产方式，即像造汽车等工业品一样造房子，住宅的主要构成部分，如承重墙体、梁、楼梯等，均在工厂预制生产，最后到工地将这些构件搭建组装成为房屋住宅。工业化住宅可以集成融合更多的节能环保等技术，如深圳万科城项目首个零碳排放实验性住宅已建成并开放。但我国工业化住宅产业自身发展，就存在许多约束与挑战，包括既有现浇住宅体系的低价竞争、技术标准体系的缺乏、建筑成本较高、社会认知接受度有待提高等。显然，工业化住宅产业的发展程度，将直接决定能否为一些节能环保和新

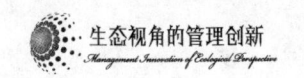

材料产业创造大规模的市场。工业化住宅产业发展的不确定，也直接使一些节能环保和新材料产业的商业模式创新，存在市场需求的不确定。

2. 技术积淀薄弱

战略性新兴产业的商业模式创新，以技术为重要支撑条件。以碳纤维产业为例，碳纤维的产品与工艺过程，具有许多纺织业的特点。中复神鹰碳纤维有限责任公司，于 2005 年经过调研，利用自身多年从事纺织成套设备生产的优势，自行研发和制备碳纤维原丝和碳化生产设备，建设成我国完全国产化的碳纤维生产线，成功进入了碳纤维材料产业，也打破发达国家对我国碳纤维市场垄断，改变我国碳纤维完全依赖进口的情况。中复神鹰能够成功进入碳纤维产业，是因为其在纺织行业具有良好的技术积累。但对我国许多战略性新兴产业中的企业来说，并不是这样。我国太阳能产业的商业模式创新，就受制于高性能膜材料。在许多方面，高性能膜材料的加工技术工艺，与香烟包装薄膜生产技术相通，但香烟包装薄膜的核心技术，掌握在外国人手中，我国企业并不具备。造成我国企业技术积淀薄弱的原因是多方面的，有体制和历史方面的因素。如我国长期采用军用、民用两套相对分割的生产技术体系，这种模式既造成技术领域的大规模重复投资，又不利于技术外溢。这也是造成我国高端装备中航空装备，可以实现载人航天飞行，但民用飞机制造发展相对滞后的原因。

3. 生产网络的支持不足

如生物产业，尽管基因技术前景为多数人看好，但从短期来看，大多数基因公司可能拥有技术，但很难赢利，这是由产业的网络特性决定的。基因公司大多数只是产业链的一个细小环节，其能否赢利有赖于整个价值网络，取决于其他环节的发展状况。电动汽车产业，存在类似的问题，即生产网络支持的约束，如同汽车需要加油站，电动汽车产业的发展必须依赖于有便利的充电设施。但充电基础设施谁来投资、如何实现规模经济、能够赢利并且可持续，又反过来依赖于电动汽车用户的多寡、续航里程能力，取决于电动汽车产业的自身的发展。这些关联产业是相互依存、互为前提的。除了上述几方面的硬性约束，战略性新兴产业中企业进行商业模式创新，也存在创新的动机与激励不足问题，存在垄断与所有制约束。在 20 世纪 90 年代，日本移动电话市场成长很快，近于饱和，三大运营商间激烈的竞争，导致来自单位用户的平均收益呈下降趋势。它们在 20 世纪 90 年代中后期，纷纷寻求新的收入来源，而同期计算机互联网的快速发展，让它们看到可能的市场发展方向并为之努力，可以说竞争是移动互联网在日本率先出现的重要驱动因素。而我国移动通信业，中国电信凭借其垄断地位，就可以取得上千亿的获取利润，缺乏创新动力。企业所有制也是另一重要制约因素，在我国一些产业部门国有垄断的特点，使得它们是缺乏内在创新动力。一些战略性新性产业的技术也需要长期的巨额投资，如生物产业，一些技术的研发与产业化过程，可能需要数亿甚至几十亿美元的投入，要较长的时期才有可能取得回报，并且存在巨大不确定性与风险。在许多大型医药公司国有体制背景下，任期内短期目标的最大化，使得这些企业是难以有动力巨额投资于不确定、短期难见成效的技术。

（六）促进战略性新兴产业商业模式创新的措施

虽然我国的战略性新兴产业的商业模式创新存在问题与制约，但庞大的国内市场需求，也为我国企业提供很多机会。促进战略性新兴产业的发展，需要消除制约因素，充分利用有利条件，支持并推进其商业模式创新。

1. 着力于商业模式创新需求条件改善

政府需要关注整个产业链条，从需求端释放庞大需求，为战略性新兴产业的商业模式创新创造市场需求条件，如将一些政府服务外包出去。杭州是我国电子商务最为发达的城市之一，被誉为"中国电子商务之都"，拥有阿里巴巴及近千家电子商务网站。在一定程度上，也得益于政府对需求条件的改善。政务信息化建设和政府的公共服务产品，可外包给企业，推进政府服务机制的改革，又为新商业模式提供发展空间；还需要进一步打破军民分割的技术与生产体系，将军需市场更充分对民营企业开放。此外，可以强化倒逼机制，作用于相关产业，为战略性新兴产业的商业模式创新创造有利的需求条件。如环境标准、能耗要求的提高，可以改善对节能环保产品的需求，从而为相关产业的商业模式创新创造有利条件。

2. 支持创新联盟

产业技术创新战略联盟是指由企业、大学、科研机构或其他组织机构，以企业的发展需求和各方的共同利益为基础，以提升产业技术创新能力为目标，形成的联合开发、优势互补、利益共享、风险共担的技术创新合作组织。改善战略性新兴产业的商业模式创新的技术积淀及生产网络支持薄弱问题，创新联盟是一种较好的方法。工业化住宅等其他产业提供了一些有益的经验，如万科上海的工业化住宅"新里程"项目，整合了上下游产业链包括规划、设计、施工、安装、部品及监理环节在内的 50 多个核心合作伙伴，涉及标准 200 多个，使其可以在几年内完成技术与生产准备。2006 年建设部推进国家住宅产业化基地建设，就是选择十多个企业联盟或集团开展国家住宅产业化基地试点，以鼓励一批骨干开发建设厂商与部品生产、科研单位组成联盟，选择对提

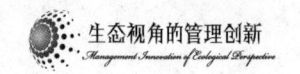

高住宅综合性能起关键作用的核心技术，集中力量开发攻关，形成产学研相结合的技术创新体系，带动所在地区的住宅产业发展。这些措施对于工业化住宅产业初期技术突破及产业发展起了积极的推动作用，也值得借鉴。

3. 还需要破除体制的约束

首先，要解决的是民营企业在战略性新兴产业中的发展的主体地位问题。民营企业有许多特点和优势，如可以在更长的生命周期内规划发展，更为灵活，更有利发挥企业家创新精神与能力。我国碳纤维生产企业中复神鹰，领军人物就是民营企业家。给民营企业在战略性新兴产业中商业模式创新提供更好的环境条件，需要进一步打破军民分割的生产技术体系，促进技术溢出，扩大市场规模；需要促进已有一些企业股份或民营化改革，增强其活力及创新动力；需要创造公平的发展环境，如消除在新医药领域，一些国有的大型企业在批文获取速度方面快于民营中小企业的情况；也还要切实打破地区、部门间市场分割，建立开放的国内市场，推动电信、金融等产业关键产业环节的反垄断，提高产业竞争水平。

六、商业模式创新的影响因素

企业商业模式创新动力主要来源于企业对其可持续发展的追求，而企业的可持续发展取决于企业的内部和外部环境，换句话说主要是企业的外部因素和企业的内部因素决定了企业商业模式发展的动力及方向。而在众多的企业外部因素中，我们考虑如下四个重要因素：一是市场的竞争因素。市场竞争强度越强，企业经营就会相对困难，继而导致企业迫于市场压力，寻找新的发展机会，因此，要增加企业商业模式创新的动力；二是市场竞争公平性。由于当前商业模式创新方法很难申请专利和保护，因此市场竞争越公平，企业商业模式创新的风险回报就越稳定，企业家更愿意进行商业模式创新，增加创新的动力；三是考虑政府和社会对商业模式创新的支持。政府对企业创新支持程度体现在直接经济资助和税收优惠等方面，政府的支持力度越强，就越会降低企业的创新风险，增加企业创新的动力和增加新颖性，社会对创新的支持主要体现在对企业家创新行为的认可、接受和奖励方面，会增加企业家创新动力；四是考虑外部市场对产品的需求程度。这个因素对企业商业模式创新的影响有两个方面：一方面是外部市场对产品的需求量大，企业利润提高；另一方面会导致企业家满足现状，降低进行商业模式创新的动力。而第二方面是产品需求量越大，企业的效益会越好，企业有更多资源进行商业模式的创新，增加商业模式创新动力，因此外部产品市场的需求对创新的影响有待验证。企业内部因素对商业模式创新的影响我们考虑以下几个方面：一是企业家和员工的创新意识和创新能力。企业的发展最关键因素是人，企业家和员工的创新意识和能力越强，基于他们对利润和自身成功的渴望，他们就越具有创新动力；二是企业的文化。企业越具有创新的氛围和文化，企业家和企业员工自愿参与到创新当中，企业就越具有创新动力；三是企业的内部激励。企业的激励包括物质激励、精神激励、人力物力投入等多方面，企业建立支持创新的激励制度，在创新方面投入越多，创新的动力就会越强；四是企业的技术水平。商业模式创新活动需要技术的支持，技术越发达，创新活动的成功率就越高，风险就越少，就越会增加企业创新动力。商业模式创新的影响因素主要表现在以下几个方面。

1. 创新型企业文化

对于企业创新，特别是企业商业模式创新，文化问题和人才问题是我国企业进行创新的两个主要的障碍。这两类因素相互关联又相互促进。如果没有创新型企业文化，企业很难培养出创新型的人才，而没有人才的带动，特别是创新型领导的带领和引导又很难形成创新型企业文化。

我国许多企业采用精益生产法，重视成本管理而不是创新，特别是对创新型文化环境的培养意识重视不足。因此，从思维方式上向鼓励新想法和新工作方法的转变非常困难。不过很多企业领导人渴望建立一种能够促进"基业常青"的企业文化，以实现企业的持续发展和扩张。尽管在企业的某些发展阶段中，个人的作用非常重要，但企业持续的健康运营则要依靠高水平的领导团队，以及整个组织共同接受的信念，即企业融洽适宜的文化氛围。因此，企业商业模式的创新需要一个创新型文化环境做支撑。

2. 技术和业务的融合

只有将技术与业务充分融合，才能够提升企业的整体竞争力，实现客户价值的最大化，并推进企业的商业模式创新。业务创新带动技术创新，而技术创新又造就了更多的业务机会。虽然技术的含义远不止于信息技术，但信息技术无疑是企业内各种创新解决方案得以实施的重要载体。IBM 的调研资料显示，我国 80% 的企业认识到业务与技术的融合至关重要，但只有 50% 的企业认为他们成功地把技术融合于广泛的领域。很多企业仍然在为有效地实现技术与业务的融合而绞尽脑汁。这一融合差距说明，技术与业务的充分有效融合，将有利于企业商业模式的创新。同时，企业需加强技术和业务融合的力度和能力，以促进企业的商业模式创新。

我国许多企业通过实施 ERP 等系统提高了运营效率，不过企业并未充分发挥 ERP 的优势，部分企业把 ERP 定位为"IT 项目"，对业务方面的需求关

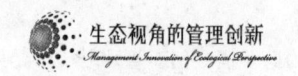

注不足。因此，技术系统与业务战略、业务模式之间缺乏联系，成为我国企业普遍存在的问题。很多企业希望信息技术能够支持各项管理活动，利用合适的 IT 基础设施和工具，将使企业能够管理整个业务，并对外部变化做出及时的反应。技术与业务融合有助于企业降低成本，提高生产效率，并促进主要业务增长。而那些通过技术和业务融合进行商业模式创新的企业也都获得了丰厚的财务回报。

3. 由内而外的协作

协作的含义非常广泛，无论何种情况，凡是两家或多家企业通力合作达到共赢的做法都被称为协作。协作的领域也不仅仅局限于产品开发和市场推广。创新不是闭门造车，有效的创新必须走出企业的研发部门，向业务伙伴、客户甚至整个产业生态链延伸。

由内而外的协作有利于企业商业模式的创新。企业的协作包括两部分，即内部协作和外部协作。内部协作是企业商业模式创新的关键，内部的良好协作能优化资源的配置，提升企业对于资源的整合能力。内部协作对于提升企业执行力也非常重要，因为对任何的创新思想和创新措施，如果不能得以很好的执行是没有意义的，创新成功的本身就包含对于创新的成功实施，而不仅仅停留于美好的创意。我国许多企业都需要改变以往封闭的业务区隔，加强内部协作，比如，通过研发部门与销售部门的协作加强产品开发的市场导向。相对于寻找企业内部创新源，我国企业更倾向于到业务伙伴和竞争对手处寻求创新的灵感。与国际同行相比，我国企业更广泛地与科研院所合作，以获得新技术并为企业员工举办相应的培训课程，国际企业则更多地从客户、咨询顾问那里寻求新思维。随着企业专业化程度的加深，单个企业如果不依赖合作伙伴将无法完成重大的变革。我国企业与外部合作伙伴协作的主要目标是增加收入、降低成本和进入新市场。相反，国际企业与合作伙伴协作的重点是把企业的固定成本转化为可变成本。为了充分实现协作的价值，企业需要把战略合作伙伴视作业务的核心"组件"并进行妥善管理。这种协作能力需要企业具备有力的组织愿景、战略与执行力，并从各个层面入手，解决关键的公司治理、基础设施和企业文化问题。

第三节 商业模式创新的方法途径

一、商业模式创新的机制

在传统商业模式的创新研究中，有学者将商业模式创新与价值链理论相结合，通过明确说明企业在价值链中的位置，来阐述企业如何赚钱；也有学者指出商业模式就是企业与其事业伙伴及买方之间的 3 种"流"，即价值流、收益流和物流；还有学者将信息流、资金流、物流和商务流界定为商业模式的基本框架。本书认为商业模式创新的实质就是通过对各种"流"的改革，以在市场范围内寻求企业运营各要素的最优配置，提供满足顾客需求的产品和服务，寻找并留住客户以持久盈利的平衡系统。传统的商业模式是建立在"结构不变"的假设前提下，这里称为静态结构，在静态结构中，以效率为管理目标，以物流为管理重心，因为物流是企业创造价值和传递价值的基础，通过减少物流的中间环节、优化库存结构、缩短生产周期等措施都可以降低成本以创造价值；资金流、商流都围绕着物流而流动，即伴随着商品所有权转移的交易过程而出现。以上 3 种"流"的协调运作形成一种稳定的平衡系统，即静态商业模式。但是在激烈竞争的市场环境下，企业不仅需要降低成本来创造价值，更需要寻找机遇来获得超额利润，这就需要一种自适应的动态结构，商业模式结构的动态性一方面体现在各个利益相关者之间关系的随需而变，另一方面体现在利益相关者行为的随需变化。为了深入剖析商业模式创新的动态性及内在规律，本书引入了"知识流"，因为这种蕴藏在静态结构之后的"知识"才是驱动商业模式从静态结构演变为动态结构的主要源泉，知识流不能独立发挥作用，需要与信息流、价值流互动匹配来形成对外部环境的自适应性，进而实现商业模式的创新。如果从技术经济范式的概念出发，认为静态商业模式是"效率范式"，动态商业模式是"学习范式"，其中，"信息流"是商业模式创新不可或缺的一个变量，本书的信息流是指广义信息流，泛指从各种信息载体上分离出来的、包含企业运作的所有事物的描述与控制信息，信息流一方面可以调节物流、资金流、商流的流向及流速，促进企业内部协调和外部协作，另一方面，信息流还是知识流、价值流相互作用的外在表现，因此，本书将它归属于动态商业模式；价值流是指为提供产品或服务所需要的具体活动，反映了提供产品或服务过程中的价值创造与价值传递过程；知识流反映了商业模式运作的内在本质规律，是商业模式创新最本源的动力。但是，静态商业模式和动态商业模式并不是截然分开的两种结构，因为动态的商业模式要以静态商业模式为运营基础，所以静态商业模式是价值创造的最直观的体现。具体如图 5 - 12 所示。

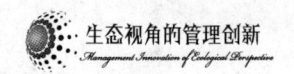

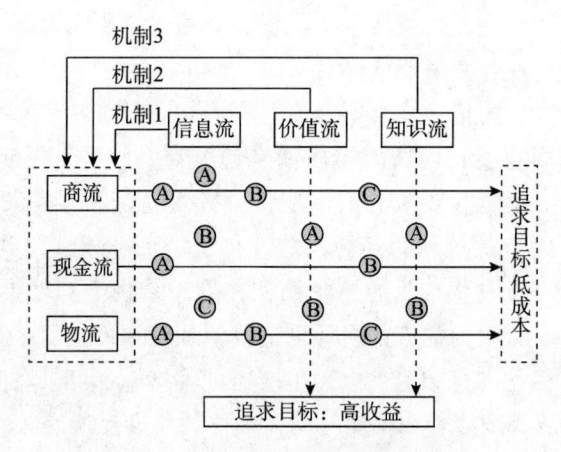

图 5-12　传统商业模式创新机制模型

上图是传统商业模式的创新机制的一种抽象模型。横向实线代表静态的商业模式的 3 种流，纵向虚线代表动态商业模式的 3 种流，圆圈代表商业模式涉及的各个利益相关者，这六种"流"的有序流动形成了一个协调运作的平衡系统。引入"知识流"是为了研究商业模式创新发展到高级阶段的需要。其中有 3 种机制，分别是信息流、价值流、知识流 3 种"流"各自独立对静态商业模式的整合创新机制；显然，信息流是商业模式创新的前提和外在表现，价值流是商业模式创新的主要支撑体系，知识流则是商业模式创新的源泉。其中，物流、现金流、商流是显性的"流"，信息流、价值流、知识流是隐性的"流"，显性"流"主要针对有形资源的管理，重在"硬控制"；而隐性"流"主要针对无形资源的管理，重在"软控制"，对显性的"流"控制较易被竞争对手模仿，因此可获得短期的收益，对隐性的"流"控制具有路径依赖性、因果关系复杂性，不易被竞争对手模仿，所以能形成核心竞争优势。从企业实践的案例归纳中，我们可以发现商业模式的创新经历了由单纯针对产品的创新到针对消费者的创新，由以企业为中心的创新到以客户需求为中心的创新，由提供产品驱动型的创新到服务与解决方案驱动型的创新，这种变化体现了单纯静态商业模式创新到动态与静态相结合的商业模式创新的演化过程，因此，动态商业模式是静态商业模式发展的高级阶段，也是商业模式创新的着力点。

二、商业模式创新的方法

商业模式创新很重要，但挑战也很大。首先，商业模式是无形的，远不如产品创新那么具体,而且它也是一个相对较新的概念。所以,围绕商业模式的讨论缺乏统一性和准确性,以至于很多总裁对本企业的商业模式都缺乏充分的理解,更谈不上创新。按照 IBM 商业研究所和哈佛商学院克利斯坦森教授(Christensen)的观点,商业模式就是一个企业的基本经营方法(method of doing business)。它包含四部分:用户价值定义(customer value proposition),利润公式(profit formula),产业定位(value chain location),核心资源和流程(key resources & processes)。用户价值定义是为目标用户群提供的价值,其具体表现是给用户提供的产品、服务及销售渠道等价值要素的某种组合(product/service/value mix)。利润方程包括收入来源、成本结构、利润额度等。产业定位是企业在产业链中的位置和充当的角色。关键流程包括企业的生产和管理流程,而关键资源则是企业所需的各类有形和无形的资源。商业模式创新就是对企业以上的基本经营方法进行变革。一般而言,有四种方法:改变收入模式、改变企业模式、改变产业模式和改变技术模式。

(一) 改变收入模式

改变收入模式就是改变一个企业的用户价值定义和相应的利润方程或收入模型。这就需要企业从确定用户的新需求入手。这并非在市场营销范畴中寻找用户新需求,而是从更宏观的层面重新定义用户需求,即去深刻理解用户购买你的产品需要完成的任务或要实现的目标是什么(consumer's job-to-be-done)。其实,用户要完成一项任务需要的不仅是产品,而是一个解决方案(solution)。一旦确认了此解决方案,也就确定了新的用户价值定义,并可依次进行商业模式创新。

国际知名电钻企业喜利得公司(Hilti)就从此角度找到用户新需求,并重新确认用户价值定义。喜利得一直以向建筑行业提供各类高端工业电钻著称,但近年来,全球激烈竞争使电钻成为低利标准产品(commodity)。于是,喜利得通过专注于用户所需要完成的工作,意识到它们真正需要的不是电钻,而是在正确的时间和地点获得处于最佳状态的电钻。然而,用户缺乏对大量复杂电钻的综合管理能力,经常造成工期延误。因此,喜利得随即改动它的用户价值定义,不再出售而出租电钻,并向用户提供电钻的库存、维修和保养等综合管理服务。为提供此用户价值定义,喜利得公司变革其商业模式,从硬件制造商变为服务提供商,并把制造向第三方转移,同时改变盈利模式。戴尔、沃尔玛、道康宁(Dow Corning)、Zara、Netflix 和 Ryanair 等都是这样进行商业模式创新的。

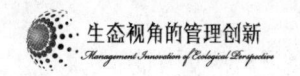

（二）改变企业模式

改变企业模式就是改变一个企业在产业链的位置和充当的角色，也就是说，改变其价值定义中"造"和"买"（make or buy）的搭配，一部分由自身创造（make），其他由合作者提供（buy）。一般而言，企业的这种变化是通过垂直整合策略（vertical integration）或出售及外包（outsourcing）来实现。如谷歌在意识到大众对信息的获得已从桌面平台向移动平台转移，自身仅作为桌面平台搜索引擎会逐渐丧失竞争力，就实施垂直整合，大手笔收购摩托罗拉手机和安卓移动平台操作系统，进入移动平台领域，从而改变了自己在产业链中的位置及商业模式，由软变硬。IBM也是如此。它在1990年代初期意识到个人电脑产业无利可图，即出售此业务，并进入IT服务和咨询业，同时扩展它的软件部门，一举改变了它在产业链中的位置和它原有的商业模式，由硬变软。

（三）改变产业模式

改变产业模式是一种激进的商业模式创新，它要求一个企业重新定义本产业，进入或创造一个新产业。如IBM通过推动智能星球计划和云计算，重新整合资源，进入新领域并创造新产业；又如商业运营外包服务和综合商业变革服务等，力求成为企业总体商务运作的大管家。亚马逊也是如此。它正在进行的商业模式创新向产业链后方延伸，为各类商业用户提供如物流和信息技术管理的商务运作支持服务，并向它们开放自身的20个全球货物配发中心，并大力进入云计算领域，成为提供相关平台、软件和服务的领袖。其他如高盛、富士等都在进行这类商业模式创新。

（四）改变技术模式

正如产品创新往往是商业模式创新的最主要驱动力，技术变革也是如此，如当年众多企业利用互联网进行商业模式创新。当今，最具潜力的技术是云计算，它能够提供诸多崭新的用户价值，从而提供企业进行商业模式创新的契机。另一项重大的技术革新是3D打印技术。如果一旦成熟并能够商业化，它将帮助诸多企业进行深度商业模式创新。如汽车企业可用此技术替代传统生产线来打印零件，甚至可采用戴尔的直销模式，让用户在网上订货，并在靠近用户的场所将所需汽车打印出来。

当然无论采取何种方式，商业模式创新需要企业对自身的经营方式、用户需求、产业特征及宏观技术环境具有深刻的理解和洞察力。这才是成功进行商业模式创新的前提条件，也是比较困难的地方。见表5–3。

表 5-3 商业模式创新方法比较

方法	特点	典型代表
改变收入模式	改变一个企业的用户价值定义和相应的利润方程或收入模型,需要企业从确定用户的新需求入手	喜利得公司（Hilti）
改变企业模式	改变一个企业在产业链的位置和充当的角色,通过垂直整合策略或出售及外包来实现	谷歌、IBM
改变产业模式	要求一个企业重新定义本产业,进入或创造一个新产业	IBM、高盛、富士
改变技术模式	企业可以通过引进激进型技术来主导自身的商业模式创新	云计算、3D 打印技术

三、商业模式创新的动力

（一）商业模式创新的动力研究

任何一项经济活动都是行为主体在一定动力的驱动下进行的,企业的商业模式创新也不例外。在商业模式研究中,专门探讨创新动力的文献并不多见,但众多学者在研究中都谈到了这个问题,并把创新动力作为企业选择商业模式创新时机和途径的前提。

1. 商业模式创新动力研究视角

这里将从技术推动、需求拉动、竞争逼迫、企业高管和系统五个视角对已有研究进行梳理和总结。

（1）技术推动视角。由于商业模式这一概念是随着网络经济的兴起而被广泛接受的,早期对商业模式创新的关注也更多地集中在新兴的互联网企业身上。因此,Timmers（1998）、Amit 和 Zott（2001）等早期研究者认为,以互联网技术为代表的新技术是商业模式创新的主要动力。随后,Kodama（2004）、Faber 等（2003）、Yovanof 和 Hazapis（2008）等学者的研究也表明,在更广泛的 IT 和 ICT 领域,产业模块化和产业融合等技术变化推动了美国、欧洲国家和日本相关企业的商业模式创新,而且商业模式创新有助于企业在更大程度上获得技术变化所带来的收益。此外,Willemstein、Valk 和 Meeus（2007）的研究也证实了企业内部技术的提升是推动生物制药企业商业模式创新的动力之一。由此可见,技术对商业模式创新的推动在多个领域得到了证实。但是,基于技术推动视角的大多数研究并没有区别基础技术（能被大多数行业采用的技术）和专业技术（只能在某个行业内部应用的技术）在推动商业模式创新方面的不同作用。

(2) 需求拉动视角。随着商业模式创新研究从互联网行业扩展到更多的领域，人们发现商业模式创新并不仅是由技术推动的，有些商业模式创新根本就没有利用新的技术，而只是提供了能满足客户需求的新产品或新服务。于是，有学者从需求拉动的视角来考察商业模式创新问题。德勤咨询公司（Deloitte Research，2002）在对15家企业的商业模式创新进行研究后发现，推动商业模式创新的主要动力并不是大家通常认为的技术、法规和社会经济变化，而是企业为了满足消费者长期拥有但被忽视或未得到满足的需求而进行的努力，比如，美国西南航空提供的廉价短途航空旅行服务，星巴克提供的消费者可承受的奢侈和能够放松、交谈及参与的聚会场所。基于需求拉动视角的研究强调客户需求拉动企业商业模式创新的作用，但常常把需求拉动与技术推动分离开来，忽视了很多企业是利用新技术才满足了客户需求的事实。

(3) 竞争逼迫视角。市场竞争与经营危机压力是迫使企业寻求创新机会的一个重要原动力，也是逼迫企业实施商业模式创新的重要驱动因素。IBM（2006）对世界范围内765个CEO或公司高管进行了调查，结果发现大约40%的CEO或公司高管担心竞争对手的商业模式创新有可能从根本上改变行业前景，因此，他们希望自己的公司能够参与和掌控这种创新。值得注意的是，IBM的这项调查还表明接受调查的CEO或公司高管认识到他们的企业不可能完全依靠自己的力量去改变整个行业，因此，他们倾向于建立战略联盟，通过合作来掌握行业变化的方向。Venkatraman和Henderson（2008）深入研究了压力促进商业模式创新的作用方式，并且发现技术和经营方式的变化会给企业带来压力，当这种压力累积到一定程度（或达到临界点）时，企业就会产生商业模式创新的需要。基于竞争逼迫视角的研究比较详细地分析了商业模式创新方面的竞争因素，并能够较好地解释企业商业模式创新中的一些现象，但其关于临界点的假说还有待证实。

(4) 企业高管视角。商业模式创新涉及企业经营的方方面面，因此必须在企业高管的支持下才能实现。因此，企业高管的创新精神也受到一些研究者的重视。Linder和Cantrell（2000）对70名企业高管的访谈和对二手资料的整理表明，企业高管是推动企业商业模式创新的主要动力，接受调查的70名高管把他们30%左右的创新努力放在了商业模式创新上，有些甚至把商业模式创新放在传统创新之前。不过，他们的研究没有区别主动创新和被动创新，同时缺乏后续研究的支持，还无法完全证明企业高管是推动商业模式创新的主要动力。

(5) 系统视角。由于单种动力无法完全解释企业实施商业模式创新的动机，一些学者试图系统地解释不同创新动力的作用方式。例如，Mahadevan（2004）从价值创造的角度考察了不同因素对商业模式创新的影响。结果表明，随着行业内竞争的加剧和现有客户需求的变化，企业现有商业模式的价值趋于减小，从而要求运用新技术或利用外部环境变化带来的机会去实施创造价值的新策略，其结果就是商业模式创新。系统视角能够说明企业商业模式创新是受多种因素影响的结果，这显然更符合实际。不过，基于系统视角的商业模式研究没有深入揭示不同影响因素之间相互联系和协同作用的方式。

总的来看，学者们在商业模式创新动力研究方面取得了一定的进展，识别和分析了一些因素的作用，但大多数研究仍然偏重于某一视角，而且过多地强调引起商业模式创新的外部因素，忽视了企业创新旨在获取潜在利润这一基本目的，没有揭示企业产生创新行为的内在动力。在对外部因素的研究中，由于研究目的、领域和方法不同，不同学者对商业模式创新动力的认识也还存在较大的差别，他们对企业高管的调查或访谈也得出了明显不同的结论。

2. 商业模式创新的动力

随着商业环境的巨大变化，消费者的需求也发生了相应的变化，商业模式的创新正是要利用一定的战略优势，使企业能紧盯顾客的需求，从而获取更多的利润。

（1）商业环境的变化。Malhotra（2000）认为，传统企业的商业模式一般较为固定，他们往往被事先分类的计划和目的所驱动。企业要保证其绝对的竞争优势，就必须适应动态的、不可预知的、不断变革的商业环境，进行持续不断的商业模式创新。Sosna 等（2010）认为，特定的商业模式是不可能完全持续的，因此，从可持续发展的角度来看，企业必须进行持续不断的商业模式创新。

（2）新技术的发展需要。商业模式这一概念被广泛接受源于网络经济的崛起和发展，因此新兴的互联网企业也是最早应用商业模式创新的。Timmers 等（1998）研究者认为，商业模式创新早期发展最主要的动力是以互联网技术为代表的新技术。罗珉等（2005）认为，企业的相关资源、企业的知识、由企业文化所发起的学习能力也会对商业模式创新产生巨大的推动力。

（3）市场机会的拉动。商业模式创新必须要抓住市场机会，只有顺势而行才可能取得更大的成功。研究发现，那些在经济危机或倒退时期仍能顶住压力、表现出色的公司不仅仅靠运作或者财务方面的创新，更重要的是他们能够有效抓住并合理利用危机所提供的机会。在这种特殊时期，企业要进行商业模式创新的动力无疑是为了抓住特定的、转瞬即逝的市场机会。

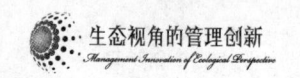

(4) 竞争的巨大压力。Venkat raman 和 Hender son（2008）的研究发现，企业经营方式的变化会给企业发展带来一定的压力，当这种压力累积到一定程度时，企业就需要进行商业模式的创新。Christensen（1997）主要研究了突破性技术。他认为，相对于持久性技术，突破性技术更加激进，在企业原有的商业模式中将其市场化是不可行的，因此进行商业模式创新才能使应用突破性技术的产品实现市场化。

（二）商业模式创新的动力机制

商业模式创新的动力是企业选择创新商业模式时机和途径的前提。综合国内外有关研究，商业模式创新的动力机制大致可以归纳为技术推动、需求拉动、竞争逼迫、企业高管等四个方面。

1. 技术推动

技术对商业模式创新的推动在多个领域得到了证实。以互联网技术为代表的新技术是商业模式创新的主要动力。互联网是一种具有创造性破坏特点的媒介技术，它有许多特性，如无处不在、消除时间的局限、具有无限的虚拟容量、减少了信息不对称、降低了交易成本等。正是由于这些特性，互联网的出现改变了基本的商业竞争环境和经济规则，标志"数字经济"时代的来临。互联网使大量新的商业实践成为可能，一批基于它的新型企业应运而生。例如，Yahoo、Amazon 及 eBay 等，在短短几年时间，就取得巨大发展，并成功上市，许多人也随即成为百万甚至亿万富翁，产生了强力的示范效应。可见，以互联网技术为代表的新技术是商业模式创新的主要动力。如 Google 的神话就是基于互联网搜索技术的创新而建立起来的新的商业模式。零售业商业模式创新与技术创新互动的典范沃尔玛，通过采用无线射频技术，使货物脱销率降低了 16%，而货物补充速度比用条形码的快三倍，库存量全面下降，从而大幅度地降低了成本，大大提高了资源利用的效率。商业模式创新是互联网环境下企业的重要竞争战略。携程、如家的"鼠标 + 水泥"的商业模式使得携程在同质化竞争日益激烈的环境下立于不败之地；从 B2B 电子商务平台到 SaaS 商务软件服务提供商，是阿里巴巴领军电子商务领域的战略举措；打造基于搜索引擎的 C2C 电子商务，是百度的竞争战略取向。商业模式创新是将成功商业模式不断进行更新的机制，互联网正是实现这种创新的温床。从 B2B 模式、B2C 模式、C2C 模式、电子市场模式、广告收益模式、会员模式、佣金模式到社区模式、联盟模式的提出并付诸实践，从网络企业到实体企业进军互联网、再到虚拟企业和实体企业的结盟，从传统商业模式的移植到创造互联网特有的商业模式,大都是不断创造新的商业模式。它们在已有的成功商业模式的基础上,利用互联网创造的心理依赖和路径依赖,根据市场环境的变化不断创新。可见,互联网的商业价值,是大量用户聚合后所蕴藏的商业模式。它就像埋在深海的石油,当深入挖掘时,爆发的能量无法估量,但仅在海面是看不到石油的。充当互联网商业价值钻机的,就是商业模式创新;而互联网是商业模式实现的平台,网络技术、信息技术则是商业模式实施的技术基础和商业模式创新的推动力量。

2. 需求拉动

随着商业模式创新从互联网行业扩展到更多的领域,实践表明商业模式创新并不仅是由技术推动的,有些商业模式创新根本就没有利用新的技术,而只是提供了能满足客户需求的新产品或新服务。以 IPTV 为例,用户对点播、互动有着很高的使用热情。据上海文广在各地参与 IPTV 运营、试运营的数据统计分析:IPTV 用户中 VOD 点击占 63%,时移点击占 7%,收看直播电视的用户只占到 30%。同时,用户对互动节目需求旺盛,使用频繁。运营 IPTV 的百视通公司聘请市场调查公司进行专业分析,同时自己进行月度调查。最后得出的结论是:"用户逐渐从对电视节目的需求转为对更多互动服务的需求,而且,互动的消费需求将随着时间的推移更加突出。"在这种自主和参与的背后是用户对媒体"开放性"的强烈要求。新媒体的使用者主要是年轻、时尚的人群。要迎合他们的需求,新媒体内容的提供者就不仅要改变产品形态,还要改变产品的内容和叙述方式。比如,互动电视,给用户提供多条线索和多种可选择的结局,显然就比单线的叙述更能让用户满意。IPTV 的运营商们发现,人们对 IPTV 要求正在逐渐超出电视节目本身,用户逐渐从对电视节目的需求转为对更多互动服务的需求。百视通公司预测,互动的消费需求还将随着时间的推移更加突出。根据这种判断,百视通公司越来越多地关注 IPTV 与用户生活相关的互动体验和商业模式,在频道中专门增加了"电视理财""IPTV 购物""互动生活"等内容或平台功能。在 IPTV 的平台上,百视通已经或将要提供诸如医院挂号、银行转账、出行、餐饮、房产信息、电视黄页等服务。这些服务早已超出传统的新闻信息的范畴。在这里,媒体更像一个各种服务的集成提供商和平台运营商,提供信息与提供服务紧密地连在一起。

3. 竞争逼迫

最近几年流行的所谓"蓝海战略"与商业模式创新,其根源即在于国内企业竞争激烈,利润普遍下滑,大家均已到了边缘,由此逼迫企业开拓新的产业领域,更新产品价值。实际上,这是一种企业的战略转移。最典型的是比亚

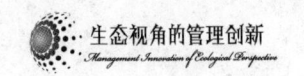

迪进军汽车行业。此前，比亚迪一直是中国的电池大王，后来，由于电池行业的天花板，比亚迪于2003进军汽车行业。在当时兴起的"外行造车"热潮中，淹没了无数的知名企业，奥克斯、夏新、美的、波导，乃至当时盛极一时的格林柯尔，均以失败而告终。比亚迪其实是唯一的幸存者。至2009年，比亚迪已经与奇瑞、吉利三足鼎立，并且获得了股神巴菲特投资其电动车产业，大有后来居上之势。事实上，相对很多企业失败，比亚迪成功进行产业转移，具备几个独特的根基。其一是在主业方面，建立了绝对的竞争优势，使竞争者难以短期突破，避免了两线作战的后顾之忧，为新产业的成熟赢得了时间。而奥克斯等企业，本身在空调行业生存紧张，很容易陷入两线作战的境地。其二是在产业布局上，选择了处于发展初期的、未来潜力巨大的行业，可以迅速完成原始积累，不至于陷入持久战的泥潭。过去几年，中国汽车行业呈爆发式增长，2009年更超越美国，成为全球第一产销大国。比亚迪选择汽车行业作为产业转移的方向，可谓明智。

4. 企业高管

这里主要是指企业家精神。彼得·F. 德鲁克认为："所谓公司的核心竞争力，就是指能干别人根本不能做的事，能在逆境中求得生存和发展，能将市场、客户的价值与制造商、供应商融为一体的特殊能力。"可见，企业核心竞争力从某种意义上讲，是企业家精神的一个反映或扩展。它体现的正是企业的创造与冒险，体现的正是企业的合作与进取。企业家精神本身就要求企业的经营者不断寻找新的商业机会，不断开拓新的商业模式。企业家精神为企业家成功实施创新、成就事业提供了强大的精神动力。阿里巴巴、苹果、戴尔、eBay等都是拥有创新商业模式的企业。当谈到这些创新的商业模式时，往往会与这些企业家及企业家精神紧密联系在一起。当谈到阿里巴巴的商业模式时，就会想到马云；谈到苹果的商业模式，就会想到乔布斯；谈到电脑直销商业模式，就会想到戴尔；谈到eBay时，就会想到惠特曼。独特的商业模式，成为企业生存、发展的基础，同时成为企业独特的核心竞争力，使得其他企业难以模仿。人们对资源的认识水平存在着巨大的差异，因此，一项资源在未被使用前并不创造价值；只有当人们认识到它对生产具有某种价值，并被恰当地使用时，它才变得有价值。这就是说，特定资源经济价值的大小最终取决于人们对它的认知水平。由于认知水平的差异，有些资源（如专利技术）的所有者并未充分认识到该资源的潜在商业价值，并将其束之高阁或者将该资源贱价出售。具有强烈创新精神的企业家能够有效地识别资源的价值，深刻地洞察市场需求的走向，从而将市场机会逐渐演变成商业概念，并根据商业概念向资本市场、生产要素市场提出资源配置的核心计划,通过资源的有效组合创造顾客价值。商业模式创新就是企业家、创业者基于其创意整合资源来开发利用机会的手段和结果。企业家精神是企业核心竞争力的唯一真实来源。一个活跃的市场,土地、劳动者、资本等要素只有在具有企业家精神的人的手中,才能在复杂多变的竞争环境中发展壮大起来,才会真正成为财富的源泉。一种崭新的商业模式之所以难以被模仿,其关键就在于商业模式创新与企业家精神紧密联系在一起。正是企业家勇于追求创新的精神、独特的资源整合能力及人格魅力,成就了崭新的商业模式。

四、商业模式创新的途径研究

(一) 商业模式创新途径研究方法

企业实施商业模式创新的目的是为企业、股东、客户和合作伙伴创造更多的价值。为了达到这个目的,企业必须对其内部与外部资源、制度和模式进行调整。由于这种调整要涉及企业运营的方方面面,因此,早期关于调整途径的研究主要关注企业如何从传统模式向电子商务模式转变。随着商业模式研究的不断深入,关于商业模式创新途径的研究开始从创新程度和商业模式要素两个视角展开。

1. 商业模式创新途径的方向性研究

从最早给出商业模式定义的 Timmers(1998)开始,然后到 Mahadevan(2000)以及 Afuah 和 Tucci(2001)等学者,先后通过考察电子商务模式分类方式,讨论了企业从传统商务模式向电子商务模式转变的问题。对商业模式研究产生较大影响的是 Amit 和 Zott(2001),他们采用案例研究方法对美国和欧洲 59 家互联网企业的商业模式进行了问卷调查和统计分析,结果发现效率、互补性、锁定性和新颖性是互联网企业价值创造的来源,因而也是企业改进其商业模式的方向。还有一些学者把研究范畴从企业内部扩展到整个企业生态系统。例如,Miles 等(2006)从企业组织形式出发考察了企业商业模式创新途径问题,并认为企业间合作经营是推动企业商业模式持续创新的动力和方向;Venkatraman 和 Henderson(2008)研究发现,现代企业商业模式变革与工业时代有所不同,现代企业的商业模式变革不仅需要内部调整,而且还要建立充满活力的企业外部生态系统。这种方向性研究拓宽了研究企业商业模式创新途径的思路,但这种方向性研究离实施还有一定距离,还不足以指导企业的实践。

2. 基于创新程度视角的商业模式创新途径研究

有学者研究发现不同类型的企业实施商业模式创新的程度大相径庭，这也决定了企业实施创新的途径有所区别。因此，他们根据创新程度等特征把企业分为不同的类型，试图探讨某一类型企业的创新途径。Linder 和 Cantrell（2000）把企业商业模式创新分为四种类型：一是挖掘型，即在不改变商业模式本质的前提下挖掘企业现有商业模式的潜力；二是调整型，即通过改变产品/服务平台、品牌、成本结构和技术基础来调整企业的核心技能，提升企业在价格/价值曲线上的位置；三是扩展型，即把企业的现有商业逻辑扩展到新的领域；四是全新型，即为企业引入全新的商业逻辑。Osterwalder（2004，2007）则进一步阐明了企业特征与商业模式创新程度之间的关系。通过案例研究，Osterwalder 把商业模式创新分为存量型创新、增量型创新和全新型创新三类。他认为，能够获得新资源、核心能力或分销渠道的企业，可以采用存量型创新方式来供给与过去相似的产品或服务；在某些方面滞后的企业，可以采用增量型创新方式，在现行商业模式中增加新的要素以加强竞争优势；而拥有新技术并能把握机会的企业，可以在新市场形成过程中进行商业模式的全面创新。除了商业模式的创新程度以外，Mahadevan（2004）还考察了商业模式创新的可持续性问题。根据商业模式创新的程度和可持续性，Mahadevan 把企业分为当前领导者、趋势创造者、新进入者、模仿者和跟随者，并着重讨论了前三者的创新策略。Mahadevan 认为，当前行业领导者应该力图进行"妨碍性"商业模式创新，即通过实现范围经济、掌握垄断资源和控制供应链等方式来提高现有客户的转换成本；新进入者应该进行"战争式"商业模式创新，即降低现有客户的转换成本、提高交易效率，并向新客户宣传特殊的价值主张；而趋势创造者则应该突出自己的商业模式的创新性，寻求可持续收益模式，并弥补在新领域缺乏的知识和能力。相对而言，商业模式创新程度研究比较注重企业的经营方式、自身能力和市场特征对不同企业商业模式创新的不同影响，对企业的实践具有一定的指导意义，但目前仍然停留在框架指导的水平上，还有待深化或细化。

3. 商业模式要素创新研究

虽然迄今不同的学者对商业模式要素的构成仍然存在不同意见，但大多数学者都认同产品（或价值主张）、目标客户、供应链（或伙伴关系）以及成本与收益模式是商业模式的核心构成要素。从商业模式的构成要素出发，一些学者希望通过探讨提高原有要素价值的途径或是改变各要素之间关系的途径，来实现原有商业模式的创新。例如，Weill 等（2001）强调了改变要素之间关系的重要性，他们提出了"原子商业模式"的概念，并指出每个原子商业模式都具有战略目标、营收来源、关键成功因素和必须具备的核心竞争力这四个特征，通过改变原子商业模式的组合方式就可构成新的商业模式。还有一些学者更重视探讨改变原有商业模式要素的途径。例如，Voelpel、Leidold 和 Tekie (2004) 认为，商业模式创新要从客户、技术、组织基础设施和盈利四个方面进行系统考虑，同时还强调了商业模式创新思维的系统性和与外部环境匹配的重要性。Osterwalder (2004, 2007) 更具体地指出，在商业模式这一价值体系中，企业可以通过改变价值主张、目标客户、分销渠道、顾客关系、核心能力、价值结构、伙伴承诺、收入流和成本结构等因素来激发商业模式创新。Davila、Epstein 和 Shelton (2005) 则在其著作中较详细地阐述了如何从价值主张、供应链和目标顾客三方面进行商业模式创新，他们认为可通过开发新产品或延伸现有产品的价值来改变价值主张，即改变送达市场的产品的价值；供应链创新，即改变创造和送达产品价值的方式，主要通过改进与合作伙伴的关系及运营整合来实现；目标客户创新是指企业发现并开发它们营销、销售和分销工作还没触及的细分市场。商业模式要素创新研究对企业的实践更有实际指导意义，但研究者往往强调商业模式某一构成要素的创新，对商业模式创新的系统性考虑不够。这种思维方式可能导致企业在商业模式的某些方面得到改进，但无法达到商业模式整体创新的目的。

总体来看，关于企业商业模式创新途径的研究在逐步深入和细化。创新程度和商业模式要素创新这两方面的研究实际上具有一定的互补性。商业模式创新程度研究强调了企业特征对其创新途径的影响，但对创新途径的描述仍然是粗线条的；而商业模式要素创新研究则对创新途径进行了比较具体的描述，但忽略了不同类型企业在商业模式要素创新中的不同选择。如果能把这两方面的研究结合起来，必将对未来商业模式创新途径研究产生积极的影响。

(二) 商业模式创新途径的分析框架

商业模式本质上是企业创造价值的核心逻辑，那么，商业模式创新的目的就是为了创造更大的价值。Rappa (2004) 认为，商业模式创新意味着企业必须明确开展什么样的活动来创造价值、在价值链中如何选取上游和下游伙伴中的位置以及与客户达成产生收益的安排类型。高闯、关鑫 (2006) 指出，商业模式创新是通过对企业全部价值活动进行优化选择，并对某些核心价值活动进行创新，然后再重新排列、优化整合而成。商业模式的创新是通过对各种资源的优化配置来创造更大的价值，是通过对目标顾客需求和市场竞争状况分

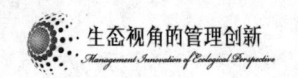

析，区分已满足的需求、未满足的需求和潜在的需求；对企业内部价值链分析，明确企业进行创造价值的内部核心资源能力；对供应链分析，把握与企业价值创造和价值转换有关的外部资源能力，在这四个方面分析的基础上，以顾客需求的变化为中心，找出创新的可能区，进而优化整合各种资源来实现价值活动的创新，如图 5-13 所示。

图 5-13　商业模式创新途径分析框架图

1. 目标顾客的需求分析

企业的一切价值活动都是围绕着满足顾客需求而展开的，只有顾客满意了，企业的价值才能得以实现。所以，目标顾客的需求分析是商业模式创新的中心，只有洞察了顾客的需求，我们才能更好地适应顾客需求，并设计出相应的服务和产品，才能据此对企业的商业模式进行创新。随着经济的发展，社会的进步，顾客需求不断发生变化，使得企业对顾客需求越来越难以理解和把握。这就需要企业持续地对目标顾客的需求进行更深入、更广泛的分析，站在顾客的角度，来了解和认识顾客的需求，不断挖掘顾客的深层次需求，发现新的需求，这里的新需求包括全新的需求和对现有需求的细分。这些不断发现的需求就成为企业商业模式创新的依据。

2. 市场竞争状况分析

任何企业都不可能是静态发展的，都是处在一个竞争的市场环境中发展的。虽然竞争对手的存在对企业构成一定的威胁，但是却能够增强市场的活跃度，有利于促进行业的深入发展。这里对市场竞争状况的分析，主要是以顾客需求为出发点，是针对行业的主要竞争对手的价值定位来做的分析。主要的目的是为了找出主要竞争对手对目标顾客现有需求满足了哪些方面，从而剔除这些已经满足的需求，界定那些没有满足的需求和有待引导和发现的需求。那么，这些没有满足和有待发现的需求就成为企业创新的方向。

3. 企业内部价值链分析

波特认为，这些价值活动可以分为两大类：基本活动和辅助活动，基本活动有五种基本类型，包括内部物流、生产经营、外部物流、市场销售、服务；辅助活动有四种基本类型，包括采购、技术开发、人力资源管理、企业基础设施。每一种类型的价值活动又可以划分为若干个活动，都对企业竞争优势发挥作用，只是所起作用的重要程度不同而已。并且，在一个企业众多的"价值活动"中，并不是每一个环节都创造价值。企业所创造的价值，实际上来自企业价值链的某些特定的价值活动，这些真正创造价值的战略活动，就是企业价值链的"战略环节"。通过价值链分析可以识别这些起关键作用的"战略环节"，使得企业资源得以优化及组合利用，从而发挥企业的独特特性，为企业商业模式创新奠定基础。

4. 供应链环节分析

商业模式创新的本质是为了创造更多价值，这是通过优化配置内外部各种资源获得的。通过内部价值链的分析，起到对内部资源的配置；那么，通过对供应链的分析，可以更深入了解企业的外部资源，促进供应链各成员和各种资源之间的相互联系，形成紧密相连的价值网络，能够使得网络内的资源得以优化配置，使得企业能够有效适应外部动态环境的变化，为企业商业模式持续创新提供保障。

（三）商业模式创新的路径选择

商业模式创新的最终目的是通过改善企业的长期竞争优势来提高企业的长期获利能力。其途径是对企业可利用资源的组合方式进行优化。这种优化表现为企业为改善其价值创造和价值获取能力而进行的价值链的优化和重组。企业是一个由各种价值活动所组成的系统。各种价值活动相互联系、相互作用所形成的价值网络是企业结构的外在表现，而各种价值活动按照一定逻辑关系所形成的价值创造和价值获取，则是企业与外部环境产生联系的功能。企业商业模式创新的目的是为了更好地配置资源，包括企业拥有的内部资源和企业可以利用的外部资源，以达到对环境的进一步适应，从而提高企业与外界环境有效交换价值的能力。商业模式的灵魂在于价值创新。企业经营的核心是市场价值的实现。企业必须借助商业模式进行价值创造、价值营销和价值提供，从而实现企业价值最大化。

1. 基于价值链的商业模式创新

价值链是由美国哈佛商学院的迈克尔·波特（Michael E. Porter）在其所著的《竞争优势》（Competitive Advantage）中首先提出来的。他认为："每一个企业都是用来进行设计、生产、营销、交货等过程及对产品起辅助作用的各种

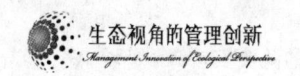

相互分离的活动的集合。所有这些活动可以用一个价值链来表明。"任何一个企业的价值链都是由一系列创造价值的活动所构成的。这些活动分布于从供应商的原材料获取到最终产品消费时的服务之间的每一个环节,这些环节相互关联、相互影响。对于价值链上的任一环节,都有可以挖掘的盈利空间,而这种挖掘从根本上取决于商业模式的创新。正是由于商业模式的创新,开辟了企业的盈利源与盈利面,甚至形成一种颠覆性的商业模式。商业模式创新实际上就是改变现有商业规则,很大程度上来源于对存在于业务中、产业链条中的价值链进行革新与调整。价值链创新的实质是围绕顾客需求,来通过优化企业内部资源配置,使得资源最大化利用的同时发挥成本优势。价值链创新把关注的焦点放在价值活动的定位、设计与匹配上。具体讲,有三种创新策略可供选择。

(1) 重新定位价值链。通过专注于价值链上的某些活动(通常是高利润的活动),而将其余活动外包出去,从而实现商业模式的创新。一般认为,将非核心环节的业务或职能外包给其他企业,有利于降低经营的不确定性风险和生产成本,提高质量,加速了技术和产品创新,有利于发挥各价值模块的核心优势,在合理利益共享机制下实现协同。例如,印度电信公司 Bharti Airtel 将主要活动定位在营销和分销上,将 IT 及网络职能外包给专业服务供应商,有效地培养了核心竞争力。一个企业价值链定位创新做得好的话,可以把以前容量需求很小的市场,变成一个很大的市场。比如,施乐公司在建立伊始,其技术一天只能印 15 张;后来造出了复印速度非常快的施乐复印机,但价格非常贵,每台复印机比原来的价格贵 10 倍。虽然它的产品质量非常好,但没有人要。于是,他们创新的方法就是以租赁的方式,每个月给租复印机的企业规定一个基本的工作量。比如说,每天印 2000 张的话,每个月就收入 95 美元;第二天超过 2000 张的话,每一张就可以收 4 美分,通过这样的方式迅速地扩宽了市场。当他们把很高端的复印机架到客户办公室的时候,从第二天起,复印机就给施乐带来现金流。经过十几年的时间,施乐就从一个小的公司变成世界 500 强。

(2) 组合调整价值链。通过对产业价值链进行创造性重组,也能创造出新的商业模式。关键思想就是围绕顾客需求确定重要的部分为中心,组合调整非重要的部分来适应这个中心。也就是说,强化企业价值链条上关键环节的主导作用、非关键环节的辅助配合作用,据此来重新组合调整价值链条上资源的配置。具体的做法是以企业价值链上的"战略环节"的某一点或者几点为中心起点,相应调整价值链条上的其他环节来适应这种变化。对本企业的价值链进行重新配置和改善,去掉不必要的、价值不大的活动,将可以合并的活动加以合并，合理安排活动的先后顺序，从而形成有别于竞争对手的理想价值链。

（3）优化整合价值链。关键思想就是做优势、弃弱势，提高效率，优化资源，降低总成本。并不是每个企业都具有价值链条上的每一优势环节。一般而言一个企业仅具一点或者几点价值链条上的优势环节。然而企业创造价值需要投入大量有形和无形的资源，这必将带来高额的成本。优势环节可以使资源得以充分利用，而有些弱势环节占用较多的资源却创造较少的价值。据此，可以选择具有优势的企业把弱势环节实施外包，降低自身成本的同时，优化整合出一条具有高效率的新的价值链。价值链的升级转换是商业模式创新的本质逻辑，因而实现更高的经济价值是企业开展商业模式创新活动的终极目标。借助价值链等工具对商业模式的价值来源做出系统分析，在一定程度上揭示了商业模式创新的内在机理，进而总结出商业模式创新的本质，统一商业模式创新的研究思路，具有重大的理论意义。

2. 基于价值网络的商业模式创新

这种创新的重点在于打造独特的价值网络（Value network），设计各种交易机制，将企业自身与价值创造伙伴有机联系起来，形成价值创造的合力。在高度竞争的环境中，价值和利润频繁地在产业价值链中移动。今天价值链中最赚钱的环节也许明天就陷入困境，并且价值链会发生断裂、压缩、重新整合。企业考虑利润产生的环节和自身的实力，在价值链中选择合理的位置，发展与供应商、分销商、合作伙伴的联系，发挥协同效应，形成共同为顾客提供价值的网络。各类公司的许多竞争优势都存在于独特的价值网中。这种价值网可以为品牌提供特殊的竞争力，使企业的品牌竞争力很难让竞争对手模仿，并创造出独特的价值主张（Valuable Proposition）。随着竞争的不断加剧、企业联盟的建立和发展，今后的竞争不再是企业与企业之间的竞争，也不是单一线性价值链之间的竞争，企业正从独立创造价值走向合作创造价值，有多条价值链构造企业价值网。在价值网中，企业可将众多的合作商连在一起，通过有效的资源整合，构成快速、可靠、便利的系统，以适应不断变化的市场环境。不同企业间的价值链关系已经演变成价值网络的关系，企业内部的行为主体间的关系及业务联系也构成内在的价值网络关系。价值网络使组织间的联系具有交互、进化、扩展和环境依赖的生态特性，扩大了企业的动态发展空间。价值网络的价值创造与创新效率不仅取决于各企业行为主体各自的高效运转，更取决于各个行为主体间及其所构成的不同层次的网络系统间的相互联系和合作，以及由此产生的创造性的协同作用。包含独特联系的价值网络，会给企业带来难以模仿的竞争优势,成为商业模式创新的重要思路。最为典型的是思科公司,它成功运用了"外部资源生产法"。思科公司的商业模式是:把产品制造的整个系统委托设计、委托制造、委托销售。它利用网络使设计者、供货商看起来就像是自己的一个部门。这样无须建立新的工厂就可将生产能力扩大四倍,使得新产品推向市场的时间缩短 1/3,员工只是传统企业的 1/4,每年节省开支达 5 亿美元。再如,在全球家电产业链中,格兰仕自定位为"全球名牌家电制造中心",为国外知名企业进行微波炉贴牌生产,不断积攒实力,实现了超大规模和专业化生产,极大地降低了产品成本。在国内格兰仕以自有品牌为主,专注于研发和制造,将物流外包给专业公司,采用区域独家代理的经销商制度。格兰仕在价值链中选取了合理的定位,发展出独特的价值网络,创造了"低成本设计"的商业模式,将微波炉做到了全球市场占有率排名第一。

3. 基于价值星系的商业模式创新

价值星系(Value Constellation)是伴随着网络经济的发展而出现的。所谓价值星系是一个企业间的中间组织,是一个企业引力集合的创造价值的系统。这个系统的各成员,包括作为"恒星"企业的经纪人公司、模块生产企业、供应商、经销商、合伙人、顾客等,共同"合作创造"价值;通过"成员组合"方式进行角色与关系的重塑,经由新的角色,以新的协同关系再创价值。价值星系的出现标志着企业组织形态和价值创造机制的发展正进入一个新的阶段。以互联网为"促成技术"(enabling technology)进行知识交流,厂商与顾客的关系重新组合(reconfiguration),与供应商、合作者、战略联盟、竞争对手、员工、顾客等共同创造价值(together to coproduce value),各产业成员组成共创价值的、共享成果的、如星系四周密布网状价值链的价值星系。这就形成了横向、纵向交织的网状形态的、全社会各行各业的价值链交织在一起的、更为复杂的价值星系。企业不能够再被简单地理解为传统的线性结构的价值链,而是陷入了一种结构更为复杂的、包含多个产业的价值星系。像思科(CiscoSystems)、戴尔、苹果公司(Apple Computer)、耐克(Nike)、美国第三大计算机制造商 Gateway、家具制造商 MilleSQA、瑞典家具制造商宜家(IKEA)等公司,已走在了创建价值星系的前列。价值星系是一种协作网络与系统化的(Collaborative and Systemic)新商业模式,它利用及借助于柔性契约网络与顾客选择去驱动战略优势。这表现在:

(1)价值星系可以与顾客一起创造出价值增值和为顾客提供创造价值的服务设计决策。

(2)价值星系不是一种按顺序连接的固定链条,而是一种包含顾客或供应商合作、信息交流活动的强有力的高业绩的网络。成功的价值星系内的交易伙伴集成必须具备可视性、速度（Velocity）和黏度（Viscosity）。Internet 的出现为可视性、速度和黏度提供了有力的手段，许多价值星系都构建了一致的 B2B 电子商务平台与所有供应商、销售商伙伴进行设计、生产和交货等活动的整体性协调。

（3）价值星系各模块企业的关系是"市场需求拉动供应，而不是供应控制需求"的上下游合作关系，新利润和竞争优势的赢得，关键在于企业间供应链的变革，形成一种能为获得市场份额、顾客亲和力和持续优势提供有效手段的新型供应链业务模式。从制度经济学的视角来看，价值星系作为中间组织的一种，是介于市场与企业之间的一种制度安排，其资源配置方式是市场治理的"价格机制"和科层治理的"命令机制"的混合，其成本也是交易成本和组织成本的混合。价值星系全面成本合理化，旨在由"恒星企业"推动各成员企业共同努力参与企业间成本改善活动，并相互协助改善企业内部成本管理系统，从而促进价值星系的可持续发展，最终使星系内各成员企业共谋其利、共享其成。

4. 基于资源能力的商业模式创新

商业模式创新是对资源的创造性配置。资源是企业的专用性资产，包括专利、商标、品牌、声誉、顾客基数以及员工。基于资源能力的商业模式创新重在新资源的发掘和利用，或是充分挖掘现有资源的潜在价值，从而建立起竞争优势。价值链定位对于价值创造扮演关键角色，企业如果想要分享价值链中的主要利润，必须掌握其中对于创造价值有重大贡献的关键流程与资源。成功的商业模式创新活动是以准确把握市场机会、以创新的方式整合资源并快速响应市场为基础的。这种商业模式创新的着眼点在竞争对手忽视或难于模仿的资源或能力上，而不是把制定战略的重点放在外部环境的分析和行业选择上。商业模式的创新使企业获得配置资源能力的"异质性"，比如，企业家对机会的把握能力、创造性的认知模式、创新地获取和整合资源、组织的学习能力等，由此决定了其获得高额经济回报率的可能。这是由企业或企业家在有缺陷的或不完全的要素市场中的开发战略性资源的能力决定的，戴尔的直销模式就是典型的证明。新资源为公司创造新的顾客价值提供了潜力，商业模式的意义在于将新资源的潜力释放出来。例如，纽科钢铁公司引进新的炼钢技术，利用废钢生产建筑用钢铁产品。由于新技术大幅降低成本，填补了低端市场的空白，公司获得了快速发展。该公司进一步以低端市场为利基，将产品线延伸到高端产品，打败了伯利恒等老牌钢铁公司。创新的方式创造性地整合现有资源也是商

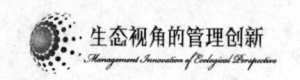

业模式创新中的一种类型。例如，麦当劳开发的麦乐送业务。麦当劳发现其当前的资产（消费者群体、品牌、门店、供应链系统、人力资源、促销资源等）没有得到充分的利用。例如，在高峰时段，店内人满为患，所有座位都被顾客占用，有很多人在柜台前等候；同时，后厨食品加工设备和企业供应链管理体系似乎并没有完全发挥最大价值。于是，麦当劳重新审视了这些资源的潜在价值，通过400送餐电话将现有资源用新的方式结合在一起，开发了麦乐送业务。这一模式整合了消费者的外卖需求，并将单店外卖业务整合为集中式外卖，在满足顾客需求的同时，麦当劳也实现了资源价值的最大化和营业收入的增加。再如，芒果网通过整合航空公司、银行、酒店等资源，使自身迥然不同于行业领先者。跨行业整合资源必然会突破行业既有的限制与竞争规则，改变行业和企业价值链的构成，这也就在商业模式上同竞争对手形成了差异性。商业模式创新是一个集公司内外环境、资源、能力等因素为一体的复杂的过程，它难以被外人完全解读；同时，商业模式创新还是一个知识创造和积累的过程，这个过程中大量的隐性知识具有公司专有属性，这使得对手在模仿的时候面对很大的信息不对称，从而阻碍模仿。对于资源以创新的方式整合能获得更低的成本或更好的差异化，而且资源的新组合涉及组织内部大量积累性知识，这些知识往往都具有公司专属的特征（如隐性知识）。通过资源的新组合，把输入的同质性资源转化为异质性输出，从而使公司获得竞争优势。

5. 基于盈利模式的商业模式创新

盈利模式定义了企业的商业模式如何取得盈利。

（1）收入的介质：选择什么产品、服务获得收入。

（2）交易方式：通过什么样的方法和渠道取得收入。

（3）计费方法：怎样对收入介质定价。灵活地改变收入模式中的这些要素，可以刺激顾客的消费欲望，增加购买，或者提高单位产品的收入。这种模式的创新者或者对"合得之道"领悟娴熟，通过设计各种收入机制来实现"舍得"的商业利益，或者精明老到，善于利用一切可能扩大收入来源。企业通过改变收入介质，与竞争者形成差异，往往会获得新的利润来源。例如，连锁快餐企业麦当劳有90%的收入来源于房地产令人惊讶。麦当劳将租来的房产转租给加盟店，通过赚取租金差额来获得大量利润。产品的差异化是竞争优势的一种重要来源。提供特别的产品、服务的商业模式是难以模仿的，能够为顾客创造独特的和附加的价值，更有效地保护利润流。企业提供特别的、更新、更好、更全的产品和服务给顾客。具体的方法有：开发先锋的产品，通过宣传、促销手段改变顾客的感知，新颖的设计对产品服务进行捆绑组合及提供综合的解决方案等。例如，美国出品的芭比娃娃售价仅为10美元左右，但这个看似普通的洋娃娃，却是一个会吃美元的儿童玩具。其中的奥妙在于芭比娃娃商店在售出玩具后，会跟踪消费者，培养儿童与芭比娃娃的感情，定期提醒玩具的小主人要给芭比娃娃买新衣服。芭比娃娃的制造商告诉消费者，芭比娃娃的职业身份越多，她在同伴中的地位就越高，而一套系列装的价格一般在四五十美元。到了一定时间，芭比娃娃还要结婚，消费者除了需要再买一个男洋娃娃以外，还要为男娃娃买衣服、电动剃须刀等。以后还会有第二代洋娃娃。消费者的钱包被一次次不知不觉地打开。芭比娃娃供应商通过简单的一次销售，却从消费者手中获得了源源不断的利润。芭比娃娃这种商业模式的创新关键来源于前期产品的设计环节，正是成功地赋予了芭比娃娃丰富的人性，才使得产品销售改革环节的策略获得成功，形成了极为有效的商业模式。

（4）改变交易方式可以考虑：是否采用信用交易，推行消费信贷，采用批发还是零售交易，是否实行竞标等。例如，eBay公司改变传统的交易方式，提供网上拍卖交易，为超过1.35亿的注册用户提供服务。消费者很方便地从eBay购买或销售从芭比娃娃到二手车范围内成千上万的产品，eBay的商业模式把原来不可能实现的交易变成了现实。再如，凡客诚品虽然创办只有短短的三年多时间，但是凭借对电子商务互联网营销的深刻理解，不但超越了最初市场形态的竞争对手，而且不断以微创新方式提升客户体验。甚至当今B2C互联网的许多基于客户体验的基本性规则，都由凡客诚品所创新设立。"30天退换货保障""全场免运费""1000城市送货上门""货到付款"之类对消费者的承诺，这些虽然并不是B2C行业的标准性规则，但是却是吸引用户、刺激消费的最核心的客户体验。以微创新为手段，以客户体验为服务目标，凡客诚品以远高于业界的速度在成长。比如，计费方法方面，选择不同的计费单位，是否分期付款、折扣、捆绑定价等。有一个汽车厂家的盈利方式非常有特点，一个是收设计费，另外就是提成。所谓提成就是我设计的产品和汽车厂家一起来卖，如果你卖得好的话，我可以收提成。这样一方面可以节省成本支出，另一方面可以增加设计公司从设计出的产品当中获取收益的机会。它让汽车设计公司更关注这个产品是否能成功。这种盈利模式就是供应商和客户、供应商和厂家共同承担产品经营风险的方式。这是现在各行各业越来越流行的方式，也是盈利模式创新的一种。

6. 基于收入模式的商业模式创新

收入模式是指获取收入的方式。这种模式的创新者或对"合得之道"领悟娴熟，通过设计各种收入机制来实现"合得"的商业利益；或者精明老道，善于利用一切可能来扩大收入来源。从案例企业的资料来看,此类模式创新至少有如下五类:利用互补品。这是一种"此失彼得"的策略,具体有三种基本方式可供选择。第一种是"产品+产品"的互补,即所谓的"剃刀—刀片模式",例如,佳能的"低利润打印机加高利润墨盒",或是原来柯达的"低利润相机加高利润胶卷"均属此类互补品模式。第二种是"产品+服务"的互补,例如,通用电气从飞机发动机销售中赚钱不多,其主要利润来源于互补品——维修服务的提供。第三种是创造"间接的互补品"。从免费到收费。对于众多信息产业中的企业来讲,这似乎是唯一的选择。基于互联网提供的便利,消费者对很多信息产品的期待是"免费获取",因此,这给很多信息产品企业提出了巨大的挑战。但成功的公司大多对"免费—收费"模式的细节进行创新,发掘出赚钱的机制。第三方付费。这种方式并不需要消费者付费,企业通过其他利益相关方赚取收入。例如,Google 的搜索服务并不直接要求搜索者支付费用,而是通过收取被链接网页的公司的赞助获取收益。这种收入模式在网络公司也较为常见。从本质上讲,传统的报纸产业盈利模式是与此类似的,报纸的定价远不能弥补成本,广告费是报社的主要收入来源。付款方式创新。例如,在线影视出租商 Netflix 在 1997 年成立时打出"无限期租借、无逾期罚金"的口号,向收取逾期罚金的业界惯例提出了挑战。然而,付款方式上仍旧采取了"租一张,花一张的钱"的传统做法。在经历了早期的失败后,Netflix 于 1999 年采取了注册用户的月租费制,制定不同的资费档次,根据不同的收费档次,顾客一次可租借不同的数量。凭借着经济而独特的收费模式,Netflix 成功地扭亏为盈,并实现了持续的高成长。多收入流模式。这种模式一般与价值网络构建密切相关,由此企业可以扩大各种可能的收益来源。在网络服务业,为业余摄影家服务的 Hickr 公司,其收入就源于注册费、广告代理费、赞助费以及从其他合作伙伴分得的收益分享金等。上海硅谷知识产权交易中心(SSIPEX)为中国企业提供信息技术产权交易的平台,除了向技术需求方收取会费,向技术供应方收取展示费之外,还按一定比例提取交易中介费。

7. 基于产品或服务的商业模式创新

这种模式创新策略聚焦于企业所提供的顾客价值。通过发现竞争对手或是原有顾客的价值盲区,打造独特的产品或服务,实现顾客价值的飞跃,由此拉动企业成长。例如,面对工程机械巨头卡特皮勒遍布全球的销售与维修网络,以及深具震撼力的"在全球任何地点 48 小时内提供维修服务"的承诺,小松机械公司采取重新设计产品的策略,使产品零部件更少,损坏率更低,从而降低了卡特皮勒服务网络的价值。小松通过提供显著不同于卡特皮勒产品的产品，在工程机械市场上获取了可观的份额。

顾客价值创新的商业模式创新路径。顾客价值创新的实质是企业通过对一种新的顾客价值的搜索和自身使命的调整实现了一种新的市场定位，扩大价值空间的聚焦半径，由此进入新的利润区。综合归纳起来可以有以下三种创新途径：第一，重新定义顾客和顾客需求。这里包含两个方面的含义，一是发现潜在的顾客，二是发现顾客的潜在需求。经济高速发展的今天，顾客需求不断发生变化，个性化、体验式需求趋势越来越明显。那么，如何来适应这些需求的变化，使得企业在同质化竞争日趋激烈的市场中立于不败之地。第二，重新定义产品或服务的功能和价值的实现方式。这种创新是围绕新的市场需求来对产品或服务的创新，但是这里所说的重新定义产品或服务的功能，不是指在原有产品或服务的基础上进行的改进，而是根据新的顾客需求，来重新定义产品或服务的功能和价值的实现方式，体现了对现有顾客价值的提升，改变了现有产品或服务的功能价值和顾客价值实现的方式，是对产品功能、结构和形态的创新，而不仅仅是产品和服务形式或款式局部性的改变。第三，提供新的服务方式和途径。这种创新的目的是通过降低分销过程中所增加的附加值，从而达到提高顾客价值的目的。企业可以通过压缩分销的环节，或者调整与分销商的合作方式，甚至提供新的分销渠道，与顾客之间建立新的信息传递和沟通渠道，不仅可以合理控制成本，提高分销渠道的效率，使产品和服务能更便捷到达顾客，为顾客创造更多的价值，而且也能更好地维持企业和顾客之间的关系价值，有助于直接、及时地了解顾客的需求。

8. 基于供应链体系的商业模式创新路径

供应链体系创新的实质是优化配置企业内外部的资源，形成整个供应链协同创新，保障企业在激变的市场环境中动态发展。可以通过以下两条途径来实现：第一，重构供应链结构。关键思想是对供应链资源的优化，加强协作关系，提高供应链应对市场变化的灵活性。这种创新是围绕顾客需求，简化供应链环节，改善企业与供应链上各成员之间的关系，建立关键环节的联盟合作关系，其他环节的灵活应变性，保障供应链稳定性的同时，又具有较强的柔性，能快速依据市场变化进行调整。第二，形成以顾客价值为中心的价值网络。这个价值网络是以顾客价值为中心，企业考虑利润产生的环节和自身的实力，选择合适的合作伙伴、供应商、分销商，并建立相互之间的伙伴关系和隔绝机制，发挥协同效应的同时，也带来难以模仿的竞争优势。通过这个价值网络，优化配置企业内外各种资源要素，为顾客提供更多的价值。

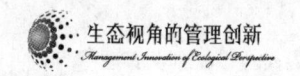

本章小结

商业模式创新是一种新型创新形态,商业模式的创新是企业最根本的创新,企业可以通过改变价值主张、目标客户、分销渠道、顾客关系及关键资源等因素来激发商业模式创新。本章基于生态的视角,对商业模式创新进行了分析和探讨。首先,分析了商业模式创新的构成条件和实现形式,结合价值链的分析,探讨了产业生命周期商业模式创新模型;然后进行了商业模式创新的因素分析,基于商业模式创新的目标和作用,探讨了商业模式创新与技术创新、企业核心能力的关系;最后探究了商业模式创新的方法和途径,加强企业的商业模式创新,提高企业盈利的同时,促进生产、生活和生态的"三生共赢"。

参考文献

[1] 李曼. 略论商业模式创新及其评价指标体系之构建 [J]. 现代财经,2007,27 (2).

[2] 马凯斯,姜艳丽. 策略:商业模式创新路线图 [M]. 北京:东方出版社,2010.

[3] 黄勇,吴晓波. 浙江省服务业企业商业模式创新案例 [M]. 杭州:浙江大学出版社,2011.

[4] 李椿,高莉莉. 商业模式创新基本路径分析 [J]. 当代经济,2010 (6).

[5] 黄谦明. 论商业模式创新与企业家精神 [J]. 改革与战略,2009 (08).

[6] 王少海,胡晓娣. 基于价值链演变视角的商业模式创新研究 [J]. 商场现代化,2009 (10):196-197.

[7] 孙永波,陈柳钦. 商业模式创新的动力机制及其路径选择 [J]. 发展研究,2011 (11).

[8] 李椿,高莉莉. 商业模式创新基本路径分析 [J]. 当代经济,2010 (12).

[9] 刁玉柱. 商业模式创新:理论视角与研究观点评介 [J]. 首都经济贸易大学学报,2010 (4).

[10] 张敬伟. 商业模式的五种创新 [J]. 企业管理,2010 (03).

[11] 郭毅夫,赵晓康. 商业模式创新与竞争优势:基于资源基础论视角的诠释 [J]. 理论导刊.

[12] 孙永波,陈柳钦. 商业模式创新的动力机制及其路径选择 [J]. 发展研究,2011 (11).

[13] 谭卫东. 论商业模式创新 [J]. 管理学家,2013 (4).

[14] 冯虹,王卓. 现代流通企业商业模式研究 [M]. 北京:中国商业出版社,2011.

[15] 李长云. 创新商业模式的机理与实现路径 [J]. 中国软科学,2012 (4).

[16] 乔为国. 战略性新兴产业的商业模式创新分析 [J]. 科技促进发展,2012.

[17] 王锡秋. 基于商业模式创新的企业能力发展研究 [J]. 商业研究, 2010. 399 (7).

[18] 姜江. 商业模式创新促进新兴产业发展综述 [J]. 中国经贸导刊, 2013 (8).

[19] 刘毅, 谈力. 基于商业模式创新的新兴产业发展路径实证研究 [J]. 科技管理研究, 2012 (19).

[20] 刘洪昌. 战略性新兴产业商业模式创新研究 [J]. 商业时代, 2012 (34).

[21] 姚伟峰. 企业商业模式创新影响因素评价研究 [J]. 哈尔滨商业大学学报 (社会科学版), 2013 (129) 2.

[22] Funk, Jeffrey, Solving the startup problem in Western mobile internet markets [J]. Telecommunication Policy, 2007 (31).

[23] Mitchell, Donald, Carol Coles, The ultimate competitive advantage of continuing business model innovation [J]. Journal of Business Strategy, 2003, 25 (5)

[24] Sosna, M. Nelly R. Thevinyo – Rodriguez and Velamuri R. Businessmodel innovation throughtrial – and – error learning – The Naturhouse Case [J]. Long Range Planning, 2010 (43).

[25] Lindgadt Z. Reeves M. Stalk G. and M S, Deimler. Business model innovation—When the gam e gets tough, change the game [J]. The Boston consulting Group, 2009 (9).

[26] Venkat ranlan N, Henderson. Four vectors of business model innovation: Value capture in a network era [A]. 1in DanielPan 2 taleo, and Nirmal Pal (Eds.) 1 From strategy to execution: Turning accelcrated global change into opportunity [C] 1Berlin: Springer, 2008: 259 – 2801.

[27] Machael A Rappa, The utility business model and the future of computing services [J]. IBM Systems Journal, 2004: 32 – 42.

[28] Petrovic, O. Kitfl, C. & Teksten, R. D Developing Business Models for E—Business [A]. Intemational Conferenceon Electronic Commerce [C]. 2001.

[29] Osterwalder, A. The business model ontolog' — A proposition in a design science approach [D]. University of Lausanne, 2004.

[30] Fumio Kodama: Measuring Emerging Categories of Innovation: Modularity and Business Model [J]. Technological Forecasting & Social Change, 2004, 71 (4).

[31] Mitchell, D. W. and Coles, C. B: The Ultimate Competitive Advantage of Continuing Business Model Innovation [J]. Journal of Business Strategy, 2004, 25 (5).

[32] Willemstein, I, Valk, T, and Meeu s, M: Dynamics in Business Models: An Empirical Analysis of Medical Biotechnology Firm in the Netherlands [J]. Technovation, 2007, 27 (2).

[33] Tucker, R. B: Strategy Innovation Takes Imagination [J]. The Journal of Business Strategy, 2001, 22 (3).

[34] Mitchell, D. W., Coles, C. B: Establishing a Continuing Business Model Innovation Process [J]. The Journal of Business Strategy, 2004, 25 (3).

第六章 生态视角的旅游发展管理
——以河北红色旅游为例

第一节 旅游管理的研究现状

一、红色旅游经济发展现状研究

红色旅游资源指的是中国共产党成立以后，新中国成立以前，包括建党建军、土地革命时期、红军长征时期、抗日战争时期、解放战争时期等重要的革命纪念地、纪念物及其所承载的革命精神。红色旅游资源优势和特点主要如下。

（1）资源数量巨大，类型齐全，资源等级高。河北省是革命老区，全省136个县中有131个是革命老区县。全省有各类红色旅游资源120余处，国家级爱国主义教育基地11处，省级爱国主义教育基地38处，其中，平山西柏坡中共中央旧址、涉县八路军129师司令部旧址、阜平城南庄晋察冀军区司令部旧址（曾为中共中央旧址）、乐亭李大钊故居纪念馆、清苑冉庄地道战遗址等，皆为著名的红色旅游胜地。特别是平山西柏坡中共中央旧址是辽沈、平津、淮海三大战役的指挥中心，中共中央设在农村的最后一个指挥所，是中共七届二中全会会址和新中国诞生的摇篮。

（2）红色旅游资源时间序列连续，内容系统完整。中国共产党领导中国革命进程的各个历史时期，均留下了众多的革命斗争遗迹。中国共产党创始人之一李大钊出生于乐亭县；中国共产党第一个农村党支部在河北安平建立等；第一次国内革命战争中，有"高蠡暴动"；抗日战争和解放战争时期，作为对敌作战的主战场之一，更是发生了众多永载史册的革命业绩，构成了一个完整的红色旅游资源体系。

（3）红色旅游景区大多有着较高的社会知名度。红色旅游景区大多与过去的文学作品有关：电影《地道战》《狼牙山五壮士》《小兵张嘎》《董存瑞》等，长篇小说《红旗谱》《野火春风斗古城》《烈火金刚》等。这些作品激励和鼓舞了新中国几代人的成长。

（4）红色旅游景区与其他景观组合好，发展红色旅游具备良好的开发条件和可持续发展能力。红色旅游资源多处于景色秀丽的太行山区，前来旅游的人不仅能接受革命传统教育，而且能够观赏到秀丽的山水景观和太行山独特的民风民俗，如中国抗日军政大学旧址即处于邢台前南峪这个"太行山最绿"的地方，西柏坡处于岗南水库旁边，而且与国家级4A级旅游区天桂山、驼梁相连。将红色旅游资源与其他各类型的资源相结合，打造综合型、复合型的旅游基地和产品线路，形成叠加优势，使红色旅游内容更加丰富，吸引力更强。

（5）区位条件好，具备发展红色旅游良好的市场条件。环绕首都北京，省内及周边省市区人口众多，发展红色旅游有广阔的客源市场。红色旅游内容的不断丰富更加符合游客的欣赏心理和旅游市场需求。

二、红色旅游经济发展面临问题研究

河北省先后为红色旅游景区、景点投入建设资金4.5亿元，完成了18个新馆建设，对28个教育基地更新陈列展览，对25个景区进行了基础设施的改善和环境整治，并在通往主要红色景区、景点沿线设置了旅游交通指示牌等，这些都极大地改善了全省红色旅游的基础设施条件和景区环境，提高了红色旅游的接待能力，不仅带动了红色旅游的发展，也为红色旅游进一步大发展奠定了坚实基础，红色旅游已经成为旅游产品结构优化升级的重要内容。

（1）红色旅游的载体还缺少吸引力，部分革命文物保护不利，文物遗址损坏严重，有些甚至荡然无存。同时，红色旅游内涵挖掘不够，对革命文物收集、整理、加工不够，载体内容相对贫乏；另外，有些红色旅游地的展陈方式单一、表现手段落后，多为文字加图片的平面介绍，枯燥乏味，体现不了科技含量，不适合现代审美观念和旅游者的消费取向，很难对游客产生震撼力和穿透力。

（2）从产业的角度来看，接待服务水平有待进一步提高，有些基础设施不够完善、不配套，特别是在交通方面，可进入性差。现代意义上的交通指的是空中、海上、陆地为主的立体化交通，目前，河北的高速公路比较发达，但秦皇岛到承德的高速公路至今还是空白，河北城市间没有形成环线，只是北京到河北的放射形路线；海上交通只有能源码头，没有发展成客运；民用机场缺少航行团队，游客包机业务十分不稳定，国内航线有限，没有真正意义上的国际航线，如秦皇岛作为全国旅游名城，仍没有航线，秦皇岛、北京、承德金三角航线没有形成，游客在这三地几进几出，总是走回头路，身心疲惫。

(3) 缺乏科学规划，环境有待改善。一些红色旅游景区，缺乏科学规划，攀项目、比规模，而不重视革命文物保护、革命文化挖掘，忽视了对旅游环境的建设，不仅损害了资源，降低了景区品位，而且影响了红色旅游的可持续发展。

(4) 政体、实体不分，红色旅游的市场化运作体系还没有完全建立起来，红色旅游的宣传推广方面存在薄弱环节。现在的红色旅游景区，大多为事业性体制，总体上说市场意识、宣传意识、促销意识不是太强，更多的是等客上门，没有完全按旅游产业的发展规律把旅游作为一项产业来对待，这是需要引以重视的问题。

三、红色旅游经济发展的措施研究

发展红色旅游是巩固党的执政地位的政治工程，是弘扬民族精神、加强青少年思想政治教育、建设社会主义先进文化的文化工程，是促进革命老区经济社会发展、提高群众生活水平的经济工程。进一步改善红色旅游环境，提升整体形象，实现爱国教育和经济效益双丰收。

(1) 进一步提高红色景区的市场意识。红色旅游地主要集中在山老边穷地区，由于各种客观条件的限制，经济发展水平目前还比较低。20 世纪 90 年代后期提出了红色旅游的概念，当时主要是考虑帮助革命老区和革命纪念地培育新的经济增长点，帮助老区人民脱贫致富，进而推进相关地区旅游业发展，而现在则面临着从比较单一的"旅游扶贫开发工程"向"政治、经济、文化三大工程"的转变。目前西柏坡、白洋淀已经具备了接待游客的基础条件，周边的旅游经济配套服务发展也很好；而大部分旅游景点还不具备接待功能，还需要进一步加大力度来推进旅游经济。造成这种现状有体制原因，而缺乏市场观念是主要问题，很多地方没有旅游概念，没有市场意识。按照旅游产品的一般规律来操作，应成为发展红色旅游的基本原则。这就要求旅游景点一方面增加教育内容和形式，突出文化性和可观赏性，一方面吃住行要配套起来，这样才能增加景点吸引力。

(2) 进一步加强旅游区域间的合作与交流。区位优势明显，旅游资源丰富，具有广阔的发展空间和巨大的市场潜力。红色旅游应该成为"领跑工程"，和当地的人文自然、历史文化、民族风情以及工农业旅游资源有机结合起来，发展旅游大产业。红色旅游需要的是复合型的产品，寓教于乐，寓教于游，实现优势资源配置，将传统的爱国主义教育基地转变成以景观为吸引力，以教育为基础的红色旅游基地。红色旅游的区域合作是打造吸引力的有效途径。目前，已经与北京、山西、河南、山东、辽宁签署了开展红色旅游区域合作多边书，《红色旅游发展总体规划》确定的十条精品线路中，也有三条与外省市连通。探索适合省情的旅游区域合作模式无疑会是拉动红色旅游持续、健康、快速发展的最有效的途径之一。

（3）发展红色旅游要遵循旅游科学。红色旅游也是旅游，必须遵循旅游科学。目前的红色旅游缺乏相应的资源整合，各景区还基本上处于各顾各的状态，而且一些景区由于相距较近，经常发生矛盾冲突，从而导致恶性竞争，两败俱伤。此外，还有一些景区现代化建设严重，存在着加速"城镇化"的趋势，使景区的原始风貌遭到破坏，缺乏历史美感。这就要求在旅游资源的整合上，必须使红色旅游与当地其他景点结合起来，相互促进、共同发展，并营造出浓厚的历史氛围，使游客切身感受历史实物带给的震撼和教育，着力在恢复历史原貌上下功夫；此外，红色旅游区一般都集中在边远山区，这就要求我们必须提高精神文明建设，政治、经济工程一起抓，充分利用民俗文化，民俗与经济联系，以带动老边山区人民生活的发展变化。

（4）加强红色旅游项目建设，加大宣传力度。发展红色旅游，资金投入是保障。要通过财政资金、市场运作、社会广泛参与等多种途径，加大投入，加强对旅游景区水、电、交通、步游路等基础设施和服务配套设施建设，全面提升景区的档次和水平。要大力加强对红色旅游景区的宣传，营造红色旅游的浓厚氛围。通过电视、广播、报刊、网络、广告等多种途径，广泛宣传推介河北丰富的红色旅游资源和良好的旅游环境，并通过举办一系列主题宣传教育活动，广泛号召群众尤其是青少年参与进来。

第二节 旅游管理的创新管理

红色旅游只有不断地进行创新发展，才能获得稳定持续发展。制约红色旅游发展的因素很多，但关键因素是观念问题。在发展红色旅游中，应坚持思路决定出路，观念就是财富的思想，进一步摆脱思维定式、突破深层意识、实施观念创新，促进红色旅游业的跨越式发展。

一、进一步突出"红色旅游"

（一）旅游业的兴起

旅游业随着改革开放而兴起，从无到有，自小到大，短短 20 年内取得了

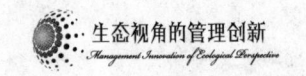

蓬勃发展：资源开发步伐不断加快，接待设施日臻完善，市场占有份额逐年扩大，创汇创收大幅度提高。旅游业的发展速度大大高于全省经济的发展速度，充分显示出了"朝阳产业"的勃勃生机。

（二）旅游业的积极作用

旅游业在自身蓬勃发展的同时，还会产生多方面积极作用。

一是对内对外开放的窗口作用。大批游客的往来，必然会带动信息、资金、技术和人才的流动，成为对内对外开放的重要途径。通过旅游，每年有40万左右的海外客人和2500多万省外客人光临河北，了解河北。同时，出境游和出省游也使本省人民了解了外部世界。旅游业还积极为全省招商引资牵线搭桥，促成了一批外资项目，旅游业本身也成为利用外资较多的部门之一。"九五"以来全省旅游项目建设共引进外资1.31亿美元，吸引社会资金30多亿元人民币。

二是对剩余劳动力的吸纳作用。旅游业是劳动密集型产业，可以提供更多的就业机会。而且旅游业每直接增加1个就业人员，还能间接增加5个就业机会。据统计，2000年全省直接和间接从事旅游业人数已近百万，仅承德市区就有近5万市民从事旅游业，秦皇岛则高达16.6万人，大大缓解了政府的就业压力。

三是对此老边穷地区脱贫致富的带动作用。贫困地区大多集中在太行山、燕山和坝上地区，这些地区往往具有完好的自然生态，秀美的地貌景观，独特的民俗风情等丰富的旅游资源。20年来，全省已有千余个村庄通过发展旅游业脱贫致富奔小康。

四是对产业结构调整的引导作用。由于旅游业市场大、风险小、见效快，很多企事业单位纷纷投资旅游业，不少企业由此扭亏为盈，增强了活力。

五是对相关产业特别是第三产业的拉动作用。旅游业是综合性产业，需要食、住、行、游、购、娱六大要素完善配套。旅游业的发展势必拉动交通、通信、建筑业的发展，促进商贸、娱乐、餐饮、住宿业的繁荣。

同时，发展旅游业也为文物保护修缮提供了较多的财力支持。

六是对扩大内需的拉动作用。每年均有上百个旅游项目投入开发建设，有很旺的投资需求。此外，由于旅游是多层次、重复性的最终消费行为，市场巨大。2000年，全省仅接待国内游客就多达4858万人次。调查资料显示，不少城市居民用于旅游的花费已占其总消费支出的10%，且这种比例逐年增大，与其他低迷不振的消费市场形成了强烈反差。

七是对生态环境的优化作用。作为一个产业，旅游业在环境与发展的关系上冲突较少，目标一致。实践证明，只要科学规划，强化管理，旅游业非但不会破坏环境，还会大大改善和优化环境，有利于可持续发展。

八是对人民生活质量的提升作用。随着人们收入的提高和闲暇时间的增多，特别是由于消费观念的变化，人们越来越不满足在斗室中"搓麻"，在污浊的环境中"闲逛"，越来越渴望脱离喧嚣，回避污染，到优美的环境中去享受明媚的阳光，呼吸新鲜的空气，达到心理和体力上的"充电"。在不少国家和地区，旅游已成为人们消费的第一选择和衡量人们生活质量高低的重要标志。

九是对贸易逆差的平衡作用。由于旅游是通过"观景"和服务而不是靠出卖实物来赚汇，同时也不存在关税壁垒，因此被公认为是最优秀的创汇项目。在出口市场低迷时，旅游对贸易创汇可起到一定的补充作用；当贸易出现逆差时，则可起到平衡作用。我国已有一些城市旅游创汇接近和超出了贸易创汇。

（三）旅游的意义

旅游，还有一项重要意义，就是在促进社会主义精神文明建设的同时，促进扶贫开发，促进社会主义新农村建设。由于历史的原因，多数红色旅游景点位于贫困地区，如涉县、赞皇、阜平、唐县、平山、灵寿、涞源、易县等革命老区。如何消除这些地区的贫困，加快当地百姓脱贫致富的步伐，始终是全省各级党委和政府关注的热点问题。上述贫穷地区不仅拥有山岳、峡谷、洞穴、河湖、森林、草原等高品位的自然资源，而且拥有南北响堂石窟、西柏坡、八路军129师司令部旧址等丰富的人文资源。同时，这些地区又多位于京津陆路交通辐射范围内，而京津又是人口在千万人左右的特大城市，再加上石家庄、唐山、保定、邯郸、承德、张家口等众多中等以上城市的存在，客观上为这些地区发展旅游业提供了充足的客源保证。通过对"红色旅游"资源的开发，促进当地扶贫开发和社会主义新农村建设，其意义和效果是显而易见的。

因此，旅游业观念的创新，首先是把"红色旅游"作为旅游业发展的支柱，进一步提高对"红色旅游"的认识和支持力度，做足做好红色旅游，使其在推动全省经济发展，实现经济强省，全面建设小康社会中发挥更重要的作用。

二、红色旅游中的可持续发展

发展红色旅游，一定要树立和坚持可持续发展观，改革单一经济效益为目标的旅游增长模式，处理好资源的利用和保护的关系，建设"绿色旅游企业"，达到经济效益、社会效益和生态效益的和谐统一。

（一）旅游发展的基础和依托

旅游发展与可持续发展之间有一种天然的耦合关系，旅游发展对可持续发展有着内在的和更高的要求。那种先以破坏环境为代价谋求发展，再以牺牲发展为代价保护环境的做法决不能在旅游业发展中出现，尤其在红色旅游资源的开发中，更应如此。红色旅游可持续发展总体思路是：实行绿色开发，生产绿色产品，推广绿色经营，建设绿色体系。

（二）开发主要体现在旅游景区和景点

在总体规划和具体项目设计中要强化生态保护意识，防止建设性破坏。在经营管理中要始终贯彻可持续发展的原则和精神，大力加强绿化美化，提高生态环境质量。提倡文明旅游、卫生旅游。生产绿色产品主要体现在产品创新上，主要是生态旅游产品（如森林旅游），符合生态保护原则的人工产品（如农业旅游），恶劣生态环境的产品（如沙漠旅游）等。只要符合可持续发展要求的产品，都可以形成绿色旅游产品。绿色经营主要体现在饭店经营中，创建绿色饭店、推广绿色消费已在国内悄然兴起，绿色饭店将成为一个强大的品牌优势，形成一种发展趋势。从国民经济总体来看，旅游产业处于产业链条的下游。上游形成三个绿色体系，既绿色旅游工业体系、绿色旅游农业体系、绿色旅游交通体系。下游形成三个绿色体系，即绿色景区体系、绿色产品体系、绿色饭店体系。

（三）可持续发展的要求要贯穿旅游发展全过程

要从可持续发展的要求出发，搞好规划，加强管理；在经营的过程中要具备生态旅游的观念，适应可持续发展的要求；要引导和培养一批新型旅游者，使他们在旅游过程中，积极主动地参与环保工作。旅游者素质的提高和环保概念的加强，对经营者和管理者也会形成一种压力，由此在可持续发展要求下形成管理行为、经营行为和消费行为的各项标准。在旅游景区的管理上，应努力对现有的管理体制进行改革，改变多头管理、各自为政的状态，使旅游业在促进环境优化方面的功能得以更大的发挥，推动旅游业的长远发展。

三、重视旅游人才的培养

世界旅游业竞争的一个重要方面是人才的竞争。加入 WTO 后，人才缺乏的我国旅游业面临更为严峻的人才竞争局面。旅游业应采取多种措施，进一步加大旅游人力资源开发的力度。

（一）旅游业应将人才看作最重要的财富

以实现知识价值最大化为目标，以共建旅游业美好明天的宽广胸怀，构建引进人才、聚集人才、留住人才、培养人才和人尽其才的人力资源管理体系，创造公开、公平、竞争、择优和能使旅游业员工充分发挥自身潜能的用人环境，最大限度地发挥人的知识潜能。旅游业的竞争最重要的是知识人才的竞争，要广泛吸收优秀知识人才，加强旅游人才队伍建设，实施人性化和人格化的管理，做到人尽其才、才尽其用。

（二）树立"以人为本"的观念

在旅游企业形成尊重知识、尊重人才的良好风气。要有"识才的慧眼、用才的气魄、爱才的感情、聚才的方法，知人善任，广纳群贤"。改变旅游业的人才现状与河北旅游业发展极不相适应的状况。要建立合理的分配和激励机制，依靠旅游企业的凝聚力、文化氛围和个人发展环境来吸引和留住人才。

（三）要以旅游组织创新为指导思想

通过改变旅游组织本身来影响组织旅游业员工的行为，从而达到改进组织绩效的目的。通过调整旅游组织结构，压缩管理层次，达到旅游组织结构的柔性化、有机化，提高组织的灵活性和敏捷性，建立富有创造性的旅游企业"自学习机制"，为旅游企业员工实现个人自我管理、自我发展提供广阔的空间，从而提高管理效率，降低管理成本。

（四）根据旅游企业发展需要

按照精简、高效的原则，超前设岗、科学设岗，依托旅游业的人才市场，以一流的待遇招纳一流的人才，为高层次人才提供能充分发挥自身潜力和实现自我价值的工作岗位和宽松的工作环境。要建立能实现旅游企业员工合理流动和优胜劣汰的动态用人机制。要加大对旅游人力资本的投资力度，加强对旅游企业员工的培训，使旅游企业成为优秀人才的摇篮。要建立科学合理的考核和分配制度，在充分考虑旅游企业员工的岗位职责、工作成果、综合素质和发展潜力的基础上，以考核结果来决定分配，以分配来促进旅游企业员工学习积极性和工作积极性的提高，改进工作绩效。以加强激励为出发点，实现分配形式

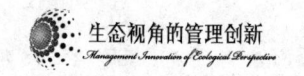

的多样化，建立旅游企业员工收入能增能减、有效激励的分配制度。

四、坚持旅游市场创新

（一）红色旅游虽然是一种独特的旅游，但企业应遵循旅游市场的一般规律

旅游市场是旅游企业的生存空间，是旅游企业发展的关键。只有被市场接受，旅游企业才会有发展的机遇。加入WTO之后，随着国内旅游市场的开放，旅游市场供求格局发生了根本性转变，游客的观念和消费方式在不断更新，这些都会对旅游市场产生重大影响。同时供给与需求之间的矛盾，旅游市场需求规模的极限性都要求旅游企业不断进行旅游市场创新。

（二）旅游市场创新的主要目标是开辟新的旅游市场，旅游市场创新需要加强旅游市场研究

旅游业要进行超前的旅游市场信息管理，及时掌握国家宏观经济政策和国内外旅游业的发展方向，深入了解游客需求，加大旅游市场调研和旅游市场分析与预测的力度，做好旅游市场细分。旅游企业要加强对各项旅游产品的市场潜力分析，保证旅游产品持久的旅游市场竞争力。沿着正确的旅游市场创新途径，采用恰当的旅游市场创新手段。旅游业要树立国际大旅游市场的营销观念，合理整合旅游资源，充分利用国内外旅游市场环境，并尽快适应它。要站在大旅游市场的格局下，确定旅游业市场创新的思路。旅游业要以旅游市场为调节方式，以价值为联系方式，以互动为行为方式，以旅游产品的品牌、质量、服务和旅游企业形象为重点，制定整合性和系统性的营销策略，形成从营销旅游产品到营销城市形象的独具特色的"旅游大营销"格局。

（三）旅游企业的生命以旅游产品为载体，没有竞争力的旅游产品将对旅游企业的生存构成严重威胁

旅游企业要根据旅游市场需求和旅游业发展总体战略，不断推出新颖独特的优质旅游产品，促进旅游产品结构的调整和升级换代，分散投资风险、保持核心竞争优势，获得高收益。旅游产品创新应从核心旅游产品、有形旅游产品、延伸旅游产品的三个层次建立整体旅游产品观念，提高旅游产品竞争力。红色旅游的发展要充分利用资源优势和市场优势，进行精品景区、精品线路、精品节庆的建设，使旅游业跨进全国先进行列。要争取形成一批国家级精品景区推向市场，要考虑与精品景区的建设联动，形成一批主题突出、优势独特、能够形成国际影响的节庆活动，培育成精品节庆产品。红色旅游的市场创新将为河北旅游的发展注入勃勃生机。

在经济全球化的今天，唯一不变的规律就是一切都在变。新的形势对红色旅游提出了新的挑战，顺应时代要求，不断改革创新，才能长久保持红色旅游的活力和魅力，才能真正让红色旅游为经济建设、文化建设和精神文明建设做出更大的贡献。

第三节 旅游管理发展对策研究

当前，旅游业已经成为世界各国促进经济增长的重要产业之一。2005年，旅游业总收入458亿元，占全省GDP的6%。旅游业是支柱的支柱产业之一，是最局活力的新兴产业之一。在未来5~10年，是建设成旅游强省的关键时期。专家指出：促进旅游业最大化增长和可持续发展的核心问题，是旅游目的地的战略定位及宣传、营销。世界著名旅游咨询专家、学者斯坦利·帕洛格特别强调：所谓"定位，就是确定某一产品或服务的重要品质，从而能够以有意义的方式向消费者展现其有别于竞争产品或服务的特色（内含利益）。"因此，开发、建设具有鲜明、独特魅力的旅游目的地是旅游产品营销和促进旅游业发展的基础。

一、整合区域旅游资源

树立区域整体形象、规划旅游产品的战略定位。河北拥有丰富的自然与人文旅游资源，是全国唯一兼有高原、山地、丘陵、平原、湖泊和海滨的省份；也是历史悠久、全国重点文物保护单位最多的省份，还是红色革命遗址最多的省份之一。但是，并不是旅游强省，原因是多方面的。其中最重要的原因是拥有多样化、分布广的自然与人文景观，一直难以树立起一个独具魅力的整体形象。这个问题是阻碍旅游业发展的瓶颈。

造成区域整体形象不鲜明的原因是多方面的，我们必须正视这些因素。第一，河北自然地理环境的多样性，从局部或微观的视角来看是旅游资源丰富的表现。但是从宏观整体上来看，恰恰是确立整体自然地理环境形象的难题。山地、河流、草原、平原、湖泊什么都有，但是比起泰山、黄山，河北的山虽然风景秀丽，但是在全国缺乏知名度；坝上地区的森林草原，也不如"赤勒川、阴山下，天似穹庐笼盖四野"的内蒙古辽阔草原让人印象深刻；华北平原的明珠白洋淀在规模与文化载体方面比起烟波浩渺、无数文人骚客留下千古文章的洞庭湖、鄱阳湖来也不具备优势。第二，河北行政区环北京而设，明清两代，河北都是护卫京畿的重地，因此，河北一些最著名的文化历史遗址，都是为紫禁城里的皇帝服务的。如世界文化遗产避暑山庄、清东陵、清西陵，这些名胜景区分散在北京周边不同的方向，容易使人产生与北京的皇家园林、明十三陵相似的感觉。例如，游客在有限的时间内，到过苏州园林之后，大多数人往沪杭方向去，很少有人会围着苏州转。因为相似的景观会引起审美疲劳，大多数游客的心理是追求丰富、变化的感受。第三，河北历史悠久，历史遗迹众多，从春秋战国时期赵武灵王的章台、满城汉墓、赵州桥、辽塔，这些历史遗迹虽然极富历史文化的价值，但是规模小，或周围的旅游环境不是很好。第四，在城市规划中对旅游目的地的建设的重视、管理及发展区域旅游的营销宣传还处于比较落后的状态。所以，整合全省旅游资源或整合区域旅游资源，确立河北旅游的战略定位，规划、建设可持续发展的旅游目的地，是促进河北旅游经济快速发展的首要任务。

纵观国际旅游目的地的战略形象策划与宣传，不仅依托自然资源与传统人文资源，而且随着时代的发展，不断拓展区域旅游资源，塑造旅游目的地新形象，推广旅游新概念。随着世界经济、文化交流的发展，人们生活方式、工作方式的变化，当代旅游的内涵已经大大延伸，不仅仅是传统的观光旅游。如英国的伦敦，不仅有悠久的历史、有皇宫、教堂，还是世界时尚之都、创意之都。德国的法兰克福是德国著名的历史名城，也是德国重要的工商业中心，莱茵河从这里流过，有大片的森林和草地，同时又是国际知名的会展中心。大连旅游的开发，是通过举办国际服饰博览会，使大连的形象成为北方时尚中心。在昆明举办的世界花卉博览会、世博园的建设，让国际社会进一步了解了云南、了解了昆明。博鳌经济高峰论坛，提升了海南在全球的声誉，推动了海南和博鳌的旅游。杭州没有在"上有天堂，下有苏杭"的盛名之下陶醉，不断开发杭州旅游新内涵。近年又确立了打造闻名世界的休闲之都的战略规划，2006年第一届杭州世界休闲博览会在萧山成功举办。如此，借助大型商业会展，给杭州的旅游概念输入新的内容。因此，整合以城市为中心、辐射周边地区的综合旅游资源，树立新型旅游区域形象，创造能够促进国内外经济与文化交流的契机，积极参与国内外大型商业活动，对提高区域旅游业的竞争力至关重要。

综上所述，我们认为河北旅游区域整体形象的策划与战略定位，首先必须要探讨及不同旅游区域的独特特征，并以一个中心城市为区域代表，塑造突出的、利于传播的综合整体形象，给人以深刻的印象，而不宜面面俱到。第二，提出名实相符、特色鲜明的旅游区域定位词语。有学者在研究报告中指出，经网上查询、统计，在我国众多省会城市、副省级城市及地级、县级行政区的旅游形象定位词语中，准确、具有特色和吸引力的是少数。第三，在信息时代，区域整体形象的定位要特别注意前瞻性、差异性、创新性。

河北旅游区域整体形象的策划与准确的战略定位，需要政府部门、旅游机构和各方面专家进一步共同研究、探讨。

二、建设生态和人文景观

创造城市和地区旅游新热点。根据地区自然与人文特色，规划、建设新的生态、人文景观，加强旅游区域的特色建设，不断拓展新的旅游内容，提升旅游产品的品质与魅力，是实现旅游目的地可持续发展的重要途径。国内外许多城市和旅游景区在这方面都取得了显著的成就。

在旅游的线路中，作为交通枢纽和各类服务设施良好的城市，总是游客的集散地，是创造旅游新热点和推广旅游新概念的中心。因此，用科学的发展观规划、建设人文景观或生态景观，对提高城市的文化品位与知名度，树立区域的整体形象、增加城市的魅力、促进城市的可持续发展具有重要作用。这是世界上许多城市在规划中非常重视的问题。因为，21世纪的世界比以往任何时代发展的速度都快，每一个区域、城市、旅游目的地也都是有生命的，落后于时代，就必然会在全球化的竞争中衰落。

西班牙著名新兴旅游城市毕堡，以通过兴建一座建筑救活一个城市而闻名世界。地处西班牙北部的小城毕堡，是一座老工业城市，从20世纪70年代开始，由于传统企业的倒闭和工人的大批失业，城市迅速凋敝。20世纪90年代初，根据毕堡靠近法国、意大利、德国交界的地理位置，市政府决定通过兴建世界一流的公共文化与服务设施，把衰落的老工业城市改造成一个开放的、国际化的文化旅游城市。毕堡市政府得知世界最著名的现代艺术博物馆——古根海姆博物馆正在考察建立分馆的城市，于是积极与世界古根海姆基金会进行磋商。毕堡市政府接受古根海姆基金会提出的条件，通过世界招标，邀请国际一流的建筑师设计新的分馆。毕堡古根海姆博物馆于1997年10月竣工，从招标、设计、施工，历时6年。这座由享誉世界的建筑大师弗兰克·盖里设计的解构主义建筑，以其规模宏大、新奇独特的造型与周围19世纪风格的建筑形成强烈对比，成为毕堡新的标志性建筑。自古根海姆博物馆落成之日始，每年都吸引130万的各国游客前来毕堡，使城市成功地实现了从传统工业城市向国际文化旅游城市的转型。

随着时代的进步，许多城市在规划中都非常重视文化景观和生态景观的建

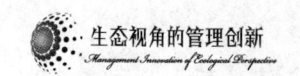

设。上海浦东的东方明珠塔和市中心由老石库门建筑改造而成的、具有怀旧风格与时尚文化结合的娱乐休闲场所新天地，都成为城市旅游新热点。苏州市充分发挥水城的优势，通过照明工程的建设，开发了坐船环城游、观夜景的旅游项目，展示了古城新魅力，吸引了大量外地游客和苏州本地人。具有悠久历史的文化名城南京、郑州、西安都建有富于特色、藏品丰富、国内一流的新型历史博物馆。不仅更好地保护了文化遗产，还通过有规模的、系统的、综合的文物展示，强化、延伸了地区的文脉精神，深化、升华了城市的文化品位。而且，这些历史博物馆已经成为吸引国内外游客的重要景点。城市新的文化设施与人文景观的规划、设计，必须突出地方特色、建设精品项目，具有创新性。

保护、开发、建设城市和地区的生态景观，对创造良好的人居环境、旅游环境、促进城市和旅游业的可持续发展，都是非常必要的。20世纪末以来，全世界越来越意识到保护自然生态环境的重要性，不仅重视对河流、湖泊、草场、森林、湿地的清理、维护，还意识到动物生态链在保护自然环境中的重要作用。美国著名的黄石公园，在1995年引进狼群后，使公园内的动植物获得出人意料的全面恢复。近年，我国各个省份几乎都根据地区自然条件，建立了生态森林、湿地公园。目前，在国内城市生态公园中，广东中山岐江公园和杭州西溪湿地公园最引人瞩目。岐江公园是在粤中造船厂旧址上开发的生态公园。这个公园在环境改造中，保留了原来大部分的厂房、设施，不仅使这片老工业区成为市民的休闲娱乐场所，美化了环境，还是著名工业遗址保护区，因此在国际获奖，吸引了大量游客。杭州西溪湿地距西湖5公里，是城市中罕见的湿地资源，并有历史人文景点遗址。西溪是我国第一个城市湿地公园，其中保存了大量原生态的植物、动物，刚刚建成，就以"冷、野、淡、雅"而名声远播，成为西湖以外又一处名胜。

目前，不少城市和地区都在规划建设新的人文和生态景点。在这些建设或规划项目中，除石家庄的新博物馆，主要有两类公园，一类是主题公园，一类是生态公园。通过网上调查，有两个项目最受社会关注。其中一个是规划中的石家庄网游动漫主题公园，引起一些青年网民的兴趣。关于这个主题公园，我们认为要慎重论证两个问题，其一，中国当下的动漫产业还处于起步阶段，这个主题公园如何成为产业链的一个重要环节；其二，如何实现高技术与高艺术的结合，并使动漫主题公园能够在未来实现可持续发展。另一个是投资近6亿元的秦皇岛栈桥。据有的评论说，这个栈桥的修建，将对北戴河湿地造成严重破坏，从而使这里万鸟飞翔的景观不再，使这个被誉为世界四大观鸟地之一的景区消失。回顾历史，我们可以看到，八九十年代早期各个地区为促进旅游，盲目建设的一些仿古建筑、如西游记宫一类的景点，已经销声匿迹了。最近，湖北宜昌耗资4000万的三峡集锦公园正被拆除，就是沉痛的教训。关于北京圆明园湖底防漏工程引起的争议、探讨，也应该使我们更加重视各类工程建设项目的生态问题。专家提出，我们今天开发、建设的项目，应该成为未来城市的文化遗产，造福子孙。

历史文化遗迹，是一个地区文脉的体现，是最宝贵的人文景观。河北是一个文物大省，而且由于自古燕赵之地就是胡汉接壤、多民族杂居、交融的地区和古战场。因此，燕赵之地的古代文化与以汉族聚居的纯中原文化是有明显差异的，这种多民族交融的特征，一直延续至清。承德避暑山庄和外八庙风姿各异的建筑风格，不只体现了皇家气派，还是满、汉、蒙、回、藏各民族不同的文化、不同的宗教信仰在历史上长期交互相融的体现，是河北历史文脉中最具有代表性的文化遗产。正在兴建中的河北新博物馆对河北文化的发展、省会石家庄的文化建设会起到重要的推动、带动作用。但是，省内一些重要的文化遗址、革命遗址、古建筑的保护与修缮是不能忽视的。这些真的遗址、文物是河北的真正文脉所在，是文化底蕴深厚的体现。文化是一个地区的魂魄，文化是通过有形与无形两种形态体现的，有形的方面包括所有历史的与现代的人文景观、人造生态景观以及一切具有时代特征的物质产品。因此，还应该重视通过改造或建设项目，体现河北新文化、新精神、新形象、新影响。

三、发展文化创意产业

21世纪是文化创意产业逐渐取代传统制造业，创造新的经济增长的重要产业。当下，全世界的创意产业日产值220亿美元，并且每年以5%的速度递增。英国的创意产业已经成为英国经济发展中的最重要因素，日本的创意产业已经是第二大支柱产业，出口额已经超过汽车。可以说，未来的制造、文化、服务业，没有哪个行业能离开创意而独立发展。"创意产业之父"、国际著名创意产业专家约翰·霍金斯认为，多年以来，服务已经成为创意产业的重要方面，它占据了70%的GDP，在中国这个数字大致有25%~30%。实际上，把文化创意产业与旅游结合，是国内外许多国家和地区已经在做的事，中国也在做，只是没有在理论上明确提出来。根据国际对文化创意产业的定义与领域看，包括广告、建筑、艺术、设计、时尚消费、电影录像、表演、出版、广播、互动休闲软件与计算机服务，几乎没有哪一行与旅游无关。所以，发展的文化创意产业，不仅能够促进旅游业发展，还必然推动GDP的增长。

为适应当代旅游的发展，我国在旅游理论方面提出旅游业发展的六要素，即"行、住、食、游、购、娱",前三个要素包括交通、饭店、饮食等基础设施的条件和为旅游者提供的服务;后三个要素中,游是主导要素,"购"与"娱"是附加产品,指的是游客在旅游过程中获得的愉悦体验、精神享受与富于特色的物质产品。我们可以认为后三个要素体现在旅游目的地在文化与生态环境方面的建设上。今天的旅游已经是现代人生活方式的一部分,是一种时尚消费行为。人们对时尚消费的需求是多元化的,重在观光,更重体验,例如,现在的旅游有红色旅游、探险旅游、野生动植物园旅游、采摘旅游、乡村旅游、都市购物旅游等。旅游的组织形式,除旅行社组团游、个人自由游之外,还有多种类型的团体旅游,如会议旅游、公务旅游、学术旅游、夏令营旅游,等。随着时代的发展和技术的进步,移动通信和数字化网络技术对旅游业的影响越来越大。自驾游也已经成为不少中青年人及其家庭重要的旅行方式。如此,基本六要素的内涵也日益发生着变化。所以,谁能够适应旅游者的需求或潜在需求,及时调整、建设六要素,谁就能够在旅游市场中占有基本优势。但是,在信息时代,在国际旅游业迅速发展、竞争激烈的今天,我们必须认识到,推动旅游业发展还有一个不可不重视的要素,就是旅游营销。其重点是策划新型旅游、策划传播方式与途径,使旅游者了解旅游目的地的新形象、新变化、新魅力,了解在物质和精神方面能够获得的最大利益。因此,"旅游六要素"之外,应该有第七个要素,就是"传",即传播。而要取得上述"七要素"的优势,核心问题都是"创意"。

在上述"旅游七要素中",前三个要素中行要便捷、舒适;住要为不同消费水平的人提供卫生、温馨的饭店、旅馆;食要能够提供保证质量、具有特色的饮食和不限时段、适应多阶层人享用的餐厅、饭店;还有周到、富于人性化的服务。其中,旅行路线的策划、饭店、旅馆的装修、饮食、菜谱的设计、导游及服务的形式都需要不断有新的创意。接下来三个要素中,自然、人文景观需要规划设计;旅游商品离不开艺术设计;旅游目的地的娱乐项目本身既需要创意策划,又需要通过各类艺术形式表现出来。许多旅游城市和地区都精心打造了表现地区文化传统的艺术演出,并举办各种艺术节,如上海和长春的电影节。第七个要素,旅游营销中的广告传播、推广旅游新概念、实现品牌培育,本身就是由创意产业完成的。除了上述七要素都需要文化创意来实现,现在城市的文化创意产业本身已经成为旅游新景观。如北京朝阳区的798地区,现在已经形成国内外知名的现代艺术圈。同一个区、距北京CBD区以东不远的王四营乡新开市的观音堂文化大道,以主流画廊的聚集而闻名。这两个艺术品聚集地正吸引着国内外的美术家、美术学院的师生和艺术爱好者。

四、促进区域旅游的跨越式发展

发展创意产业,打造区域或城市的整体形象,需要区域生态、人文景观的规划、建设,需要通过媒体宣传旅游目的地、推广旅游新概念、新主题。前者是基础,后者是必不可少的手段,两者都需要文化创意产业的参与。我们认为,要树立新时期河北的整体形象,就要系统、综合、立体地考虑经济、文化与宣传问题,并从以下五个方面进行探讨。

(一) 通过创意、策划,积极组织、参与国际社会的经济与文化活动

目前,在区域人文景观与生态景观的规划、建设方面,我们的思维比较传统,表现为重视历史古迹、红色革命遗址、绿色生态景区、主题公园和大型商厦,而缺乏如何与当代国际大型经济、文化活动结合,推动京津冀经济圈发展的思考。省会石家庄及秦皇岛、廊坊都可以利用离京津近、交通便利的条件,策划大型国际会展,如企业家高峰会议、国际办公用品博览会……大型商业会展,对提高地区的整体形象与知名度、促进旅游,具有重要作用,是当前国际社会普遍采取的手段。至于是否应该建设大型会展中心、在哪里建,是需要充分论证的。

当代的世界已经是图像时代,表演艺术是用动态图像传播信息,让人在审美与娱乐过程中接受信息,比文字更具有强的传播效果,更感染人。表演艺术通过电视传播,能够起到巨大的宣传效果。在信息时代,大型文艺节目从策划、组织、排演的过程,就是通过各种媒体传播文化信息的过程。因此,大力发展文化产业,通过举办各类艺术节或反映地域文化的大型艺术表演精品节目,体现历史文化精神、表现今日风貌,是传播地域文化、树立地区形象的有效途径。甘肃省80年代创作的民族舞剧"丝路花语",把敦煌的艺术、坚忍不拔的民族精神生动地体现出来。新世纪,甘肃省的文艺工作者又推出一台大气磅礴、绚丽华美的民族乐舞"大漠敦煌",把中华昂扬的汉唐精神演绎得动人心魄。这两台表演都非常富于文化精神,而且具有强烈的视觉冲击力。陕西省的"大唐乐舞",广西的大型山水歌剧"刘三姐",也起到这样的效果。最近,舞蹈家杨丽萍创作、指导、主演的大型原生态歌舞《云南映像》,具有浓郁的历史人文特色,进一步把云南风情展示给世界。以上几台大型文艺表演,都是在挖掘、整理、研究传统文化与民俗文化的基础上进行创作的。这些大型歌舞,不仅繁荣了演出市场、推动了旅游,还传播和发扬了民族文化精神。目

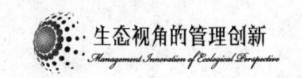

前，河北的大型国际文化交流活动，只有"吴桥国际杂技节"。虽然吴桥的杂技享有世界的声誉，但是，不得不承认吴桥杂技节的不足之处，一是杂技这种表演形式并不是河北独有；二是吴桥杂技在全国乃至世界杂技世界中的风采是历史风采，今天杂技的优势没有在河北。我们认为策划大型文艺演出，体现河北悠久的历史文化底蕴、重现燕赵雄风，对弘扬民族优秀文化，构建和谐社会、发展河北文化事业、促进旅游经济都是非常必要的。

河北地域文化、历史文脉中最典型的特征是汉文化与北方少数民族文化在不断对立中的交融，正是这样的历史环境，孕育出悲歌慷慨的燕赵雄风。至元明清，作为辅畿重地，在几朝封建专制统治下，河北地区的刚健之风逐渐衰减。在现代历史上，从反对军阀的保定学潮、晋察冀的抗日斗争、到赢取解放战争的胜利，河北人民又表现出大无畏的革命精神。因此，关于河北文艺表演节目，可以黄帝、炎帝、蚩尤逐鹿中原、赵武灵王胡服骑射、荆轲刺秦几个点进行创作，或以历史上南北朝、宋、辽、金、元、明、清几个历史朝代中多民族的对立融合为主线，找出最能体现燕赵雄风、多民族文化交融，共创辉煌的点进行策划。在全球化的大潮中，回顾历史、重扬民族精神，是各个国家与民族都十分重视的问题。优秀的文艺表演精品是挖掘地域文化、继承传统、创新与深化地域文化、构建和谐社会不可缺少的手段。

（二）整合区域的自然条件与人文景观

实现信息传播符号化在当代旅游的发展趋势一个是城市周边的短线旅游多元化，一个是长线旅游日益向远距离发展，如出国旅游、冬天北方到海南的线路、夏季南方到东北的线路都是热点。旅游研究说明自然风景名胜的吸引力最大，文化遗产旅游、古村落旅游呈上升趋势，所以整合自然与人文景观，设计策划具有吸引力的区域品牌旅游目的地，是十分必要的。在信息爆炸时代，把信息进行浓缩、简化，从而使信息传达更为顺利，是现代竞争的重要原则。整合自然与人文旅游景区，应该打破行政区域，首先推出大河北的概念。在大河北概念之下，以主要自然地貌为主，对旅游区域进行分区。再以自然地貌为线，把生态风景区和人文景观串起来。使国外游客、省外游客对具有多样化特征的自然地理条件，有清晰、形象的感知，又能够通过景点介绍，了解到景区的丰富性。如果以行政区划、人文景点为主进行旅游景区的介绍，就会产生相似和重复的信息，信息量过多，使受众在接受信息时不仅会混淆内容，还会产生注意力疲劳。例如，北方人希望到武夷山旅游，因为武夷山知名度高，人们知道武夷山秀美、林木茂盛。如果在旅游宣传中，以行政区划为主，把武夷山分到行政区划中，一一介绍各个景点，就会使潜在游客不知道自己想去什么地方。如果有了山、水、湖泊的大印象，潜在游客就比较明确地了解自己是想游山，还是玩水，然后在山水间选择参观那些文化古迹、革命旧址。

依据河北的地貌，从北至南大概可以划分出四类自然景区：北京北部：塞北高原，燕山层峦、草原森林；北京东北部：北倚燕山，东临渤海；北京西南部：太行山脉，高山峡谷，林泉飞瀑；中东部：广阔平原，华北明珠（白洋淀）、海岸沙滩。在这四类自然景区中，如北京北部，有重要的城市张家口、承德，自然景观是塞外风光，有生态草原、森林、湖泊、避暑山庄、外八庙、古皇家猎场、古长城、古要塞、革命遗址等。在整合旅游区域自然与人文景观的基础上，应该使信息传播符号化，以造成持续的视觉冲击，吸引国内外游客的注意力。

（三）深化景区的文化内涵和审美意境

提高游客的感知度、参与度，以提高景区的吸引力。无论何种旅游，都是去异地，在与平日不同的环境中得到新鲜的感受，这种感受或是审美愉悦或是不同寻常的体验、刺激。所以深化、提高景区的感受因素，是吸引游客的重要因素。例如，在苏州的园林中赏昆曲、听评弹，庭院的廊厦中，身着古装的少女在抚琴，这一切都增加了游客对古园林的感受，对苏州文化的感受。在许多生态景区，如在草原上骑马，在森林中与小动物、与孔雀近距离接触，都可以为游客提供与日常生活不同的感受，增加旅游过程的趣味与体验。以河北红色旅游为例，大多数红色旅游景区只有旧址的房屋、院落挂几张照片；有的景点有纪念馆、绿化带和雕塑。我们设想，如果游客能够在某段时间内听到嘹亮的军号、听到《在太行山上》《八路军军歌》《解放军军歌》和《解放区的天》等具有特定时代的革命歌曲，肯定会激起游客内心对革命的崇敬与激情。在具有纪念意义的日子，还可以举办小型的革命主题音乐会，或是举办主题美术展览。这些措施都能够增加游客的体验。而且各个红色旅游景区的文化活动与文艺表演，还可以为该地区的业余文化活动和文艺表演提供一个非常好的展示平台。著名经济学家于光远指出："旅游带有很深的文化性。"现在，许多地区的政府部门、旅游部门和当地高等院校都设有旅游文化研究机构，以当地的传统文化和民族文化为研究方向。如河北的清东陵和清西陵都是清代帝王陵寝，东陵之所以继北京明十三陵之后，成为世界文化遗产，因为联合国的专家在考察后的结论是，东陵与十三陵相比，具有独特性，是世界上唯一的，是建筑与自然环境高度和谐的典范。同时，把中国传统的"天人合一"的文化非常完

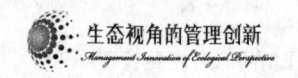

美地体现出来。因此，如果在东陵与西陵景区开辟多媒体放映室，把景区的精华和为什么能够成为世界遗产介绍给游客，游客在理解的基础上，也会深化体验。河北的寺庙在中国佛教文化的发展中有重要地位，而且一些建筑、佛像也是历史久远，非常著名的。关于佛教文化也应该有深入研究，以文化促进河北棕色旅游的发展。少林寺著名主持释永信被称为佛教界 CEO，把少林文化、武僧的武术表演推向世界。北京潭柘寺、开封大相国寺、杭州灵隐寺都把寺庙的文化资源与民俗庙会、佛教艺术展示结合起来。所以，历史人文景点的介绍，是需要在研究成功案例的基础上不断改进、补充材料的。旅游文化研究机构应该承担这些任务。通过文化研究，从不同的方面深化景区意境、增加景区的吸引力，是实现旅游目的地可持续发展的重要途径。文化是地区与民族的灵魂，也是发展旅游的核心问题。

（四）创意旅游新概念和新主题，使旅游时尚化

传统旅游主要有两种类型，观光旅游和疗养旅游。当代旅游已经成为部分人追求时尚生活的一部分，旅游的目的也呈现出多元化的趋势，旅游是当代休闲的重要方式之一。因此，关注时代的发展、关注国内外时尚的新动向，创造表现时尚的旅游新主题，推广旅游新概念，是旅游营销策划的重点问题。近年，我国每年都推出新的旅游热点，如 2005 年的红色旅游、2006 年的乡村旅游。各省也都根据当地的自然环境、文化特征，策划、适时推出不同的旅游，如北京香山观红叶、洛阳赏牡丹、哈尔滨的冰雪文化节、潍坊风筝节，都吸引了很多人。传统旅游只依靠单纯的自然资源与文化资源或开发建设新景点，现代旅游呈现日益多元化的需求，也需要策划旅游新概念，充分利用现有景观，引导旅游消费。最近，大连率先利用养老院的设施，推出老人异地养老旅游，吸引了不少南方老人到这个海滨城市避暑。

（五）通过文化创意完善旅游业的产业链，促进旅游经济

旅游业的产业链包括交通、住宿、餐饮、商业、娱乐、建筑与景观、广告、表演、出版、计算机服务等方面。当前，进一步完善河北及河北跨区域旅游的公路交通网是十分必要的。河北的国际航空港完全依托北京，省内东西旅游区域之间交通不便，难以吸引国外游客。除了硬件建设，旅游经济的产业链中多个环节都需要文化创意去完善。为促进旅游业的发展，提高旅游形象，需要继续制作 TV 宣传片，印制精美、易识别的、信息丰富的导游手册。还应该进一步探讨河北旅游景区、景点的视觉识别系统与交通指示系统、查询系统的设计与制作。提高旅游商品的设计水平，开发旅游新型纪念产品。河北在传统

艺术、民俗文化、当代工艺美术等方面拥有许多特色产品。如何更好地开发适合各类游客时尚、有趣的产品，是促进旅游经济的重点之一。这些商品从造型、品质到包装不仅要精美别致，还应该达到传播旅游信息的目的，提高地方特色产品的设计与质量。在旅游地购买当地特色产品，已经成为旅游中的重要环节。

当前，许多旅行社与旅游地双方安排的购物节目都令游客生畏。实际上，大量游客都会在自己认为适当的商店购物。例如，苏杭的丝绸制品、贵州的蜡染布产品、福建的茶叶、陕西的兵马俑小雕像等，都是一贯受欢迎的产品。河北可以进一步推出富于地方特色的深加工绿色食品，如沧州小枣、阜阳大枣、太行山的栗子、核桃、秦皇岛的海产品，这些产品在旅游地应该品质上乘、包装精美、价格便宜，具有吸引力。河北还应该大力开发旅游特色商品。在河北文化研究的基础上，出版介绍河北自然与人文特色的图书。这一点上，南方一些城市就非常注意。一个小镇，一个村落，甚至一所宅院，都可能有图文并茂、专门介绍其兴衰和文化的小册子或明信片。建立地区的旅游网络中心，完善的网上导游及在旅游目的地为游客提供计算机服务等。

本章小结

本章基于生态视角，从旅游发展管理创新角度，围绕着红色旅游经济发展问题，对其发展现状做了较为详尽的调查研究和分析论述，依据旅游管理理论，运用了多种交叉学科的理论，在成因分析的基础上，遵循科学的、系统的、可操作的原则，分析了影响旅游事业发展的主要因素，有针对性地从成因上去分析研究，把红色和旅游相结合，建立一种具有地方特色的红色旅游经济管理的体系与方法，挖掘和保护历史文化遗产，开发红色旅游，找出发展红色旅游的良好对策和方法，通过发展红色旅游推动经济的发展，提出促进经济、社会和环境可持续发展的建议和对策。

参考文献

[1] 胡芬. 旅游企业生态管理的发展思路与模式选择 [J]. 管理世界, 2010 (11).
[2] 王兆峰. 旅游产业集群的生态位策略研究 [J]. 人文地理, 2009 (11).
[3] 罗美安, 向风行. 生态旅游的发展与管理浅析旅游科学 [J]. 1999 (1).
[4] 晋秀龙, 陆林. 旅游生态学研究方法评述 [J]. 生态学报, 2008 (5).
[5] 张建军, 许佳林, 薛之东. 生态旅游管理与可持续发展浅析 [J]. 山西师范大学学报

（自然科学版），2003（2）．

[6] 史本林．论区域旅游可持续发展战略［J］．江西社会科学，2005（1）．

[7] 曹小黎．从生态旅游谈区域旅游可持续发展［J］．商业时代，2009（15）．

[8] 陶表红，邹淑珍．保护生态环境与发展红色旅游［J］．江西社会科学，2005（9）．

[9] 张春丽，刘继斌，佟连军．中国红色旅游可持续发展研究［J］．国土与自然资源研究，2006（4）．

[10] 邬明香．发展生态休闲红色旅游的若干思考［J］．老区建设，2008（11）．

[11] 石丹，徐喆．基于生态位视角的区域旅游竞合发展探讨［J］．浙江农业科学，2015（1）．

[12] 崔薇．对遗产的态度［J］．旅游，2001（8）．

[13] 毛日清．老区建设与"红色旅游"事业的发展［J］．求实，2002（12）．

[14] 刘进．武乡描绘太行山红色旅游线［J］．商业文化，2004（3）．

[15] 张成渝等．世纪之交中国文化和自然遗产保护与利用的关系［J］．人文地理，2002（1）．

[16] 胡占君．毛主席民主革命时期历史教育思想浅探［J］．河南师范大学学报（社科版），2003．

[17] 王林．中外历史文化遗产保护制度比较［J］．城市规划，2000（8）．

[18] 韩光辉．桂林历史文化遗产及其保护［J］．湖北大学学报（社科版），2000（1）．

[19] 王景慧．城市历史文化遗产保护的政策与规划［J］．城市规划，2004（10）．

[20] 张彬彬．都市地区的"红色旅游"开发——以上海为例［J］．桂林旅游高等专科学校学报，2004（4）．

[21] 杨文健，李瑞琼，庄春．依托区位优势 整合红色资源［J］．阿坝师范高等专科学校学报，2004（3）．

[22] 沈乔．党史研究在红色旅游中的功能取向［J］．沧桑，2004（3）．

[23] 何琼．西部民族文化保护与开发［J］．理论与当代，2004（5）．

[24] 李平生等．城市现代化中的历史文化保护问题——以济南为例［J］．东岳论丛，2004（5）．

[25] 刁道胜．新形势下文化遗产保护科学和技术发展的思考［J］．文物保护与考古科学，2004（3）．

[26] 李光照，陈久生．挖掘历史文化遗产，保护风貌建筑［J］．中国房地产，2004（8）．

第七章　生态视角的企业国际化管理

第一节　国际企业和企业国际化

一、国际企业的含义及特征

（一）国际企业的含义

从国内外经济文献上记载，国际企业有各种各样的称谓，如 international, multinational, global, world, transnational, supernational, supranational corporation 等，国际企业、跨国公司、全球公司、世界公司、多国公司、超跨国公司等，在生活中人们接触最多的是跨国公司（multinational corporation - MNC），对于非公司制形式的跨国公司则使用跨国企业（multinational enterprise - MNE），跨国公司是指总部位于某一国家，在两个以上国家拥有所有权或控股权的分支机构或子公司，从事生产和服务经营活动的企业。

到目前理论界对国际企业含义的解释大体分三类：第一类是从企业经营活动的内容来划分，把凡是有海外业务的企业都看作是国际企业；第二类是从企业海外业务量的方面来解释国际企业，把企业海外销售额在企业总销售额中所占的比例，或者把企业在海外直接投资数额以及在海外设立的子公司数量作为衡量国际企业的标准；第三类是从企业海外业务质的方面来解释国际企业，以企业的战略、企业的组织结构的特征，以及企业海外业务对企业目标的实现重要程度作为衡量国际企业的标准。

尽管人们对国际企业含义的理解有很大的差别，不少经济文献上也提出了不同的划分标准，现归结如下：①结构性标准。结构主要是指公司跨越的地区以及公司资产所有权而言。邓宁认为：跨国公司简单地说就是在一个以上的国家拥有或控制生产设备的一个企业。而美国的梅森劳基则从所有权或管理权方面来规定跨国公司，认为多国公司的第一个标准就是在许多国家从事经营，第二个标准是它在哪些国家从事研究开发和生产制造,第三个标准是管理必须是多国性,第四个标准是股票所有权必须是多国的;②经营额标准。经营额标准是以公司在国外营业额相对或绝对额作为划分标准。罗尔夫认为跨国公司是指有25%或者更多的国外业务份额的一个公司,国外份额是指国外销售、投资、生产或雇佣人数的比例。维农认为规模也是重要的,销售额低于1亿美元的这类公司不值得引起注意。

国际企业作为一种经济形态,由于其内涵的复杂性、动态性,理论和实践上难以确切地做出并得到普遍认同的界定以给出标准的定义,但基本特征还是比较清楚的:它必须是在一国以上拥有资产并从事跨国的经营活动;海外的资产和营业额占公司全部营业额的比重,已达到一定的规模;在母公司控制下的子公司、集团组织体系,通过统一的决策体系,实现共同的经营目标。

(二)国际企业的特征

按国际企业的规模可分为大型、中型和小型国际企业,国际企业的规模可以按销售额、销售收入、利润、海外销售额与总销售额的比例、海外直接投资额、海外子公司数量等来衡量。国际企业应该具备三个特征:第一是国际性,国际企业的业务首先要具有国际性,国际性有数量和质量两方面的衡量标准和特征;第二是持续性,国际企业应该是指国际化的企业,企业的海外业务应该保持一定的频率,应该是一种有组织制度保障的持续性行为;第三是整体性,国际企业的整体性特征表现在所有权、战略制定与协调以及资源共享三个方面,这对衡量规模较大、设有分支机构的企业是否为国际企业尤为重要。

二、企业国际化理论与评价方法

(一)企业国际化含义

企业国际化与国际企业是两个相互联系又有不同含义的概念,前者是企业融入世界经济一体化的发展过程,后者则是企业国际化的结果或表现形式。国际企业是相对于国内企业而提出的,而企业国际化或国际化发展是指国内企业参与国际分工和经济一体化进程,逐渐发展为一个国际企业的过程。

企业国际化经营是企业从国内经营走向跨国经营,从国内市场进入国际市场,在国外设立多种形式的组织,对国内外的生产要素进行综合配置,在一个或多个经济领域进行经营的活动。也即企业国际化经营是指企业在两个或两个以上国家或地区从事投资、生产、销售和服务等国际性活动。

企业国际化可以分为主动国际化和被动国际化两种:为了保证企业持续发

展、充分利用企业成本、技术、资金等优势促使企业主动向国际化发展；或国外主动提供订单和外国企业进入本国市场、参与竞争等因素迫使企业向国际化转变。企业国际化主要表现在两个方面，一是企业的生产经营活动范围逐步扩大的过程，二是伴随这种过程企业自身组织结构、生产经营环节的国际化的扩展和演变过程。企业国际化的进程是一个双向演变的过程，包括外向国际化和内向国际化。如从市场状态来看，前者是"国内市场国际化"，后者则是"国际市场国内化"。芬兰学者威尔什和罗斯坦瑞尼认为：企业内向国际化进程会影响其外向国际化的发展，企业内向国际化的效果将决定其外向国际化的成功。

(二) 企业国际化理论

一个企业如何经历国际化过程成为一个跨国公司呢？这是西方理论界近30年来研究的热点问题之一。从理论来探讨企业国际化发展过程的一般规律，尽管形成了许多派别、学说，实际上总是围绕两个最基本的问题展开的，一是如何描述企业国际化过程的连续性或阶段性，二是企业国际化的成长和发展的动因是什么？国际上有代表性的理论体系简述如下。

1. 罗宾逊六阶段理论

美国学者理查德·罗宾逊在20世纪80年代中期提出了国际化经营阶段论，将企业国际化进程分为六个阶段。

(1) 起始阶段，是指原先经营范围仅限于国内市场的企业，开始小规模的产品出口，换取国外的原材料，从而企业开始涉足国际市场。

(2) 出口阶段，是指企业出口规模逐步扩大，并逐渐成为企业经营范围的一部分。

(3) 国际经营阶段，是指企业出口规模进一步扩大，国外市场已成为企业经营范围不可缺少的一部分，并开始以参股形式在国外创建子公司。

(4) 多国阶段，是指企业在多国家建立子公司，开始形成跨国性企业集团。

(5) 跨国经营阶段，是指企业开始从全球战略的角度进行调整，通过加强统一管理，使母子公司关系从松散型向紧密型过渡。

(6) 超国际阶段，是指企业将全球战略贯穿于整个经营过程，具备了国籍日益淡化、经营日益全球化的特征。

2. 泊尔穆特四阶段论

美国学者泊尔穆特在罗宾逊理论的基础上，从跨国公司直接投资与东道国

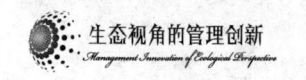

社会文化背景的适应过程以及母子公司之间的权限划分上，提出了四阶段论：

（1）国内指向阶段，泊尔穆特认为在国外建立子公司是企业国际化经营的第一阶段。

（2）当地化阶段，随着子公司的发展，会由于与东道国社会文化背景的差异而导致经营困难，此时要进入第二阶段，子公司积极使用当地人员进行管理，子公司的自主权增加。

（3）区域指向阶段，此时子公司过多，管理易失控，因而母公司为统一管理，成立区域性管理单位，减少子公司的权限。

（4）世界指向阶段，随着国际分工的不断深化，子公司之间的相互依存度增大，跨国公司开始推行一体化战略。

3. 安索夫的三阶段论

美国学者安索夫从企业国际化经营由低至高渐进的不同形态上，提出了企业国际化经营的简洁三阶段论：

（1）出口阶段，企业参与国际化经营的第一步是通过国外代理商在当地市场销售自己的产品。

（2）国际阶段，企业采取直接投资方式，在当地设厂，就地生产，就地销售，以绕开贸易壁垒。

（3）跨国经营阶段，企业国际化经营的范围日益扩大，寻求子公司之间的经营资源的合理配置，将整个公司纳入全球一体化的经营战略中。

4. 企业国际化网络理论

瑞典学者应用网络理论，提出了企业国际化网络模型。网络理论认为企业群体在特定产业内从事生产、销售、服务等活动构成了彼此相互依存性，这种依存关系决定了"单个厂商的生存依赖于其他企业所控制的资源，企业是通过其在网络中的地位来得到这些外部资源"。企业国际化是企业在国际市场中逐步建立、发展和完善网络关系的过程，企业国际化的程度决定了其在国际市场网络中的地位。

该理论与将视角放在企业自身渐进发展的阶段理论不同，而是把研究的重点从企业自身扩展到企业之间的关系及相互作用。企业国际化过程实际上是企业在国际市场上同其他企业在竞争中求合作，在合作中进行竞争的过程。

5. 企业国际化四要素理论

丹麦学者托宾·佩德森和本特·比特森于1998年提出的企业国际化四要素理论认为，企业组织成长是一个逐渐发展的过程，决定企业国际化成长过程主要是由四个因素影响的。

(1) 市场知识，企业组织成长是其对国际市场知识积累、同步发展的过程。

(2) 资源，企业组织成长是随同其掌握资源的扩大，国际化能力增强的过程。

(3) 市场占有率，企业组织成长是随着其市场占有率的提高而不断扩张的过程。

(4) 产业内竞争度，随着企业所处产业内的竞争程度加剧，企业加强对海外市场的争夺，国际化进程加快。

企业国际化四要素理论核心观点是，企业国际化速度和程度取决于企业内部的资源以及企业外部的市场两个方面综合作用的结果。

6. 对企业国际化理论的评述

上述国外学者从不同角度对企业国际化的发展过程作了抽象描述，分析归纳出其具有以下共同特征。

(1) 企业国际化经营是动态地不断学习、积累和反馈过程，在这一过程中，企业对其外部和企业内部的有效知识进行学习，逐步积累有关企业组织、技术和市场相关的经验和信息，并及时将其反馈到企业的决策机构，使企业系统本身在不断优化中发展。

(2) 企业国际化主要是市场带动的结果，其发展过程是以市场为导向的逐步扩张演化，采用市场逐步升级的手段可以使企业扩展成本最低，成功率最高，因而遵循了本地市场—地区市场—海外市场—全球市场这一发展轨迹。

(3) 企业的经营活动由单一化向多样化、复杂化发展，由于企业生存环境的多样化和复杂化，企业若经营某单一产品或仅在某一行业发展，其经营风险较大，经营成本较高，而进行多样化经营，往往可以有效地分解和弱化其经营风险，降低经营成本。

(4) 局限性，上述理论只适合于生产制造型企业，而对于服务型企业，由于其不存在进出口业务和生产活动，因此难以解释其国际化进程。也就是说，上述理论仅从企业发展的外在表现形态进行论述，而未对企业所具有的各种内部优势（技术优势、人才优势等）进行深入研究。

(5) 一般性，上述理论仅是国际化进程的一般性描述，依据跨越式的发展理论，有的企业可跨越某些阶段而成为跨国公司（如软件、高新技术企业等）。

(三) 关于企业国际化的评价方法

企业国际化既然是一个发展过程，人们自然会提出如何评价这个发展过

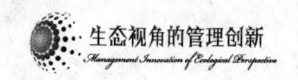

程，即对企业国际化程度作一个评价。这是一个颇有争议并且尚处于探索阶段的问题，目前较常用的方法主要有三种，包括比例法、跨国化指数法和国际化动态雷达图法。

1. 比例法

比例法是采用一系列指标来反映企业国际化程度。美国学者苏利文设计了五种指标来反映企业的国际化程度，包括：

(1) 国际销售率 = 国外销售总额/全部销售总额 × 100%

(2) 海外资产比率 = 海外资产净值/全部资产净值 × 100%

(3) 国际管理指数 = 高级管理人员的国际经验

(4) 国际投资指数 = 投资过程中对海外市场的熟悉度

(5) 海外公司比率 = 海外子公司/全部子公司 × 100%

2. 跨国化指数法

联合国跨国公司与投资司使用国际化指数评价企业国际化的经营强度，具体公式如下：

$$跨国化指数 = (国外资产/总资产 + 国外销售额/总销售额 + 国外雇佣人员/雇员总数)/3 \times 100\%$$

3. 国际化动态雷达图法

企业国际化是一个动态的过程，在其进程中，企业随着外部环境变化，企业经营活动状态也必将发生变化，主要是如下几个因素：组织结构、海外资金比例、销售额比例、海外雇员比例、海外生产比例和管理的一致性。雷达模型从以上六个方面反映企业的跨国经营水平，具体如图 7-1 所示。

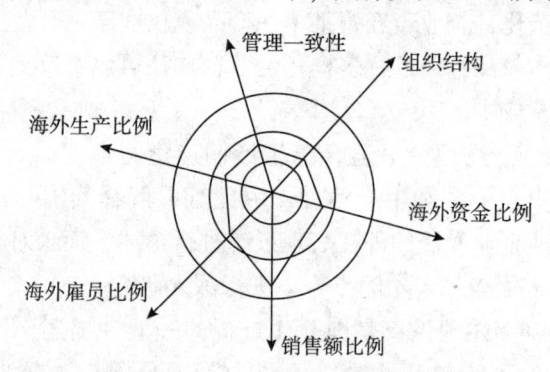

图 7-1 企业国际化雷达图

(1) 组织结构，企业的组织结构形成了其内部的部门权力和职权范围，其组织结构可分为职能型、产品型、地域型、混合型和网络型，这五种方式的演变可反映出企业的国际化程度的不断提高；

（2）海外资金比例，主要反映资金的海外筹集和海外运用规模和程度。在资金筹集中，用海外筹集资金与总筹集资金的比例反映企业国际化程度；在资金运用中，以用于海外投资项目的多少来反映其国际化水平的高低；

（3）销售额比例，主要反映海外市场的依存程度，用企业海外销售额与企业销售总额进行对比，从而反映国外市场对企业经营业绩的贡献率；

（4）海外当地雇员比例，现在企业的竞争是人才的竞争，各企业都十分重视人才。在企业海外经营中，海外雇员占全体雇员的比例，可以直接反映出企业在人力资源开发中的国际化程度；

（5）海外生产比例，主要反映企业生产空间的广度，用企业海外生产的总产值与其全部产值进行对比，从而反映企业生产地域的广泛性；

（6）企业管理制度的一致性，在企业财务、人事、生产、销售等运作管理过程中，企业的海外公司和国内公司是否采用一致的标准和规则，是衡量企业国际化程度的标志之一，一致性越高，反映企业国际化程度越深。

把企业在各个指标上的位置依次相连，形成一个封闭的雷达图，该图形面积大小反映企业国际化经营水平的高低。

第二节　企业国际化和中国企业国际化

一、企业国际化

（一）企业国际化的进程

企业国际化，是指企业积极参与国际分工，融入全球经济一体化的发展过程。企业国际化主要指其销售国际化、生产国际化、融资国际化、服务国际化和研发国际化等，按照国际惯例运作。

1. 企业国际化的发展阶段

一个企业实现跨国经营和全球经营需要阶段性的经历，分为四个阶段，见表 7-1 所示。

（1）国内阶段，企业定位于国内发展。

（2）国际阶段，企业谨慎地进行出口，并开始多国化的思考。

（3）跨国阶段，企业进行跨国经营，成为真正的跨国企业，在多个国家拥有市场和生产基地，有 1/3 以上的销售来自本国以外。

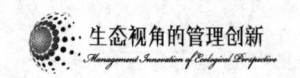

（4）全球化阶段，企业的生产、经营和销售实行多国"连锁"，企业的经营中心在全球，经营跨度一般在 50 个国家以上。

表 7-1 企业国际化发展的四个阶段

	Ⅰ.国内	Ⅱ.国际	Ⅲ.跨国	Ⅳ.全球
战略导向	国内导向	出口导向	跨国化	全球化
发展步骤	初步涉足海外	竞争定位	扩张	全球化
结构	国内型结构、出口部门	国内型结构、国际事业部	世界范围、区域型产品型	矩阵型、跨国型
市场潜力	有限，主要在国内	大，多国化	非常大，跨国化	整个世界

2. 企业国际化的发展趋势

随着经济全球化的发展，越来越多的企业向国际化发展，企业国际化已经成为企业发展的主要趋势。企业国际化发展趋势具体表现为：第一，发达国家的大型企业以及发展中国家的大型企业，大都具有了国际化特征；第二，越来越多的中小型企业从事进出口业务或与外国企业进行合作，从而具有了国际性；第三，越来越多的国家加入了 WTO，使国内经济融入经济全球化进程中，使国家经济带有了国际性的特征；第四，国家在制定经济政策时把国际因素作为重要的因素加以考虑，制定有利于本国企业国际化的国际贸易、金融和投资政策等。

（二）企业国际化的特点

随着企业国际化经营的不断发展，其呈现出与以往国内生产所不同的特点，主要表现在以下方面。

1. 核心能力

核心能力是企业发展的决定性因素，是其他竞争对手难以超越和模仿的特别能力，是影响中国企业国际竞争力的根本原因，它的培育根本源于技术创新。企业发展核心竞争力，并基于核心竞争力参与竞争是最有力的。核心竞争力是以知识、技术为基础的综合能力，是指企业开发设计独特的产品、发展独特技术和采用独特营销方式的能力，是支持企业赖以生存和稳定发展的根基，它的主要特征是组织的学习和协作。

核心竞争力首先反映的是技术协调和发展路径上，通过企业的产品和服务体现出来，其中专业化竞争力是最重要的核心竞争力。例如，索尼公司的袖珍化能力，以及飞利浦公司在光学媒质上的专长。索尼公司将袖珍化、材料科学、微处理器设计以及超薄精装各方面的技术协调配合使用，生产出袖珍收音机，同时又将这种技能运用在袖珍计算器、袖珍电视机上，培育公司的核心能力。

核心竞争力还表现在企业的整体行动能力上，它不仅包括技术和管理技能，它还是一种制度化的相互依存、不断创新的知识体系。企业的技术体系、管理体制、实物系统和战略思想共同构成了企业的核心竞争力。核心竞争力的形成以研究开发为基础，目前研究与开发机构包括本地适应型、国际适应型和国际开拓型，企业核心竞争力的形成对企业的国际化经营具有重要意义。

2. 信息化企业

物质、能量和信息构成了客观世界，信息作为客观世界的一个重要构成部分，随着信息科技的发展，逐渐被人们认识到其重要性。信息是一种特殊资源，它具有可扩充性、扩散性和共享性等特征。信息作为一种战略和经济资源，已经成为经济发展的引擎。

企业在国际化经营中，必然导致企业生产的分散化、规模化。作为一个庞大的系统，企业内部管理的附加层次增多，系统的输入、输出和内部往来的信息量增大。这就要求企业各部门之间应能及时、准确地处理和传递相关信息，要求企业管理者及时掌握企业内部与外部的相关信息，以调整和控制企业的发展方向。而地域分散、组织庞大往往使管理者不能亲临各地进行监督和控制，获取第一手信息。这就要求企业必须利用现代化的网络通讯技术，建立企业的信息管理系统，实现信息的畅通交流。目前世界500强企业都具备很高的信息化管理水平，如瑞士的雀巢集团总部利用信息化系统，对分布在全球400多家企业的财务、资金、质量实行集中统一管理，总部随时监控资金在世界各地运作的状况，在几分钟内就能调动分散在全球的上百亿资金。

经济信息在企业国际化经营中非常重要，但在收集过程中存在一定的难度。目前经济信息呈现以下主要特点：

（1）信息的时效性。经济信息的寿命很短，这主要是因为企业所处的环境由众多系统构成，系统处于迅速变动之中，一旦信息不能及时传递和加工，就难以有效利用。

（2）信息的更新性强。市场经济存在周期波动，但该周期性过程并不是简单的重复，而是在新环境下的新的发展过程，这就要求企业要随外部环境变动不断更新内部信息资源。

（3）信息的双向性。商品实体的运动表现为由生产者向消费者的单向流动，而作为无形资产的信息，存在信息的输入和信息的反馈，构成其流动的双向性，这就要求重视信息的反馈功能，以增强信息输入的有效性。

(4) 信息的庞杂性。随着信息技术的发展，企业可以很方便地从各种渠道获取大量科技信息、市场信息和政治信息等，但并不是所有信息都是有用的，企业必须对庞杂的信息进行过滤、加工和整理，提高信息的实效性。针对信息的特点，很多国际化经营企业都建立了包括竞争对手、市场、科技和国际金融信息的收集和处理系统。

3. 虚拟企业

随着信息技术的发展，与实体企业相对应，出现了虚拟企业。虚拟企业突破了企业间的有形界限，往往仅保留企业最关键的功能，其他功能通过外部资源来实现。它通过一套完善的信息网络和合同网络，实现企业的虚拟化生存。

虚拟企业的形态可大致分为两种。一种是机构虚拟型，这种形式超越了空间集中的形式，另一种是组织虚拟型，这种形式超越了内部组织的形式。机构虚拟型，针对实体企业中的空间集中化形态，这种虚拟企业往往找不到办公大楼，它是通过信息网络和合同网络把各种资源有机地结合起来。例如，网上银行、网上旅游公司都属于这种形态。组织虚拟型，这类企业在经营过程中能够实现生产和销售等各项功能，但是这些功能的实现往往借助于外部企业，作为企业本身只保留其核心功能，其他非关键功能退化甚至消失。目前这种形式的虚拟企业正在迅速发展，成为企业虚拟化的主流。

二、中国企业国际化

（一）中国经济的市场化与国际化

在研讨中国企业国际化之前，先论述中国经济的市场化与国际化。随着改革开放的不断深入，中国经济市场化和国际化取得了长足发展，这不仅促进了产业升级和产业调整，还有利于规模经济的发展，使产业集中度进一步提高，大大提高了各种经济组织的运行效率。

1. 中国经济市场化

市场化是指资源配置方式由政府行政配置向市场调节配置的转化（国家计委市场与价格研究所课题组），经济市场化就是指资源由计划配置向市场配置的转化过程。

（1）经济市场化，主要包括产品价格市场化、生产要素市场化和企业经营市场化等几方面，在这些方面中国已取得了长足发展。产品价格市场化，主要包括农产品、工业品和服务产品的价格市场化；生产要素市场化，主要包括资本、土地和劳动力市场化；据有关统计显示，目前中国企业经营市场化程度已高于 50%。

（2）中国经济市场化，始于 1978 年的经济体制改革，以"市场化"为基本取向，从培育市场主体、建立市场体系入手，大致可分为三个阶段：第一阶段（1978 年 12 月～1984 年 10 月），主要是在计划经济体制下运行，可认为是市场体制外市场化阶段；第二阶段（1984 年 11 月～1991 年），主要表现为产品市场化和企业市场化，可认为是市场体制内局部市场化阶段；第三阶段（1992 年至今），是中国经济市场化的全面展开与纵深推进阶段。

2. 中国经济国际化

经济国际化是指一国经济发展超越国界，与国际经济的联系不断扩大和深化，进而达到相互融合的过程，其实质是资源配置的国际化。经济国际化是一个动态过程，是一个从商品国际化到资本国际化、再到生产国际化的发展过程，是市场经济发展到一定阶段的必然要求，是世界范围内经济发展的必然趋势。经济全球化是全球范围的国际化，是经济国际化的高级阶段。经济的国际化程度标志着一国的对外开放水平。

随着中国经济市场化程度的加深和对外开放程度的不断扩大，中国出口企业的整体竞争力逐步提高，中国经济的国际化程度提高很快。2003 年中国对外经济贸易跃上新的台阶，外贸依存度上升到 60% 以上的历史最高水平，标志着中国经济国际化程度的大大提高。

经济全球化的发展，使国家之间经济相互依赖关系日益加强，商品、服务与资本流通和生产的组织与管理在超越国家界限的范围进行，一个国家要实现经济持久高速发展，就要融入世界经济之中，中国积极主动地选择了融入经济全球化进程之路。中国经济融入经济全球化的发展过程，以加入 WTO 为界大体可分为两个阶段：第一个阶段是中国经济部分地与国际经济相结合的阶段，1979 年开始随着中国实行经济改革和对外开放政策以来，使长期封闭的中国经济转变为开放经济，使中国经济逐步融入了国际分工体系，到中国加入 WTO 前为止，中国经济已经部分地融入了全球经济，中国经济的国际化程度大大提高；第二阶段是逐步使中国经济全面与国际经济相结合的阶段，加入 WTO 加速了中国经济融入全球化经济的进程，加速了中国企业的国际化进程。

（二）中国企业的国际化

中国企业的国际化始于 1979 年，随着改革开放逐步发展起来；1988 年国务院正式批准中国化工进口总公司为跨国经营试点，标志着中国企业国际化经营进入自觉推广阶段；1992 年党的"十四大"确立建设社会主义市场经济体

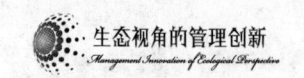

制后,中国企业把国际化提高到进一步扩大开放、促进经济发展的战略角度并使其与建立社会主义市场经济体制的多元化战略相结合,从而使中国企业国际化进入新的发展阶段;进入 21 世纪,随着经济全球化趋势的形成,中国企业国际化取得长足发展;尤其是随着 2001 年年底中国加入 WTO,中国经济开始真正全面融入国际经济,中国企业国际化经营必将更加迅速发展。尽管中国企业国际化程度和规模都还不大,但其发展速度和潜力已经引起一些西方工业国的重视。

1. 中国企业的国际化动因

中国企业的国际化是中国企业发展的必然趋势造成的。

(1) 外部原因,经济全球化的需要,经济全球化趋势加快,给中国企业发展带来巨大机遇,利用国内、国外的两种资源、两个市场,发挥自身的比较优势,寻求资源的最佳配置,以促进中国企业的更快发展。

(2) 内部原因,企业自身跨国经营的需求,跨国企业拥有的某些垄断优势、比较成本和交易费用等,促进了中国跨国企业的出现和外国直接投资的产生。

2. 中国企业的国际化现状

中国企业在全球经济市场上的实力虽然仍比较弱,但发展很快,很有潜力。中国企业进入世界列强企业的数量越来越多,世界权威性财经杂志美国《财富》评出的全球最大的 500 强企业中,1994 年以前为零,1995 年只有 3 家中国企业,到 2001 年就有 11 家中国企业,尤其近几年入选的中国企业数量增加较快。2001 年进入全球 500 强的 11 家中国企业见下表 7-2′所示。

表 7-2 2001 年进入全球 500 强的中国企业

排名	公司名称	中文名称	主要业务	营业收入 百万美元
68	Sinopec	中国石化	石油化工	45346.0
77	State Power Corporation	国家电力公司	电力	42548.7
83	China Petroleum	中国石油天然气	炼油	41683.7
213	Industrial & Commerciat Bank of China	中国工商银行	银行	22069.9
228	China Telecommunications	中国电信	电信	20812.9
251	Bank of China	中国银行	银行	19495.7
276	Sinochem	中国化工进出口公司	多样化	18035.9
336	China Mobile	中国移动通信	电信	15045.4
411	China Construction Bank	中国建设银行	银行	12615.7
414	COFCO	中粮集团	多样化	12517.0
448	Agricultural Bank of China	中国农业银行	银行	11662.4

3. 中国企业的国际化内容

经济全球化下，中国企业的国际化必须从中国经济发展的实际情况出发。

(1) 生产管理的国际化。着重引进发达国家的先进生产管理方法，特别是技术和质量指标管理体系，在会计制度上中国已开始向国际惯例接轨。只有企业生产管理水平提高了，中国企业才能走向世界，在国际市场上与竞争对手使用相同的管理工具，提高整个企业的内在素质。

(2) 销售市场国际化。实现企业产品销售市场国际化，重点是找准企业在国际社会分工中的位置，努力开拓、占领和扩大国际市场，依靠国外成熟的营销网络，学习国外先进的营销经验的同时，逐步建设自己独立的销售网络，政府可以利用政策优势为企业国际化提供服务，如组织出口企业建立联合销售网，或在国外建立销售中心等。

(3) 融资国际化。中国企业要走向世界，实现国际化经营，应该拓展融资形式和渠道，实现融资的国际化，如债权和股权融资，特别是股权，既可以引进外资，又可以引进国外先进管理技术。

(4) 服务国际化。中国企业要走向国际，要做好产品的服务工作。品牌服务应该将周到细致的服务从售中售后延伸到售前，及时发现客户已有的和潜在的需求，然后通过强大的研发机构设计出能满足用户需求的产品，率先抢占客户资源、拥有市场，真正贯彻"卖给用户解决方案而不是产品"的服务理念。

(5) 品牌国际化。国内有一大批企业以创办国际知名品牌、建立国际化企业、早日进入世界500强为目标，在与外国公司的较量中，不断提升自己的国际知名度和竞争力。中国企业国际化的杰出代表——青岛海尔集团最具代表性，海尔产品在出口时首先进入发达国家的市场，建立信誉、创出品牌，然后再投资于发展中国家，从事海外生产和销售，实现品牌的国际化。

(6) 人才的国际化。人才是企业的战略资本，是企业生存和发展的支撑者，知识、技术、创新与管理等构成企业的核心能力、决定企业竞争力的关键因素最终都以人的才能来实现。企业的国际化经营，需要一批高层次的科技人才，尤其是精通国际金融、国际贸易、国际企业管理及国际市场营销的国际化复合型专业人才。综观世界跨国公司大都有杰出的国际化经营人才，如索尼公司有盛田昭夫、通用公司有韦尔奇、海尔集团有张瑞敏等。

(7) 发展大型跨国公司。当前在企业国际化迅速发展的基础上，可以在某些领域发展大型跨国公司。一是销售领域，可以在世界各国建立自己的销售网络；二是中国短缺的资源产业，可以到短缺的资源生产国去投资，既相对节

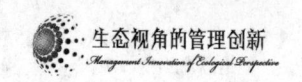

省外汇支出,又能通过产品外销增加外汇收入;三是中国的绝对优势产业,各国的关税和非关税壁垒限制了中国一些绝对优势产业的产品出口,为避开这种限制,中国可以到销售市场的国家去办企业,从长远看可以换来长期稳定的收益。跨国公司的发展要从国家整体利益出发,考虑成本和效益,采取积极稳步和适度发展的方针。

4. 中国企业的国际化方式

中国企业国际化经营的方式多种多样,主要有利用外商直接投资在境内开办"三资"企业;引进国际先进技术和管理方式,按国际惯例和国际标准管理企业;面向国际市场加强与世界经济的联系,扩展企业进出口业务;境外创建跨国企业等。可归纳为三种最主要方式,即贸易、投资和技术转让。鉴于对贸易的研究已经很多,研究成果也较深入,本书主要从投资,尤其是直接投资的角度分析研究中国企业的国际化。

5. 中国企业的国际化战略

适应经济全球化和加入 WTO 的新形势,全面提高中国的对外开放水平,提高中国企业的国际化经营。从直接投资的角度,中国企业的国际化战略可分为"引进来"的企业国际化战略和"走出去"的企业国际化战略,即中国利用外商直接投资和对外直接投资进行企业跨国经营,两方面紧密结合、双向互动,全面提高中国企业的国际化经营。

(1)"引进来"与"走出去"。"引进来"的企业国际化战略,主要指中国利用外商直接投资,举办外商投资企业,同时带来国外的先进技术和管理经验;"走出去"中国企业跨国经营,主要指对外直接投资企业,以资本带动生产和销售,进行跨国生产经营和销售。"引进来"是发展和扩大改革开放的基础,发展壮大中国企业,为中国企业更好更快地"走出去"奠定基础;"走出去"是中国对外开放新阶段的重大举措,提高中国企业的国际竞争力,"走出去"程度也是衡量中国企业国际化水平高低的重要标志。对外改革开放之初,20 世纪 80~90 年代,中国企业国际化主要走的是"引进来"的道路,利用外商直接投资创办企业,利用外国的资本和技术发展本国的经济,促进了中国经济的发展;今后要特别强调的是"走出去",利用国内、国外两个市场、两种资源来发展壮大自己,促进中国经济的更快发展。

(2)中国利用外资与对外投资。根据《2000 年世界投资报告》计算,从世界范围看,中国企业对外直接投资金额仅占世界对外直接投资金额的 0.54%;从国内看,中国利用外资与对外投资的比例为 1:0.09,不仅大大低于发达国家 1:1.36 的平均水平,也低于世界平均水平 1:1.02,甚至低于发展中国家1:0.34的水平，显示出中国资本流入与流出的严重失衡。截至2001年12月底，全国累计批准外商投资企业390484个，合同外资金额7459.09亿美元，实际利用外资金额达到3954.69亿美元，合同金额和实际金额分别是中国对外直接投资的60倍和47倍。由此可见，中国对外投资的发展尚处初级阶段，对外投资与利用外资比例严重失衡，必将影响中国经济的持续健康发展，所以中国在提高利用外商直接外资的同时，应该着重加强对外直接投资的幅度和份额。

（3）吸收外资与对外投资相结合。利用国际市场调整和促进中国产业结构的优化和升级。邓宁于20世纪80年代初提出的投资发展周期论，旨在从动态角度解释各国在国际投资中的地位。该理论依据人均国民生产总值将一国投资发展周期划分为四个阶段：阶段一，人均国民生产总值小于400美元，此时引资规模很小，并无任何对外投资；阶段二，人均国民生产总值在400~2000美元之间，国内市场得到扩大，投资环境改善形成较强的区位优势，引资规模不断扩大，但由于经济实力和技术水平有限，未具备较强的所有权优势，对外投资额仍保持在一个较低的水平，净对外投资额为负数；阶段三，人均国民生产总值在2000~4750美元，此时形成较强的所有权优势，对外投资大幅上升，其发展速度可能超过利用外资速度，标志着一国已走向国际专业化的道路；阶段四，人均国民生产总值在4750美元以上，拥有强大的所有权优势，对外投资的增长速度高于吸收外资的增长速度，净对外投资额为正值。

按此理论，中国目前基本上处于第二阶段、部分地区开始进入第三阶段的状态（见下表7-3），对外投资额应逐步趋于上升。近些年来中国利用外资的加速，也促进了国内企业引进技术、更新设备、转换机制，在客观上形成了一定的产业带动效应，有些行业的生产能力和竞争能力已具有相当规模，在国内市场已显得能力过剩。据此有关部门应着手综合考虑利用外资和对外投资的结合，一方面优化引资结构，另一方面把中国产业结构调整下来的适用技术和固定资产推向国际大市场，使国内的剩余生产能力得以二次升值，实现二次效益。

表7-3　中国利用外商直接外资与对外直接投资对照

	1994	1995	1996	1997	1998	1999	2000
利用外商直接投资（亿美元）	337.67	375.21	417.26	452.57	454.63	404.12	407.72
对外直接投资（亿美元）	20.0	20.0	21.14	27.2	28.16	23.77	22.39

资料来源：《中国统计年鉴》1994—2001年。

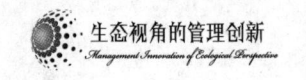

(三) 中国利用外商直接投资

中国实行对外经济开放，先以"引进来"为主，发展扩大对外开放，提高企业国际化。FDI（foreign direct investment，即外商直接投资）是中国利用外资的主导形式，通过 FDI 一揽子引进外资、先进技术设备与管理经验等，促进中国企业发展，是中国对外开放政策的重要组成部分，也是中国企业融入当代经济国际化发展潮流的重要途径之一。自 1978 年中国实行对外开放政策以来，FDI 从无到有，规模迅速扩大，对中国企业国际化发挥着越来越重要的作用。

1. 中国利用 FDI 的动因是中国企业发展的需要

(1) 中国吸引 FDI 的可能性。①中国幅员辽阔、自然资源丰富，还具有素质高而价格低廉的大量劳动力；②中国政局稳定、社会安定，可保证外商投资活动的正常进行、形成稳定增长的利润源；③中国经济的持续快速发展，人民生活消费水平的不断提高，作为一个巨大的逐步成型的潜在市场，对 FDI 的吸引力越来越大；④改革开放以来，中国的投资环境不断完善，良好的投资环境也是吸引 FDI 中国的重要因素。

(2) 中国利用 FDI 的必要性。利用 FDI 可弥补国内建设资金的不足；利用外资引进先进技术、设备和管理经验，可促进产业结构的调整，促进中国企业国际化；利用外资可加速外贸出口，实现国内经济和国际经济的互利互补，促进国民经济持续稳定增长，加速中国企业的国际化进程。

2. 中国利用 FDI 的现状

自 1979 年以来，中国吸引 FDI 的历程是与中国对外开放的历程紧密联系在一起的。截至 2002 年 12 月底，中国累计批准设立外商投资企业 42.43 万家，合同利用 FDI 金额累计超过 8283.55 亿美元，实际利用 FDI 金额累计 4467.64 亿美元；截至 2003 年 7 月底，中国累计批准设立外商投资企业已经达到 44.64 万家，合同利用 FDI 金额累计超过 8872.31 亿美元，实际利用 FDI 金额累计 4813.20 亿美元；2001 年全年中国实际利用 FDI 为 468 亿美元；2002 年，在全球 FDI 普遍不景气的情况下，外国对华投资大幅增长，2002 年全年中国实际 FDI 流入量达 518.58 亿美元，2002 年中国利用外资占世界外资流入总量的 8.1%，占发展中国家的 32%，占亚洲的 56%，取代美国而成为全球第一大引资国。预计未来几年，中国的 FDI 流入量仍将保持较高水平。

(1) 中国利用 FDI 的发展阶段。中国第一家"国"字号合资企业——中外合资航空食品有限公司的诞生，标志着中国利用 FDI 的开始。从 FDI 的发展程度看，可大致分为四个时期：①探索期（1979~1985），这一时期属于探索前进阶段，主要是逐步推行对外开放政策，1984年中国吸收FDI首次超过了对外借款，奠定了FDI在中国引进外资战略中的主体地位；②成长期（1986~1990），由于有了较为完善的法律、法规和良好的投资环境，外商投资呈逐步增长趋势，进入了稳定成长期；③迅速发展期（1991~1994），这一时期外商投资度过了稳定增长期，进入了加速发展阶段；④波动增长期（1996年至今），在这一时期，经历了以往外商投资波动后，总体上进入了投资稳定期。

（2）中国利用FDI的产业分布。到目前为止，中国利用FDI主要集中在第二产业（尤其是工业部门并以加工制造业为主，而建筑业所占比重不大），其次是第三产业（主要是房地产和公用服务业），而对第一产业的投资比重则明显偏低。数据资料显示，截至2001年年底，在中国实际利用FDI中，第二产业的比重高达74.23%（其中工业占到了72.51%），而第一、第三产业的比重分别仅为1.92%和23.85%。可知中国利用FDI在产业分布上不平衡，第一产业比重过低，利用外资严重滞后；第二产业比重明显偏高，多数集中在劳动密集型行业和加工工业；第三产业有所发展，房地产业是第三产业中利用外资比重最高的行业，约占2/3，见下表7-4所示。高科技行业，在20世纪90年代中后期短短几年内发展非常迅速，如美国IBM、微软、摩托罗拉、英特尔、NEC等国际知名的大企业纷纷加大对中国的投资，并在中国设立了技术与产品的研发中心。

表7-4 中国利用外商直接投资的行业分布（截至2001年年底）

行业名称	项目数（个）	比重（%）	合同外资（亿美元）	比重（%）
总计	390025	100.00	7452.91	100
农、林、牧、渔业	11242	2.88	140.71	1.89
工业	285000	73.07	4631.60	62.14
建筑业	9315	2.39	215.14	2.89
交通运输、仓储及邮电通信业	4324	1.11	172.70	2.32
批发和零售贸易、餐饮业	19642	5.04	247.94	3.33
房地产业、公用服务业	40756	10.45	1688.76	22.66
卫生、体育和社会福利业	1069	0.27	49.06	0.66
教育、文化艺术和广播电影电视业	1364	0.35	21.95	0.29
科研、技术服务业	2706	0.69	27.79	0.37
其他行业	14607	3.75	257.26	3.45

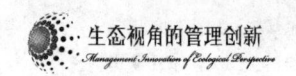

(3) 中国利用 FDI 的区域分布。按传统习惯，把中国地域按区位特征分为东部、中部和西部三大地带。就地区分布来说，中国的改革开放是由东南沿海地区逐渐向内地扩展的，因此中国利用 FDI 就主要集中在广东、江苏、浙江、上海、福建等沿海地区。在过去的 20 多年中，外商在中国的中、西部地区的投资相当少，中、西部的投资比重不足整个投资的 15%，而 85% 以上的投资集中在中国的东部沿海地区，如下表 7-5 所示为截至 2000 年年底的情况。近年来，随着中国西部大开发战略的实施及一系列优惠措施的发布，西部地区对 FDI 的吸引力有所加强，据不完全统计，目前世界 500 强中已有 80 余家企业在西部地区投资或设立办事机构。

表 7-5　中国利用外商直接投资的地区分布（截至 2000 年年底）

地区	项目数（个）	比重（%）	合同外资（亿美元）	比重（%）	实际外资（亿美元）	比重（%）
全国	363885	100.00	6760.97	100.00	3483.46	100.00
东部	292561	80.40	5835.73	86.31	2988.72	85.80
中部	44580	12.25	516.49	7.64	305.93	7.78
西部	26744	7.35	488.76	6.05	188.82	5.42

(4) 中国利用 FDI 的方式。中国利用 FDI 的方式多种多样，但主要有四种，即中外合资经营、中外合作经营、外商独资经营和中外合作开发。在改革开放初期，由于国内资金短缺、国家政策的限制，加上外商对中国比较陌生，合资合作企业是外商最初进入中国的主要方式。在 1979~1982 年，在中国实际利用 FDI 总额中，合作经营占 45.6%，合作开发占 42.6%，二者合计占 88.2%；20 世纪 80 年代开始，随着对外开放的扩大，中外合资经营方式发展很快，其所占比重在 1987 年增加到 64.2%，在 20 世纪 80 年代末 90 年代前半期，合资经营方式一直占据支配地位；中国市场取向改革以来，随着中国开放程度的不断提高、投资环境的不断改善、对外传递信息的日益规范透明，外商对中国的了解增多，外商在中国的投资倾向于采取独资经营方式，即使是合资企业，外商也往往通过增资扩股等方式来达到控制股权的目的；1999 年，在中国实际利用的 FDI 额中，独资经营的比重已上升到 38.6%，逐步接近合资经营的比重 39.3%，而合作经营的比重迅速下降到 20.4%，合作开发的方式则已很少采用；近几年来，独资经营方式在中国利用 FDI 中所占比重越来越大，目前外商在中国直接投资中，独资经营方式所占比重为 67.5%，见表 7-6 所示为 2001 年中国利用 FDI 方式情况。随着中国企业在国内外资本市

场上运作能力的加强，跨国并购将成为外商投资中国的新趋势。

表7-6　中国利用外商直接投资方式统计表（2001年）

利用外资方式	企业个数	实际利用外资金额（亿美元）
外商独资企业	15643	238.73
中外合资企业	8893	157.39
中外合作企业	1589	621.12
外商投资股份制	11	5.28
合作开发	3	5.11
其他	1	0.15
合计	26140	468.8

（5）中国利用FDI的来源地分布。20世纪80年代，外商在中国直接投资主要来源于我国港澳地区及美国、日本和英国等少数国家。1984年，在中国FDI来源中，我国港澳地区占52.7%、美国占18.1%、日本占15.8%、英国占6.9%，这几个地区和国家合计占93.5%。90年代以来，尽管来自我国港澳、日本和美国的直接投资仍占很大比重，但随着我国台湾、韩国、新加坡及欧美国家投资的增加，中国FDI已经日趋多元化。据对外贸易经济合作部统计，截至2000年年底，以实际投资额占全国累计实际利用外资总额的比重排序，在中国投资前十位国家或地区是：我国香港地区占49.05%、美国占8.61%、日本占8.07%、台湾占7.53%、新加坡占4.88%、英属维尔京群岛占3.72%、韩国占2.97%、英国占2.53%、德国占1.71%、法国占1.28%，香港位居首位。其中亚洲国家和地区有五位，总比重为72.5%；而欧美发达国家，特别是欧盟国家在中国投资比例不大。整体上看，中国利用FDI来源以发展中国家和地区为主，西方发达国家和地区为辅；亚洲国家和地区为主，欧美国家为辅；华商资本为主，非华商资本为辅。目前欧盟、美国和部分自由港对中国的投资持续增长，尤其是来自日本、美国和欧盟等发达国家的直接投资正在迅猛增加。

3. 中国利用FDI的存在问题及对策

加入WTO，中国利用FDI的力度将会加大，要合理有效地利用外资，在保持吸引外资规模的同时，注重提高吸引FDI的质量、水平和效益，促进国民经济快速发展，加快中国企业的国际化进程。

（1）中国利用FDI在产业分布上不平衡。主要集中于第二产业，尤其是工业部门中的加工制造业，对第一产业的投资比重很低，对第三产业的投资也

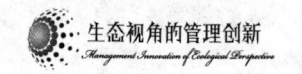

相对偏低，使第二产业的发展脱离第一、第三产业的支撑，最终会延缓中国的工业化进程。因此，要制定合理的产业导向政策，促进产业结构的合理化；入世后要适应国际直接投资产业投向态势和中国产业结构调整与升级的要求，尽快制定相应的具体产业政策，优化 FDI 产业结构，进一步推动外资投向基础设施、基础产业、高新技术产业、支柱产业以及为生产、科技发展服务的行业等。

（2）中国利用 FDI 在区域分布上不均衡。东部和中西部地区之间存在较大差距，利用外资无论是项目数量、合同金额，还是实际金额，大部分集中于东部沿海地区，而中西部内陆地区利用 FDI 较少。应该优化 FDI 的区域分布结构，有重点有计划有步骤地调整地区政策，加大中西部外商投资政策倾斜，采取切实措施进一步改善中西部地区投资环境，促进西部经济开发，同时实行产业倾斜与地区倾斜相结合的外资政策，更好地优化中国利用 FDI 的产业结构与区域结构。

（3）中国利用 FDI 的方式需要更新。除了传统的合资、合作与独资经营等方式之外，还要适应国际资本投资的主要方式，即逐步采用跨国公司实施企业并购的方式来利用外资。为尽快抢占中国市场，同时避免与中国民族企业的激烈对抗，不少跨国集团将国际流行的收购兼并作为投资中国的一种新手段，而中国企业则能从中获得资金、技术、管理和人才等多方面的强大后盾，满足自身进一步扩张的迫切需要，加快中国企业的国际化进程。因此，入世后要针对跨国公司对外投资方式的变化，中国的引资要适应并利用；中国要通过资本市场的逐步开放和产权交易制度的完善，为外资参与国内企业的跨国兼并重组提供良好的制度环境。

（4）中国利用 FDI 的规模偏小。中国利用 FDI 的来源以中小企业为主；近几年，中国利用 FDI 的项目平均协议额虽有较大幅度的提高，但绝大多数项目还是规模较小、投资额偏低、技术含量一般。中国要努力吸引国际知名的大型跨国公司来中国投资，使中国利用外资由数量型向质量型转变，引进西方发达国家特别是西欧一些国家及其大型跨国公司的投资项目，投资数额较大、技术水平较高，只有这样才能综合引进资金、技术和管理等生产要素，促进中国企业更快发展，逐步与国际市场接轨，提高国际竞争力，实现中国企业的国际化。

4. 中国利用 FDI 的发展趋势

中国经过 20 多年的改革开放，经济高速增长，市场成长迅速，2003 年中国国内生产总值为 116694 亿元，按现行汇率计算相当于 1.4 万多亿美元，人均国内生产总值达到 1090 美元，按可比价格计算比上年增长 9.1%，标志着经济增长进入新的重要阶段，潜在的人民购买力在上升，潜在的巨大市场正在逐步成型，吸引更多的外商前来投资；加入 WTO 进一步提高了中国在吸引 FDI 方面的优势，目前许多国际知名的跨国公司已将注意力转向中国这个潜在的巨大市场，逐步加大对中国的投资。

外商在中国将加大对高科技产业和研究开发机构的投资；但未来相当长一段时间内，外商投资仍将主要集中在中国经济发达的东部沿海地区；外商在中国的投资规模扩大、周期延长，投资的广度和深度大大加强；港澳台等亚洲国家和地区的中小投资者减少，而欧美等发达国家大型跨国公司的投资将增加。跨国并购这一当前国际直接投资的主要方式将成为跨国公司投资中国的新趋势。近来已发生的一连串外资并购中国国有企业的事件，如世界知名的大型电信设备提供商阿尔卡特通过控股上海贝尔成为上海贝岭第二大股东，香港上海汇丰银行收购上海银行一部分股权，以及福特、IBM、飞利浦、拜耳等各行各业的跨国巨头已并购或欲并购中国企业的消息。这一切都表明中国已具备外资展开规模并购的政策和市场环境，外资参与国内企业的购并重组将成为潮流。

从某种意义上，中国利用 FDI，引进外资发展中国经济的同时，为中国企业更好地"走出去"对外直接投资进行跨国经营打下良好的基础。

（四）*中国企业跨国经营*

党的十六大报告指出，要"鼓励和支持有比较优势的各种所有制企业对外投资，带动商品和劳务出口，形成一批有实力的跨国企业和著名品牌"，这表明中国企业的发展，不仅要充分利用外资，还要发展面向世界的对外投资，坚持"引进来"与"走出去"相结合的外资战略；尤其今后要重视"走出去"，大力发展对外投资，加大中国企业跨国经营，提高中国企业国际化程度。

中国企业跨国经营是伴随着改革开放而逐步展开的，中国企业的跨国经营是从 1979 年开始的，当时国务院颁布的十五项经济改革措施中明确规定允许出国办企业，当年 11 月，北京市友谊商业服务公司在日本建立了中国对外开放以来第一家海外合资企业"京和服务有限公司"，标志着中国企业跨国经营的开始。从 1992 年起，中国企业跨国经营的速度大大加快，无论海外企业的数目还是中方的投资额。根据外经贸部的统计，截至 2002 年年底，中国累计批准境外投资企业近 7000 家，中方协议投资总额 100 亿美元左右，遍布 160 多个国家和地区。

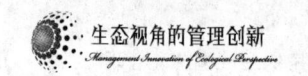

1. 中国企业跨国经营的动因

经济全球化、加入 WTO 条件下,跨国经营是中国企业发展的必然选择。

(1) 中国企业跨国经营是适应经济全球化的客观需要。经济全球化以生产要素的跨国流动为主要表现形式,随着经济全球化日益加深,国际分工不断深化,国际技术交流和资本流动不断强化,各国之间的经济联系日益密切。中国企业只有进行跨国经营,实现生产要素在全球范围内的自由流动与优化组合,才能提高企业的国际竞争力,进而促进世界经济的发展。海尔的实践表明,经济全球化下,在全球范围内调配生产要素的企业会有较低的生产成本和较强的竞争力,也是中国"走出去"的外在动力。

(2) 中国企业跨国经营是加入 WTO、经济对外开放的必然选择。入世后,国际市场经营环境的变化,为中国企业跨国经营提供了良好的环境,享受到多边的无条件的和稳定的最优惠国待遇和国民待遇等,激励中国进行跨国经营;国内经营环境的变化和市场竞争的加剧,也将迫使中国企业走向国际市场,在更广阔的空间参与国际经济竞争,获取稀缺资源和市场份额,提高企业的国际竞争力;还有,新的贸易壁垒迫使企业进行跨国经营,在世贸组织规则下,国际贸易在走向自由化同时又出现了一些新的贸易壁垒,这给企业进行国际贸易增加了难度,中国企业只有"走出去",才能绕过这些壁垒,得以更好发展。

(3) 中国企业跨国经营是加快中国经济发展的内在要求。首先,与国外企业共享了全球的资源,可以弥补国内资源的不足,通过对外直接投资,企业可以利用其他国家的资源,在当地进行生产,既解决了资源短缺的问题,又降低了贸易成本,有利于企业打开国际市场;其次,开拓了更广阔的海外市场,有利于企业自身的发展;最后,是推动中国经济结构优化升级的迫切要求,通过跨国经营可以把一些企业的生产能力和优势产品带出去,通过参与国际技术合作,可以把世界先进技术引进来,加快产业升级等,促进中国经济的发展。

(4) 中国企业进行跨国经营的条件已经具备。经过 20 多年的改革开放,中国经济发展取得了举世瞩目的成就,生产力水平不断提高,综合国力显著增强,为企业跨国经营提供了经济基础;中国的市场经济体系趋于完善,市场规则的国际化,市场秩序的整顿和规范化,尤其是外贸体制的改革加快,为企业跨国经营提供了良好的体制基础;中国企业竞争优势的增强是企业跨国经营的有力保障,部分企业完全有能力也有必要发展成为跨国公司,以海尔、康佳、TCL 等为代表的一些优秀企业已经积极从事跨国经营,并取得巨大成就,为中国企业广泛进行跨国经营提供良好开端;政策鼓励是企业跨国经营迅速兴起的大前提,中国企业进行跨国经营得到了政府的大力支持,1999 年政府重点提出了"走出去"的开放战略，鼓励有比较优势的企业进行跨国经营；另外中国企业在传统工业、成熟的标准技术、小规模制造和劳动密集型技术等方面都具有比较优势，为企业跨国经营提供了可能。

2. 中国企业跨国经营的现状与存在问题

随着中国实行对外开放步伐的加快，中国企业的对外直接投资规模逐渐增大，但相对中国利用外资，中国对外投资规模偏小，中国企业跨国经营发展相对缓慢，需要加以重视。

(1) 中国企业跨国经营的发展阶段。自1979年以来，中国企业的对外直接投资规模逐渐增大，从中国对外直接投资的规模大小看，主要经历了三个发展阶段。

① 探索阶段（1979~1985年），此阶段主要是长期从事进出口业务的专业外贸公司和开展对外经济合作的省、市国际经济技术公司，率先跨出国门到海外投资。投资方式以贸易活动为主，多采用海外代表处或合资企业作为进入海外市场的主要方式；非贸易性投资主要集中于餐饮、建筑工程、咨询服务等行业；投资项目分布在47个国家和地区，其中以港、澳、台为主。

② 成长阶段（1986~1991年），此阶段共新增海外投资企业800多家，为上阶段的4倍多。累计海外投资达到13.95亿美元，比上时期增加了将近8倍。投资地域更为广阔，增到90个国家和地区，投资行业也由服务业向交通、运输、医疗卫生、资源开发等扩展，投资主体由专业外贸公司和国际经济技术合作公司向生产性企业集团转变。

③ 迅速发展期（1992年至今），在1992年邓小平同志南方谈话和党的"十四大"关于建立社会主义市场经济体制的精神鼓舞下，中国企业跨国经营迅速发展；同时在经济一体化的影响下，中国社会主义市场经济面临新的挑战和机遇。一方面要合理利用外商投资，另一方面，要加强对外直接投资，使其成为规避贸易壁垒、开拓国际市场的最佳途径。党的"十五大"明确提出要面对经济、科技全球化趋势，大力发展开放型经济，增强企业国际竞争力。此阶段，中国企业对外投资迅猛发展。

(2) 中国企业跨国经营的投资主体多元化。可分为四大类。

① 外贸专业公司和大型贸易集团，主要包括中央政府和各级地方政府直属的外贸专业公司和大型贸易集团，如中国化工进出口总公司、中国粮油进出口总公司、中国电子进出口总公司、中国机械设备进出口总公司等，这些贸易大公司的优势是长期从事进出口贸易，逐渐形成了具有一定规模的海外市场网络，掌握熟练的营销技巧，有灵活的信息系统、稳定的业务渠道，融资便利，

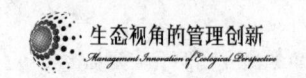

是中国企业海外经营的先锋和主力。

② 生产性企业或企业集团，如首钢集团、海尔集团公司、广东科龙电器股份有限公司、赛格集团、春兰集团公司、康佳股份集团有限公司等著名企业，这些大型生产性企业从事跨国经营的优势是有外贸经营权，有相对成熟的生产技术和一定的研究与开发能力和在国内有庞大的生产基地和销售网络，由于它们在资金、技术、人才、市场、管理等方面有明显的竞争优势，因而海外经营起步虽晚，但正以较快的发展速度向海外扩张。

③ 大型金融保险、多功能服务公司，包括中国银行等五大专业银行、中国人民保险公司、中国远洋运输集团公司、中国建筑工程总公司、中国土木工程公司、中国水利电力公司等，这些公司资金雄厚，提供专业化服务，有良好的信誉，经营规模较大。

④ 中小型企业，主要有民营企业、国有或集体所有制中小企业，这些企业数量多，投资规模小，经营品种单一，多选择发展中国家和地区进行投资。

（3）中国企业跨国经营投资规模偏小。中国企业跨国经营直接投资项目的规模一般都较小，尚未形成全球性生产经营体系。投资额超过100万美元的项目已不多见，相当一部分海外企业的投资额只有十几万美元，甚至更低。这一状况不仅大大低于发达国家海外投资项目的平均投资额（600万美元），也与发展中国家和地区的平均投资水平相差甚远（450万美元）。由于中国对外投资企业规模小、势单力薄，难以形成规模经济，更难与其他跨国公司或当地企业进行竞争；尽管近年来从规模上有所扩大，但总体与发达国家差距很大。需要大力发展中国对外投资，扩大对外投资规模，发展跨国经营。

（4）中国企业跨国经营投资区域较广，并且不断扩展。从地理区域上看，在中国企业从事海外投资经营活动的初期，出于回避风险、积累经验的考虑，多选择地理位置较近的港澳地区和东南亚地区作为投资的目的地；随后，根据发展中国家和地区企业跨国直接投资多为发展中国家和地区的一般规律，中国企业对外投资逐渐扩大到其他的发展中国家和地区，利用历史上形成的经济、技术和文化的联系，从事跨国经营活动；从20世纪90年代开始，中国企业开始向发达国家投资，相对而言，发达国家市场的容量更大，投资机会更多，也更容易进入国际资本市场，真正参与全球化的资本运作。

尽管投资区域比较广，但港澳地区仍是海外企业的集中地，达到中国海外注册公司的50%；除此之外，对发达国家特别是欧美国家的投资也占一定比重，其中非贸易性投资占70%以上，而对广大发展中国家和地区的投资不足20%。可知中国对外直接投资的区域分布不合理，不符合国际经贸环境的变化和市场多元化战略的实施要求，缺乏战略发展的层次和方向。

（5）中国企业跨国经营投资行业相当广泛。它包括贸易、资源、轻工业、重工业、机械工业、纺织业、生产加工、交通运输、工程承包、医疗卫生、旅游餐饮及咨询服务等领域，从投资金额比例划分，贸易型投资占 60.1%，资源开发型投资占 19.4%，生产加工型项目占 11.5%，交通运输占 1.8%，其他类型占 7.1%。从行业领域看，中国企业跨国投资的初期，只涉足与贸易有关的服务业，如维修、包装、运输等；随着对外投资的进一步推进，投资的行业领域不断扩大；从工农业生产、投资开发到餐饮旅游、咨询服务、技术开发、房地产等产业，都有所涉足。但总体上看，中国海外投资涉及高新技术产业的比重仍然较低，制造业也刚起步，一般加工型项目所占比重过大，技术水平较低或一般的项目居多，属于国家产业政策鼓励发展的重要战略产业和出口主导性行业的项目较少，有时在同一国家的投资中，还出现交叉重复现象，导致自相竞争的不利局面出现。

（6）中国企业跨国经营投资方式多样化。中国企业海外投资的方式，既有现金投资的，也有以设备、技术、工业产权、材料等实物进行投资的；既有采用与当地企业合资合作的，也有独资创建，或是通过并购的方式进行的。一般而言，中国对外投资企业在境外举办的生产性项目绝大多数残缺的是与东道国或第三国的企业合资、合作经营的方式；贸易性企业则主要采取中方独资的方式；境外资源开发，尤其是石油勘探开发项目主要采取国际上惯用的中外合作开发的方式；在香港的中资企业则有不少采取了由中方控股的股份制上市公司的方式；少数企业的境外投资采取了 BOT 等项目融资方式。整体来看，合资、合作经营企业约占 70%，独资经营企业约占 20%，其他约占 10%。另据统计，中国境外投资项目约有 85% 属于新建项目，通过收购、控股、参股等方式设立的企业比重很低，约占 15%，而且大都集中在香港地区。

3. 中国企业跨国经营的策略

既要顺应国际经济环境，又要切合中国实际，应从以下几方面着重加强。

（1）政府的政策、制度方面。加强宏观管理、完善相关经济政策，适度倾斜政策、扶持大型企业，完善有关法律、法规制度。与中国利用外资相比，中国对外投资发展较缓慢、规模较小，需要政府的大力支持。进一步完善各种企业海外投资法规体系和海外投资的各项宏观管理政策，如审批制度、分配制度、人事制度等，设立跨国经营的专门管理机构进行协调管理，设立对外投资信息咨询服务，制定信贷、税收、外汇管理的优惠政策，制定企业对外投资的引导性政策等，鼓励企业对外投资；中国大企业要走向世界，政府应当采取适度的扶持倾斜政策，加速中国跨国企业的建设，通过一系列的优惠政策和经营自主权的下放，积极推动和扶持具有比较优势的、符合国家产业和整体利益的跨国经营，发挥其活力，增强其竞争力；进一步完善有关的法律、法规制度，加强企业跨国经营的立法，提高法规的透明度，保障对外投资企业及国家的利益。

（2）对外直接投资的产业、区域调整。①在对外直接投资的产业和行业选择方面，中国应该主动按照比较优势原则来进行，并利用产业结构调整对外投资，促进国内产业结构的升级换代，具体而言就是中国对外直接投资应发挥第二产业的优势，对第一和第三产业则应选择其长处适当对外投资，首先发挥中国在制造业的比较优势，重点向制造业投资，其次可选中国外贸信誉好又有众多销售渠道的贸易服务业，再者可选富有中国特色的食品加工、中餐馆、手工艺品等，对发达国家投资着重于新材料、新能源、电子及生物工程等高新技术产业。②现阶段中国企业对外直接投资的区域选择上，应巩固对发展中国家的投资，扩大对发达国家的投资。中国虽然在资金、技术和管理等方面的总体水平低于发达国家，但存在比较优势，巩固中国企业在发展中国家的投资主体地位，为扩大对发达国家的投资打下基础。

（3）对外投资选择灵活的市场进入方式。中国企业对外直接投资的方式，应在考虑企业自身投资能力和风险承受能力的基础上，结合投资区域特点、投资项目特点及各种投资方式本身的利弊特点加以确定。具有不同规模和实力的企业应根据自己实际情况选择较为合适的市场进入方式。首先从实际出发，循序渐进，渗入目标市场；进入国际市场，需要选好合适的市场切入点，从个别城市或某个产品细分市场寻找突破口，以非常灵活的方式取得成就，尤其要注重国际市场进入模式的选择及调整；确定投资规模，可以先从合资合作经营开始，逐步发展独资经营，还有一种形式是有效地寻求国际跨国公司的兼并收购，或采取合作生产的方式，加快中国企业的跨国经营。

（4）注重技术创新、培育企业核心能力、提高企业国际竞争力。企业的竞争优势取决于多种因素，而最关键的是企业是否具有领先技术，能否不断创新、推出达到国际质量标准的核心产品，当代国际企业竞争主要表现为技术的竞争，技术创新优势是跨国公司所拥有的最重要的优势。中国企业应加大科研投入，提高科研开发能力，形成自主知识产权的核心技术，树立实力雄厚的企业品牌形象，重视并逐步开展海外企业的研发活动，提高企业的核心能力，确立自己的竞争优势，培育企业的国际竞争力，从而更加有效地开展对外贸易和海外投资，在入世后所面对的激烈竞争中得以生存和发展。

(5) 建立以人为本的海外经营的人力资源战略。人力资源是产业结构升级和产业发展最根本的推动力，跨国公司都有丰富的人力资源，并因此开发出能保持其竞争优势的复杂技术系统和管理系统，不断保持强有力的竞争优势，中国企业应更加注重人力资源的开发培训，以满足跨国经营的需求，保持企业的创新与竞争优势；国际竞争归到底是人才的竞争，中国企业应该拥有一批熟悉国际惯例和世界市场环境，精通海外企业经营和管理的业务熟练、素质较高的国际专门经营人才，才能更好地实现跨国经营，创出国际知名品牌。

(6) 按国际惯例、国际规则管理海外企业。加入 WTO 对于改善中国的对外贸易环境，实现出口市场多元化，进一步加强同世界经济的联系以及增强中国企业的国际竞争力都很有益处。加入 WTO 前，中国改革开放 20 多年是在自主自愿基础上，不断扩大外向型经济的比例，是自主的外向型经济发展阶段；加入 WTO 后，中国经济将进入开放型经济发展阶段，其主要特征是按照世贸组织的规则办事，自觉遵守国际规则。按照国际惯例、国际规则经营管理企业，约束自己的同时保护自己，按照国际通行的方法开展经营活动，更好地实现企业跨国经营的战略目标。

4. 中国企业跨国经营的发展趋势

随着中国企业跨国投资以及国际资本市场运作经验的不断积累，不少有一定实力的企业渐渐开始采用并购的方式进行海外投资，这也是当代国际跨国公司发展的一个显著特点。例如，万向集团的海外发展就是建立在一系列的企业并购基础上的。又如，震动世界的华立集团收购飞利浦 CD – MA，实际上在此之前，华立就已经是一家纳斯达克上市公司的控股公司了。企业并购已经成为中国企业进行海外扩张的一个新平台。

2001 年 11 月中国加入 WTO，成为世贸组织新成员，中国对外开放进入新的阶段。WTO 给中国企业带来了新的国际经济规则、新的市场游戏规则、新的经营资源、全球的庞大市场，机遇与挑战并存。加入 WTO 后，外国的商品、资本、企业将加速进入中国，国内市场竞争会更加激烈；中国的国民经济发展进入了一个以全球化为基本背景的时期，将从传统的进口替代和出口导向战略向全球化生产战略转变；这一战略将推动中国企业进一步发展跨国经营，实现企业经营的全球化。为了实现新的战略目标，推动中国企业的跨国经营，必须针对中国入世的宏观环境以及企业自身的发展水平，制定企业的国际化发展战略，大力提高中国企业的国际竞争优势，加速中国企业的国际化进程。

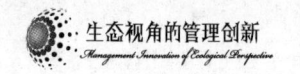

第三节　评价理论与方法

一、评价理论研究

（一）评价的意义和含义

在日常社会活动中，组织经常面临各种决策问题。决策过程是一个从确定目标到实现目标的动态选择过程，往往为了一个或几个特定的目标，需从多个可行方案中选取一个满意或最优方案。决策的核心问题是如何有效选择，而这种选择往往要依据某种标准进行，而评价的过程正是要依据这种标准对组织进行度量。也就是说，综合评价是决策的基础，没有科学的评价，就难以做出正确的理性决策。

企业作为社会经济活动中的基本构成细胞，也时常需要对其行为、组织结构进行综合评价。从微观看，企业自身需要了解其目前的运行状态，以不断调整其经营行为，使其经营活动与最优决策方案基本拟合；从宏观看，企业的外部环境需要掌握在该环境下企业运行中存在的问题，以便不断调整环境的各项参数，为企业这一有机组织的进化演变提供良好的环境基础。

处于不完全竞争环境下的企业及其内部的各个部门，必须定期或不定期地接受来自外界的效率审查，即外界对组织行为的有效性要进行必要的监督。所谓评价，是评价主体（即外界评判者）完全以局外人的身份，依据一定的标准，把评价客体（即被评价者）的某些本质属性转换成可以度量的某种状态，评判该状态与其标准的符合程度。评价主体与评价客体一般有密切关系，评价的目的是为了对评价客体进行有效监督，以不断修正其行为。

（二）企业评价的层次

对企业的评价可分为四个等级：A级是对企业管理人员行为评价，B级是对企业经营行为评价，C级是对企业业绩和社会效益的评价，D级是对企业比较优势的评价。

A级，最简单的评价是对经理个人行为有效性的评估。重点在于分析他们在决策中解决各类风险问题的平衡能力，不能只重视结果的成败。例如，在外界干扰下（如某些政府主管部门的干预）如何有效地对生产计划、资金预算等进行决策。

B级，该级是评价企业在各方面取得的成就，其中以经济效益为主。它是

A级评价的深入，是对企业决策群体经营行为的有效评估，以财务指标为评价依据，包括其他方面内容，以寻找企业经营管理中存在的问题。企业为达到其经营目标，须不断提高自身经营的有效性，以使自身进化过程与外界环境（市场）变动趋势相一致。该级评价的最终结果是考察企业的生存能力。

C级，该级是评价取得的业绩对社会的贡献率，是对企业经营业绩和社会效益一致性的有效监督。它的评价目的是促使企业对经营进行改进，以便产生出合理的更易为社会所接受的收益结构。

D级，该级是对企业在特定经营部门中的比较优势做出判断。该级评价为政府决策提供依据，使政府了解在目前市场条件和社会偏好下，是否应增加（或减少）对某些企业的支持以便对企业产业结构进行调整。该级评价着重于宏观评价。

以上各级评价并不是相互排斥，它们之间存在着紧密的内在联系。评价作为一个系统，它的主要内容是对企业各种经营成果进行监督和检验。在综合评价中，以上各级评价应作为其构成因素。

(三) 评价要素的构成和基本过程

1. 评价的要素构成

在评价过程中，尽管采取不同的标准和方法，但往往都包括以下五个要素。

（1）评价主体：即由谁负责确定评价对象和评价方案。

（2）评价客体：是由主体确定的评价对象。

（3）评价目标：该目标可以是单一的，也可以是层次结构，即总目标下包括不同的子系统。

（4）评价标准：由评价主体所确定的反映评价客体中某一共同属性的标准，它往往是由一系列的指标组成，反映了主体的评价倾向。

（5）评价方法：它是采用某种程序或模型，起到一个转换器的作用，把评价客体的多个属性转换成某一种可以度量的价值尺度。

2. 评价的基本过程

评价过程反映了评价主体的某些主观倾向，即评价主体"有权"设计评价系统，并对系统进行测试、修正，但系统一旦确定，各评价客体就按该系统进行度量，而评价者"无权"对评价过程中出现的各种状态进行变动。评价过程大致经过以下步骤。

（1）选取评价客体。任何评价都很难包括全部样本，因此在评价中往往依

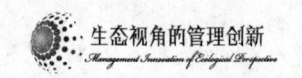

据某种原则对样本企业进行分类，如按行业分为机械、电子、冶金等企业，按有无外资参与分为国内企业和外资企业，按所有制形式分为国有、集体、私营等。通过某种分类，选择我们感兴趣的企业进行评价。

（2）确定评价目标。包括总目标和各子目标。评价目标是评价的关键，只有目标明确，评价过程的指向性才能清晰具体。这里的目标可以反映企业的综合情况，如企业目前的总体状态，也可以反映企业某一侧面状况，如技术进步评价、经营评价、财务评价等，本书研究的评价目标是企业的国际化程度。

（3）建立一套完整的、可以量化的评价指标体系。评价指标体系能充分反映评价主体的评价意图，反映其主观倾向。

（4）确定相应的评价方法，对数据进行处理。评价方法是指评价主体采取何种方式把各种原始数据转化为某单一的可比数据，即可以理解为把多指标体系转换为单指标评价的过程。评价方法包括两方面内容，一方面是指标间权数的确定，另一方面是原始数据的处理方法。

在上述各项中，指标体系的建立是评价的起点，因此有非常重要的作用。这里我们主要针对评价指标体系进行研究。

（四）企业国际化程度的评价

舍尔姆（E. Scherm）和徐斯（S. Suess）在研究了国际企业规模和企业国际化程度关系的基础上，提出了评价企业国际化程度的三个原则。

第一，企业业务跨国的数量越大，国家的地理距离和心理距离越大，企业的国际化程度就越高。

第二，企业在海外创造价值的方式越多，创造的价值量越大，企业的国际化程度就越高。

第三，企业的整体性越增加，企业的国际化程度就越高。

三个原则的前两条涉及的是量的评价标准，后一条涉及的是质的评价标准。在实践中，最常使用的评价企业国际化水平高低的量的标准，有企业的海外销售总额、海外资产净额和技术转让等指标；世界上许多发达国家大企业的海外销售额超过总销售额的60%，如德国的西门子公司1998年为69%，荷兰的飞利浦公司超过90%，瑞士雀巢公司为98%等。最常使用的评价企业国际化水平高低的质的标准，是企业管理的职能领域国际化发展指标，除了销售、资产和技术方面外，还有人力资源、财务、采购与生产等方面；在采购和生产方面国际化程度高的企业，更多地采用国际化采购和跨国生产，如福特汽车公司的Escort汽车生产是在英国和德国进行，但是采购和生产活动涉及14个国家。

二、评价指标体系研究

(一) 指标体系的设计原则

对我国企业进行评价,首先要明确评价的依据,即评价者采用什么样的标准来收集被评价企业的各种信息。不论评价者从何角度出发对企业进行评价,都应处理好这一关键问题,即指标体系的确立。评价标准必须是从大量企业中抽象出来的共性的特征,是人们已有认识的代表。

指标体系的建立,是评价的起点和基础,直接关系到以后评价工作的准确性和公平性。因此根据评价的目的,评价指标体系的设计应遵循以下原则。

1. 科学性

反映企业国际化水平的指标很多,这就需要把指标分解为几个方面的问题,各个方面选择一些比较重要的指标,通过比较和分析,进行科学的选择,使其能反映被评价对象的全貌,力求作到合理、可靠、准确。企业的活动是在不同层次上进行的,因此指标体系的设计应具有层次性。

2. 实用性

企业是经济、技术和社会多个侧面的统一体,因此评价指标既要考虑经济效益,也要考虑社会效益。实用性包括空间全面性和时间全面性。空间全面性是指指标应包括企业的所有国际化行为;时间全面性是指要体现企业组成要素的当前情况,又要考虑其发展趋势。

3. 可比性

企业具有不同的类型、不同的特点,在评价指标的设计过程中,要着重考虑企业的共同特征,使指标体系具有较强的适应能力。各种指标力求达到量化,量化是科学、公正评价和对比的基础,从而可对不同行业、地区的企业进行评价。

(二) 指标的分类

对企业的数据,必须进行统计分析,才能作出相应的评价。统计分析是以综合指标为基础,在统计学中,用来概括说明大量社会现象量方面的指标称为综合指标。在指标体系的设计中,采用了绝对数指标和相对数指标。

1. 绝对指标

绝对指标是用以描述社会现象在一定条件下发展规模的总量,又称总量指标。它是反映企业财力、物力、人力的基本数据,如企业年对外贸易额。绝对

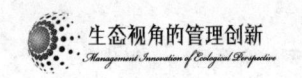

指标是制定企业发展战略、改进企业管理的重要依据，是计算相对数指标和平均数指标的基础。它能表明企业在一定历史条件下的发展规模或发展水平，但往往难以表述企业内部的相互关系及发展变化的规律性，因此在综合评价中应慎重使用。

2. 相对指标

相对指标是社会现象和过程中两个有联系的指标的比值。企业的发展不是孤立进行的，它不仅受时间、空间等条件约束，同时还受到其他事物发展变化的限制，而相对指标可以把企业各种现象间的数量对比关系清晰地表现出来，因此可以降低因企业规模等因素不同而导致的评价偏差，但它容易掩盖样本间的绝对数差异。

根据说明问题的不同，相对数指标可分为：计划完成程度相对指标、结构相对指标、强度相对指标和动态相对指标。

（1）计划完成程度相对指标。它是用实际完成数与计划数进行比较，用以描述计划的执行情况。计算公式为：

计划完成程度相对指标 =（实际完成数/计划数）×100%

（2）结构相对指标。又称比重，它是在综合分组基础上计算各组总量占总体总量的百分比。它可以反映总体内部构成情况，揭示现象的性质和特征。在纵向评价中揭示现象的发展过程及其规律性，在横向评价中反映不同样本对同一现象重视程度的差异。计算公式为：

结构相对指标 =（各组总量/总体总量）×100%

（3）强度相对指标。它是由两个性质完全不同，但有联系的总体的绝对值相比。它采用复合名数表示，计量单位由分子、分母的计量单位组成。只有根据现象的性质和统计研究的目的来选择对比基数，它才能确切反映现象的发展程度。计算公式为：

强度相对指标 = 某一总体总量/另一相关总体总量×100%

（4）动态相对指标。是同一现象在不同时间上的两个数值之比。作为比较基础的时期称为基期，与基期比较的时期称为报告期。动态相对指标可用来说明某一现象在不同时间发展变化的相对程度，计算公式为：

动态相对指标 =（报告期数值/基期数值）×100%

在指标体系的设计中，绝对指标和相对数指标应结合应用。相对数指标一般是两个有关的绝对数指标对比的比值。对比后就把原来的绝对数抽象化了，从而掩盖了绝对数之间的差距。计算相对数时，由于作为基期的绝对数不同，常出现以下情况：一个不大的相对数，所代表的绝对数却很大；在相反的情况下，相对数很大，而代表的绝对数却很小。因此，在进行综合评价中，必须把两种指标结合应用，才能体现规模和效益的有机结合，使评价结果客观、公正。

（三）具体评价指标体系的设计

林戈、彼密施和达考斯塔的研究证明，企业业绩与企业国际化的程度之间有很大的相关关系；随着跨国公司销售额和投资额的增加而带来的收入增加，在一定范围内常常伴随着企业的国际化程度的提高。企业在国际化经营中的核心竞争力，主要反映在技术力量方面。根据上述原则，我们具体设计了相应的中国企业国际化评价指标体系，该指标体系分为三个层次：目标层、准则层和指标层。目标层是对中国企业国际化程度进行综合评价；准则层从生产销售、技术资本等出发，包括生产、销售、技术和投资四个方面的内容；指标层则是具体评价指标，是进行评价时数据搜集的依据，共包括六项指标；具体指标体系见图7-2。

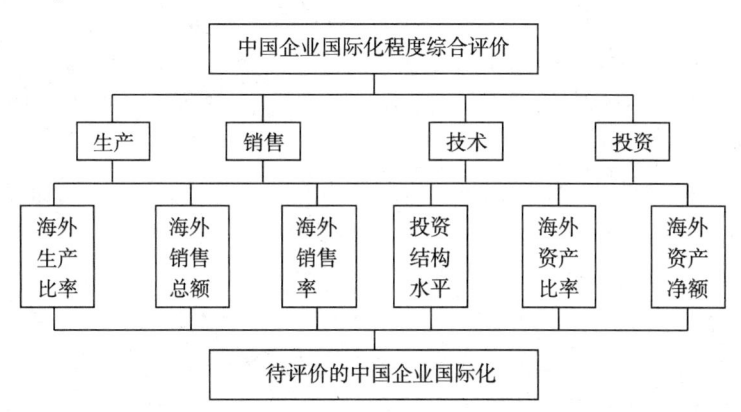

图7-2 中国企业国际化评价指标体系

中国企业国际化的六项评价指标，具体如下所示。
(1) 海外销售总额。该指标反映企业在国际市场中实际份额的大小。
(2) 海外资产净额。该指标反映企业海外运营的规模。
(3) 海外销售率：
　　海外销售率 = 企业海外销售总额/企业全部销售总额 × 100%
(4) 海外资产比率：
　　海外资产比率 = 企业海外资产净值/企业全部资产净值 × 100%
(5) 投资结构水平：
　　投资结构水平 = 企业海外投资技术密集型产业资本额/
　　　　　　　　　企业国际长期资本投资总额 × 100%

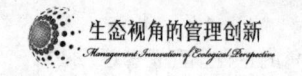

(6) 海外生产比率：

海外生产比率＝企业境外生产总值/企业全部生产总值×100%

第四节　原始数据的处理方法

在综合评价中，指标间的相对重要程度通常是通过专家打分计算出来。因此在评价中包括两类原始数据：一类是专家给出的各指标的分值；另一类是被评价对象各项指标的具体数据。前一类数据的处理涉及指标间权数确定的问题，后一类数据的处理涉及样本企业各项指标的同度化问题。

一、指标间的权数

（一）权数的含义

"权（weight）"出自于数理统计学。国外的韦氏辞典中对"权"的定义为：在所考虑的群体（group）或系列（series）中赋予某一项目（item）的相对数；在一频率分布中某一项目（item）的频率；表示某一项目（item）相对重要性所赋予的一个数。

由此，我们可以得出：权是通过统计得出的频率分布中的频数值；权是表示因素间重要性的相对数值。

从第一点可以得出，权具有随机性，其数值由频率统计确定。第二点是我们要用到的即相对重要性，它缺乏精确的定义和明确的外延，是一个模糊概念。它可以有许多不同程度的等级，如，非常重要、很重要、重要、比较重要等，这些等级属于有弹性的软划分。在一个系统中，因素的重要程度一般需要人们主观判断认定，这就导致权具有明显的随机性。所以，权是具有随机性和模糊性的双重特征。

权数是以某种数量形式对比、权衡被评价事物总体中诸因素相对重要程度的量值。权数的数量形式很多，可以是绝对数，也可以是相对数；可以取正数，有时也可以取负数。但不论以何种形式表示，权数的实质是一种结构相对数，反映事物的总体结构。权数的分配并不是唯一的，因各自的目的不同而各有侧重。在确定一个系统中各因素的权重值时，无论采用群体测试统计方法，还是采用个体直观判断方法，都只能是大概的估计，应该允许它们之间有相应的变动范围。

（二）用层次分析法确定权数

目前确定权数的方法很多，这里我们采用层次分析法来确定指标间的权数。

层次分析法（AHP）是一种实用的多准则决策方法，是美国著名运筹学家、匹兹堡大学教授萨迪（T. L. Saaty）于20世纪70年代中期提出的。该方法可用于求得指标间的相对影响权数，它本质上是一种决策思维方式。层次分析把复杂的问题分解为各个组成因素，将这些因素按支配关系分组形成有序的递进层次结构，通过两两比较的方式确定层次中各要素的相对重要性，然后综合人的判断决定决策各因素相对重要性总的排序。层次分析体现了决策思维的基本特征，即分解、判断和综合。

在这里我们假设指标体系已经建立，设有 x_1、$x_2 \cdots x_n$ 共 n 个评价指标，则其具体步骤如下。

1. 构造两两比较判断矩阵

指标体系建立后，上下层次之间元素的隶属关系即已确定。假定上一层元素已选定，就要针对已选定的上一层元素，反复比较此层中两个元素 x_i 和 x_j 相对重要程度，采用 1~9 的比值标准，其意义见表 7-7 所示。

表 7-7　层次分析法评价值

甲指标和乙指标比较	极重要	很重要	重要	略重要	相等（同等重要）	略不重要	不重要	很不重要	极不重要
评价值	9	7	5	3	1	1/3	1/5	1/7	1/9

备注：取 8、6、4、2、1/2、1/4、1/6、1/8 为上述评价值的中间值

（若元素 x_i 比元素 x_j 重要程度为 9，则元素 x_j 比元素 x_i 的重要程度为 1/9）

对于 n 个元素，构造如下判断矩阵：

$$A = \begin{bmatrix} a_{11} & a_{12} & \cdots & a_{1n} \\ a_{21} & a_{22} & \cdots & a_{2n} \\ \vdots & \vdots & \ddots & \vdots \\ a_{n1} & a_{n2} & \cdots & a_{nn} \end{bmatrix} = (a_{ij})_{n*n} \qquad （式7-1）$$

其中 a_{ij} 表示 x_i 对 x_j 的影响程度，即表示由于 x_i 发生变化给 x_j 带来的影响。矩阵中的 a_{ij} 须请专家评定给出。

2. 计算元素的相对权重

进一步要解决 n 个元素 x_1、$x_2 \cdots x_x$ 相对权重、再排序的计算问题，并进行一致性检验。对于判断矩阵 $A = (a_{ij})_{n*n}$，解特征根 $AW = \lambda_{\max} W$，所得到的 W 经正规化后作为元素 x_1、$x_2 \cdots x_n$ 的排序权重。一般用近似方法求 $\lambda_{\max}$ 和 W，可用如下方法求得：

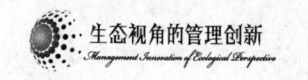

(1) 计算判断矩阵各行元素的积 M_i

$$M_i = \prod_{j=1}^{n} a_{ij} (i = 1,2,\cdots,n; j = 1,2,\cdots,n) \qquad (式7-2)$$

(2) 计算各行 M_i 的 n 次方根 $\overline{W}_i$

$$\overline{W}_i = \sqrt[n]{M_i} (i = 1,2,\cdots,n) \qquad (式7-3)$$

(3) 对 $\overline{W}_i$ 作归一化处理, 得到相应的权数为

$$W_i = \overline{W}_i / \sum \overline{W}_i (i = 1,2,\cdots,n) \qquad (式7-4)$$

则特征向量: $W = (W_1, W_2, \cdots, W_n)^T$

(4) 计算判断矩阵的最大特征根 λ_{max}

$$\lambda_{max} = \sum_{i=1}^{n} \frac{(AW)_i}{n W_i} \qquad (式7-5)$$

式中: $(AW)_i$ 表示 AW 的第 i 个元素。

(5) 对判断矩阵进行一致性检验。在判断矩阵的构造过程中, 并不要求判断具有一致性, 即不要求 $a_{ij} \times a_{jk} = a_{ik}$ 成立, 这是为客观事物的复杂性、人的认识多样性所决定的, 但要求判断有大体的一致性。出现 x_i 比 x_j 很重要, x_j 比 x_k 很重要, x_k 比 x_i 很重要的情况一般是违反常识的。而且, 当判断矩阵偏离一致性过大时, 评价结果将出现问题。判断矩阵具有一致性的条件是矩阵的最大特征根与矩阵阶数相等, 据此可以建立一致性评价值为:

$$CI = \frac{\lambda_{max} - n}{n - 1} \text{ (n 是参与两两对比的元素个数)} \qquad (式7-6)$$

(6) 选取平均随机一致性指标 RI (考虑到随机元素的影响)。平均随机一致性指标 RI 是多次 (500 次以上) 重复进行随机判断矩阵特征值的计算之后得到的, 随机一致性指标值见表 7-8 所示。

表 7-8 随机一致性指标值

n	1	2	3	4	5	6	7	8	9	10
RI	0.00	0.00	0.58	0.96	1.12	1.24	1.32	1.41	1.46	1.49

(7) 计算随机一致性比例 CR 值。

$$CR = CI/RI \qquad (式7-7)$$

当 CR 值小于 0.10 时, 一般认为该判断矩阵具有满意的一致性; 反之, CR 值大于 0.10 时, 则认为该判断矩阵不具有满意的一致性, 必须重新进行各元素的相对重要性比较, 产生新的判断矩阵, 直到该矩阵具有满意的一致性为止。

层次分析法得到的结果是粗略的方案排序。对于有较高要求的评价，单纯用层次分析法是不适合的，应将其与其他方法结合使用。

二、用模糊评价方法建立数学模型

在指标体系已经建立、指标间的权数已经确定后，就要考虑采取什么方法对被评价对象进行综合评价分析，这里我们采用模糊评价方法。

模糊评价方法是以模糊数学为基础，揭示客观经济活动中发生的不确定经济现象之间关系的一种特殊的定量数学方法。

数学是研究数和形的科学，精确性是数学的一大特点。客观世界中的事物一旦用数学进行定量化的描述，就能给人以精确、清晰的认识。但是，我们在研究客观世界时，并不能对所有的研究现象进行精确的描述。因为许多事物都具有模糊性和定量性的特点，即需要进行模糊性描述的是更普遍的现象。例如，我们对于企业，经常使用的"效益好""管理完善"等概念都具有模糊性。

对客观世界进行精确描述所使用的数学，一般称为经典数学或传统数学。而用经典数学和传统数学无法描述的现象，就必须使用新的数学工具来完成，这就是新兴的数学分支：模糊数学。模糊数学是利用数学方法对模糊现象和模糊概念进行定量处理，从而对研究对象取得比较清晰的认识。它并不是把研究对象变成模糊的事物，而只是对模糊概念进行定量转换时具有的模糊性。

（一）模糊评价方法的特点

模糊评价方法具有以下优点：

第一，该方法不过分依赖于绝对标准，而是采用相对比较的方法，因此可以避免一般数学评价方法中，由于标准选用的不尽合理造成评价结果的偏差。

第二，模糊评价法受权数的影响较小，允许在权数选择上有一定的出入，而不会改变最终评价结果。

第三，模糊评价中隶属函数的确定，使各项参与评价的指标之间建立了有机的联系，使评价结果能够更好地反映出评价对象的整体特征和一般趋势。

但模糊评价也存在缺点，它在整个评价过程中，比较依赖于评价人员的经验，在隶属度的确定方法上还有待于探讨。

（二）模糊数学的基本概念

模糊数学是研究和处理模糊性现象的数学理论和方法。模糊数学中的

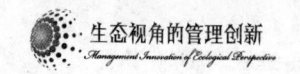

"模糊"（Fuzzy）的意思是"不分明的""边界不清的"。1965年，美国加利福尼亚大学教授查德（L. A. Zadeh）发表了论文《模糊集合》，首次提出了模糊性问题，并给出了模糊概念的定量表示方法，从而奠定了模糊数学的基础。

1. 模糊集合

经典数学是建立在普通集合论的基础上的。所谓集合，是指具有某种特定属性的对象的全体。这一概念是有外延和内涵的。集合的外延是指组成集合的所有元素，即适合于该集合概念的一切对象；集合的内涵就是指该集合的定义，即外延包括的一切对象所具有的本质特征。例如，外资企业和国内企业这两个概念，就表示两个不同的集合，它们都具有清晰的内涵和外延，从而很容易将全部企业划分为两个不同的集合。但是，在研究企业效益的时候，常用"效益好"这一概念的集合，其内涵和外延就不是清晰的，集合边界不明确。

模糊现象是一种不确定现象，在这种现象中，事物的概念本身就是模糊的，这就使得事物和概念之间不可能出现绝对的隶属关系。这一类经济现象不是"要么A，要么非A"的状态，而经常处于一种"既不是A，也不是非A"的状态，称之为没有确切的质和量的规定，因而事物在是否符合这个概念上表现为一种不确定性。我们把具有清晰内涵和外延的集合称为普通集合，而把边界不明确的集合称为模糊集合。

2. 隶属函数

为了解决如何描述诸如"效益好""经营绩效好"这样的模糊集合并确定某元素是否从属于某一模糊集合的问题，模糊数学引入了一个非常重要的概念——隶属函数$\mu_A(x)$，它是相对于经典数学集合论的特征函数$C_A(x)$提出的。

在经典数学集合论中，一个研究对象要么属于某一集合，要么不属于这个集合，二者必居其一。而隶属函数是模糊集合上的特征函数，它表示某个元素x属于该模糊集合的的程度，一般记作$\mu_A(x)$。$\mu_A(x)$与$C_A(x)$有本质的区别，$C_A(x)$取值范围是有限集合$\{0, 1\}$；而$\mu_A(x)$的取值范围扩大到闭区间$[0, 1]$，即$\mu_A(x)$可以在$[0, 1]$上连续取值，很适合用来描述某个元素属于某一模糊集合的模糊状态。$C_A(x)$一般由逻辑推理得出；而$\mu_A(x)$的建立通常需要依靠经验或使用统计方法，或由专家评议给出。例如，对"效益好"这个模糊集合来说，如果认为资金利润率在15%以上就属于效益好的企业，则可以对这个模糊集合构造以下的隶属函数：

$$\mu_{效益好}(x) = \frac{1}{1 + [0.05/(x-0.15)]^2} \quad (x > 0.15) \qquad (式7-8)$$

式中 x 表示利润率在15%以上的企业的实际资金利润率。

根据这个隶属函数，就可以得到利润率为20%的企业的隶属度为0.5，利润率为25%的企业的隶属度为0.8。

(三) 模糊评价方法的具体评价过程

在模糊数学的基础上，我们发展了模糊评价方法，其具体步骤如下：

第一步，按一定的隶属函数关系，计算各项指标的得分。基于评价本身的特殊情况，我们对模糊数学进行了改进，把隶属度从 [0, 1] 扩大到了 [1, 100]。在隶属函数的构造过程中，我们采用了样本比较的方法。对于正指标 x_i（指标为正，是指指标的值越大越好，如人均利润额），构造其隶属函数为：

$$Y_{it} = \frac{x_{it} - x_{i\min}}{x_{i\max} - x_{i\min}} \times 99 + 1 \qquad (式7-9)$$

式中：x_{it}——第 t 个企业第 i 项指标的数据；

$x_{i\min}$——样本企业中第 i 项指标数据的最小值；

$x_{i\max}$——样本企业中第 i 项指标数据的最大值；

Y_{it}——第 t 个企业第 i 项指标的得分值。

这样构造隶属函数的依据是，把该指标最大值的样本企业得分定为100分，把该指标最小值的样本企业得分定为1分，其他各样本企业的得分与最大值和最小值比较后，在其中间进行线形插值计算，求得此企业该项指标得分。

同样，对于逆指标 x_j（指标值越小越好，如人均成本），构造其隶属函数为（此时把该指标最小值的样本企业得分定为100分，把最大值的定为1分，其他数据在中间进行线性插值）：

$$Y_{jt} = \frac{x_{j\max} - x_{jt}}{x_{j\max} - x_{j\min}} \times 99 + 1 \qquad (式7-10)$$

式中：x_{jt}——第 t 个企业第 j 项指标的数据；

$x_{j\min}$——样本企业中第 j 项指标数据的最小值；

$x_{j\max}$——样本企业中第 j 项指标数据的最大值；

Y_{jt}——第 t 个企业第 j 项指标的得分值。

通过以上的模糊转换，使得样本企业各项指标数据转换为在 1～100 分之间该项指标的得分值。

第二步，确定指标间的权数。我们采用层次分析法求得各指标间的权数。

第三步，计算样本企业的综合得分。为了计算方便，我们采用加权平均的方法计算各样本企业的得分。设评价指标体系为 X_1、X_2、……X_p，有 n 个被评价企业，则综合计算公式如下：

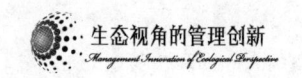

$$Z_t = \sum_{i=1}^{p} w_i \times y_{it} (t = 1, 2, \cdots, n) \qquad （式7-11）$$

式中：y_{it}——第 t 个企业第 i 项指标的得分值；

w_i——第 i 项指标的权数；

Z_t——第 t 个企业的最终综合得分值。

第四步，最后根据各企业的最终得分进行排序，得到评价结果。

当评价指标数据的相关度比较低的情况下，采用模糊评价方法比较准确。

三、中国企业国际化具体评价分析

对中国企业国际化程度进行具体评价分析，采用层次分析法来确定指标间的权数，用模糊评价方法建立相应的数学模型，收集中国样本企业的相关数据，消除数据收集中人为因素造成的数据异常，对我们认为异常的数据进行检验核实，以尽可能保证数据的客观性，减少异常数据的干扰，保证评价结果的尽可能准确。通过计算最终的综合得分，然后排序，进行综合评价分析。

（一）用层次分析法具体求指标的权数

评价中国企业的国际化经营程度，据上述设计的指标体系，即从投资、生产、销售和技术四个方面，有海外销售总额、海外资产净额、海外销售率、海外资产比率、投资结构水平和海外生产比率六个指标；在此基础上，我们采用了层次分析法来确定指标间的权数，在汇总有关专家意见的基础上，我们得到了下面的判断矩阵：

A	a_1	a_2	a_3	a_4	a_5	a_6
a_1	1	2	2	4	4	5
a_2	1/2	1	1	3	3	4
a_3	1/2	1	1	2	2	2
a_4	1/4	1/3	1/2	1	1	1
a_5	1/4	1/3	1/2	1	1	1
a_6	1/5	1/4	1/2	1	1	1

1. 对判断矩阵的一致性检验

为了避免得到的判断矩阵存在问题，即避免出现甲比乙重要，乙比丙重要，而丙比甲重要的问题，因此先对此判断矩阵进行一致性检验。

(1) 采用层次分析法计算随机一致性比率 CR

$$CR = CI/RI \quad\quad (式7-12)$$

(2) 先求一致性评价值 CI

$$CI = \frac{\lambda_{max} - 6}{6 - 1} \quad\quad (式7-13)$$

式中：$\lambda_{max} = \sum_{i=1}^{6} \frac{(AW)_i}{6W_i}$，$(AW)_i$ 表示 AW 的第 i 个元素 AW 由矩阵 A 与 W 相乘而得，其中特征向量 $W = (W_1, W_2, \cdots, W_n)^T$，得

$$AW = \begin{bmatrix} 1 & 2 & 2 & 4 & 4 & 5 \\ 1/2 & 1 & 1 & 3 & 3 & 4 \\ 1/2 & 1 & 1 & 2 & 2 & 2 \\ 1/4 & 1/3 & 1/2 & 1 & 1 & 1 \\ 1/4 & 1/3 & 1/2 & 1 & 1 & 1 \\ 1/5 & 1/4 & 1/2 & 1 & 1 & 1 \end{bmatrix} \begin{bmatrix} 0.369 \\ 0.229 \\ 0.158 \\ 0.083 \\ 0.083 \\ 0.078 \end{bmatrix} = \begin{bmatrix} 2.197 \\ 1.382 \\ 1.060 \\ 0.492 \\ 0.492 \\ 0.454 \end{bmatrix} \quad (式7-14)$$

求得最大特征根 $\lambda_{max} = 6.062$，因此得到 $CI = 0.0124$。

(3) 随机一致性指标值 RI 通过表 7-8 查得 RI 为 1.24。

(4) 最后求 CR 得到 $CR = 0.01 < 0.10$，从而验证此判断矩阵符合一致性要求，能够体现出指标数据所反映的客观现象。

2. 求得各指标的权数

上述过程中，根据层次分析法中，由式 7-2，计算各行元素的积

$$M_i = \prod_{j=1}^{6} a_{ij} \quad\quad (式7-15)$$

由式 7-3，计算各行 M_i 的 6 次方根

$$\overline{W_i} = \sqrt[6]{M_i} \quad\quad (式7-16)$$

由式 7-4，对 $\overline{W_i}$ 作归一化处理

$$W_i = \overline{W_i}/\sum \overline{W_i} \quad (其中 i = 1, 2, \cdots, 6) \quad\quad (式7-17)$$

最后求得各指标的权数为：

$W_1 = 0.369 \quad W_2 = 0.229 \quad W_3 = 0.158 \quad W_4 = 0.083$

$W_5 = 0.083 \quad W_6 = 0.078 \quad (W_1 + W_2 + \cdots + W_6 = 1)$

3. 分析结论

评价结果：六个指标的权数分别为：海外销售总额的权数为 0.369，海外资产净额的权数为 0.229，海外销售率的权数为 0.158，海外资产比率的权数为 0.083，投资结构水平的权数为 0.083，海外生产比率的权数为 0.078。

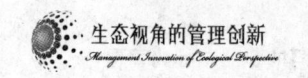

分析结论：评价中国企业国际化经营程度的六个指标中，相对来说，海外销售总额的权数最大、也最重要，海外资产净额次重要，再次是海外销售率，海外资产比率与投资结构水平基本同等、都不太重要，其中权数最小、也最不重要的是海外生产比率。

在中国企业的国际化经营中，出口销售相对于海外投资、技术和生产，更为重要，它的增加可以更大程度地提高中国企业国际化；对外投资仅次于出口销售，它的增加也可以很大程度地提高中国企业国际化；最不重要的是海外生产，对中国企业国际化程度影响最小。中国企业若要提高国际化经营程度，提高出口销售和对外投资最为有效，首先是出口销售，其次是对外投资，提高海外生产的效力最小。

（二）用模糊评价方法实证分析

1. 收集中国某些企业的相关数据

依据评价指标体系，我们收集了中国某行业 8 家企业的样本数据（指标 1 是海外销售总额，指标 2 是海外资产净额，指标 3 是海外销售率，指标 4 是海外资产比率，指标 5 是投资结构水平，指标 6 是海外生产比率；其中指标 1 和指标 2 的单位是万元，其余的单位是%），具体如表 7-9 所示。

表 7-9 样本企业原始数据

企业\指标	指标1	指标2	指标3	指标4	指标5	指标6
企业1	3000	12003	8.01	25.03	30.00	29.49
企业2	2530	11021	7.05	34.20	24.37	20.39
企业3	1002	23490	11.35	40.56	40.38	20.78
企业4	1920	20319	15.08	69.30	28.37	28.49
企业5	3890	11022	20.35	10.30	18.29	19.39
企业6	2109	23910	17.34	39.48	39.29	20.02
企业7	2350	18635	10.29	31.60	27.60	19.75
企业8	2739	15770	9.30	27.42	25.42	21.50

2. 计算每个企业各项指标的得分

针对以上企业原始数据，采用模糊评价法构造隶属函数，进行分值转换，根据式 7-9，$Y_{it} = \dfrac{x_{it} - x_{imin}}{x_{imax} - x_{imin}} \times 99 + 1$，计算求得每个企业各项指标的得分值，如表 7-10 所示。

表 7-10 各项指标分值转换

企业＼指标	指标1	指标2	指标3	指标4	指标5	指标6
企业1	69.49	8.54	8.15	25.72	53.48	100.00
企业2	53.38	1.00	1.00	41.10	28.25	10.80
企业3	1.00	96.77	33.01	51.78	100.00	14.62
企业4	32.47	72.42	60.77	100.00	46.18	90.20
企业5	100.00	1.01	100.00	1.00	1.00	1.00
企业6	38.95	100.00	77.59	49.96	95.11	7.18
企业7	47.21	59.48	25.12	36.74	42.72	4.53
企业8	60.54	37.48	17.75	29.73	32.95	21.68

3. 计算每个企业最终的综合得分

设计了评价指标体系后，通过层次分析法确定了指标间的权数，通过模糊评价法求得待评价的每个企业各项指标的得分，在此基础上根据式 7-11，$Z_t = \sum_{i=1}^{p} w_i \times y_{it}$，分别求出待评价的每个企业的最终综合得分值，如表 7-11 所示。

表 7-11 企业综合分值转换

	指标1 $w_1=0.369$	指标2 $w_2=0.229$	指标3 $w_3=0.158$	指标4 $w_4=0.083$	指标5 $w_5=0.083$	指标6 $w_6=0.078$	企业的综合得分
企业1	69.49	8.54	8.15	25.72	53.48	100.00	43.26
企业2	53.38	1.00	1.00	41.10	28.25	10.80	26.68
企业3	1.00	96.77	33.01	51.78	100.00	14.62	41.48
企业4	32.47	72.42	60.77	100.00	46.18	90.20	57.34
企业5	100.00	1.01	100.00	1.00	1.00	1.00	53.18
企业6	38.95	100.00	77.59	49.96	95.11	7.18	62.13
企业7	47.21	59.48	25.12	36.74	42.72	4.53	41.96
企业8	60.54	37.48	17.75	29.73	32.95	21.68	40.62

即各企业的最终综合得分为：企业1为43.26，企业2为26.68，企业3为41.48，企业4为57.34，企业5为53.18，企业6为62.13，企业7为41.96，企业8为40.62。

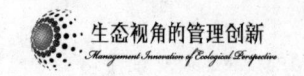

4. 具体评价分析

评价分析之前，先根据各企业的综合得分高低进行排序，然后评价分析。

(1) 排序结果。如表 7 – 12 所示。

表 7 – 12　企业排序

企业名称	排　名	得　分
企业 6	1	62.13
企业 4	2	57.34
企业 5	3	53.18
企业 1	4	43.26
企业 7	5	41.96
企业 3	6	41.48
企业 8	7	40.62
企业 2	8	26.68

(2) 评价结果。其中，企业 6 的综合得分最高，排名第一，国际化程度最高，评价最好；企业 2 的综合得分最低，排名最后，国际化程度最低，评价最差。

(3) 分析结果。①评价最好的是企业 6。分析排序，排名第一的应是权数较大的指标的得分较高的企业，即企业 5 或企业 6。其中尽管企业 5 的第一与第三指标的得分都为 100，但其第二指标得分为 1.01，且其他三个指标得分均为 1.00，所以导致其排名第三；而企业 6 的第二指标得分 100，且第一与第三指标得分都不低，所以其排名第一。②评价最差的是企业 2。分析排序，排名最后的应是权数较大的指标的得分较低的企业，即企业 2 或企业 3。其中企业 2 的第二与第三指标的得分均为 1.00，所以其排名最后；而企业 3 尽管第一指标的得分为 1.00，而其第二指标的得分很高，第三指标得分也可以，所以其排名倒数第三。③其余的权数较大的指标的得分居中，所以导致其最后排名居中。

(4) 分析结论。企业国际化程度是企业经营综合水平的体现，在此评价指标体系的六个指标中，尽管海外销售总额的权数最大最为重要，但只此一项指标并不能决定企业的国际化程度高低；同时海外资产净额也很重要，虽然在上述评价中，它的权数较海外销售总额小，但它对企业国际化的作用不可轻视，出口销售和对外投资都很重要；另外也要兼顾其他几项指标的发展。在中国企业国际化经营中，只有综合几项指标均衡发展，才能更加有效地提高企业国际化程度，加速企业国际化进程。

本章小结

本章从生态的视角，基于经济、社会和环境的可持续发展，首先对国际企业的含义和特征进行了简单的论述，通过对照引出企业国际化的含义，企业国际化是一个动态发展过程，企业在国际化进程中呈现出信息化、虚拟化和以核心能力为基础扩张等特点，并分析了中国企业国际化，包括"引进来"和"走出去"两方面，即中国利用外商直接投资和对外直接投资进行企业跨国经营。然后对中国企业及企业国际化评价理论进行了研究，针对中国企业国际化经营，从投资、销售、生产和技术四个方面，具体设计了六个评价指标，建立了中国企业国际化评价指标体系。最后对中国企业国际化评价方法进行了研究，在汇总专家打分的基础上，通过层次分析法确定指标间的权数，再用以模糊数学为基础的模糊评价方法建立相应的数学模型，具体综合评价中国某一行业某些企业的国际化经营程度，对综合评价结果进行分析，提出了若要提高中国企业的国际化程度，提高企业的出口销售和对外投资最为有效，以便更加有效地提高中国企业国际化程度，为政府的宏观决策和企业自身经营战略的调整提供了科学的依据。

参考文献

[1] 陆泓序，童爽. 基于价值链的我国企业国际化规则研究 [J]. 商. 2015（27）.

[2] 朱方明，刘得扬. 国家利益与中国企业国际化发展 [J]. 财贸经济，2009（4）.

[3] 杨忠，张骁. 企业国际化程度与绩效关系研究 [J]. 经济研究，2009（2）.

[4] 王增涛. 企业国际化：一个理论与概念框架的文献综述 [J]. 经济学家，2011（4）.

[5] 赵曙明，高素英，周建，刘建朝. 企业国际化的条件、路径、模式及其启示 [J]. 科学学与科学技术管理，2010（1）.

[6] 沈灏，杨建君，苏中锋. 关于企业国际化的国外理论研究综述 [J]. 管理学报，2009（12）.

[7] 方晓霞. 中国企业国际化经营的现状及发展趋势 [J]. 上海行政学院学报，2006（4）.

[8] 邵一明，钱敏. 我国企业国际化发展对策分析 [J]. 经济问题探索，2002（7）.

[9] 姜振寰. 软科学方法 [M]. 哈尔滨：黑龙江教育出版社，1994.

[10] 汪培庄. 模糊集合论及其应用 [J]. 上海科技出版社，1983.

[11] 舒少泽. 论企业国际化进程与衡量指标 [J]. 统计与决策，2001（8）：59.

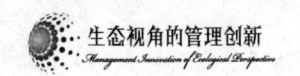

［12］沈娜等．企业国际化测评指标体系的构建［J］．中国软科学，2001（10）．

［13］鲁桐．WTO与中国企业国际化［M］．北京：中共中央党校出版社，2000．

［14］刘松柏．国际管理/全球化与企业国际化经营管理［M］．北京：中国经济出版社，2003．韩福荣．国际企业管理［M］．北京：北京工业大学出版社，2001．

［15］吴文武．跨国公司新论［M］．北京：北京大学出版社，2000．

［16］刘国光，王洛林，李京文．2004年中国经济形势分析与预测（经济蓝皮书）［M］．北京：社会科学文献出版社，2003．

［17］邢文祥．中国企业国际化的现状、问题和对策［J］．经济体制改革，2003（1）．

［18］从海尔的实践看我国企业的跨国经营［J］．国际经济合作，2002（12）．

［19］世界投资报告［M］．北京：中国财政经济出版社，2001．

［20］中国对外贸易统计年鉴［M］．北京：中国对外经济贸易出版社，2001．

［21］李杏．我国利用外商直接投资的经济效应实证分析［J］．南京经济学院学报，2002（2）．

［22］外经贸部外贸司．中国利用外商直接投资［J］．国际贸易，2003（2）．

［23］郭铁民，王永龙，俞姗．中国企业跨国经营/中国企业发展核心课程［M］．北京：中国发展出版社，2002．

［24］王蕴琪，宋洁．外商直接投资与我国产业政策调整［J］．山东理工大学学报（社会科学版），2003（7）．

［25］朱慧明，韩玉启．外商直接投资对我国产业结构调整的影响［J］．烟台大学学报（哲学社会科学版），2003（4）．

［26］李培栋．加入WTO中国企业国际化经营模式的选择［J］．南京航空航天大学学报，2001（4）．

［27］张宏．经济全球化与中国企业跨国经营［J］．亚太经济，2002（2）．

［28］李海舰，刘建廷．中国企业跨国经营分析［J］．中国社会科学院研究生院学报，2001（4）．

［29］Ewald Scherm, Stefan Suess. Internationales Management［J］. Verlag Vahlen, Muenchen 2001：11.

［30］James E. S., Jack N. B. Direct Investment and Joint Venture in China［M］. New York：Quorum Books, 1991.

［31］Yigang Pan. The Formation of Japanese and U. S. Equity Joint Ventures in China［J］. Strategic Management Journal, 1997（18）：247－254.

［32］A. M. Rugman, R. M. Hodgetts. International Business［J］. McGraw－Hill Inc, 1995.

［33］Dunning J. H. Multinational Enterprises and the Global Economy［M］. London：George Allen & Unwin, 1993.

［34］Torben P., Bent P. Explaining Gradually Increasing Resource Commitment to a Foreign Market［J］. International Business Review, 1998（7）：483－501.

[35] The United Nations of Conduct on Transnational Corporations, UNCTAD current studies, series A No. 4, 1986, New York.

[36] Lawrence. S. W and Reijo K. L. Inward – outward Connection in Internationalization [J]. Journal of International Marketing, 1993 (1): 44 – 57.

[37] Robert Nobel and Julian Birkinshaw. Innovation in Multinational Corporations: Control and Communication Patterns in International R&D Operations [J]. Strategic Management Journal, 1998 (19): 479 – 496.

[38] Nicholas R. Lardy, Issues in China's WTO Accession [J]. The Brooking Institute, May 9, 2001.

第八章 生态视角的城市发展管理

第一节 城市绿色创新现状

一、经济绿色化

中国研发和创新能力有限，总体技术水平不高，这是我国由"高碳经济"向"低碳经济"转型的最大挑战。虽然《联合国气候变化框架公约》和《京都议定书》中提出要求，发达国家须向发展中国家转让技术，但此要求的执行情况并不乐观。目前，发达国家在低碳技术方面比中国领先很多。比如，煤电的整体煤气化联合循环技术在电力行业中的应用、热电多联产技术、高参数超临界基组技术等，中国仍不太成熟；新能源技术和可再生能源方面，氢能技术、大型风力发电设备、高性价比太阳能光伏电池技术、燃料电池技术等，与发达国家相比有不小差距。发展绿色经济能在实现经济发展和资源环境保护上实现共赢，西方发达国家已经在低碳技术的开发利用和低碳经济的发展上走在了前面，这是值得中国学习的。鉴于中国特殊的条件和发展水平以及在发展低碳经济上诸多的制约因素，绿色经济已经成为一个国家发展战略问题，我国要以社会大众作为低碳建设的重要主体，将市场作为低碳经济的主舞台，加强政府引导和激励，采用各种策略来发展绿色经济。改革开放以来，伴随着中国经济巨大发展的是能源消耗问题，以及与日俱增的碳排放量和气候变暖，根据不同国家的碳排放的环境影响评估显示，中国已于2007年取代美国成为世界上最大的碳排放国。在2009年的哥本哈根会议上，中国政府承诺要在2020年时达到碳排放比2005年减少45%的目标。2010年8月国家发改委决定，在五省八市开展低碳产业建设试点工作。近年来，中国已经加强了节能减排措施，但作为一个发展中国家，中国当前正处于工业化和城市化快速发展阶段，首要的任务仍然是发展，发展绿色经济还面临着许多问题，迫切需要我们深入研究和解决。中国现阶段正处于城市化、工业化、现代化进程当中，中国作为最大的发展中国家拥有世界五分之一的人口，在推进现代化进程中，大规模的基础设施建设工业化、城市化、人民生活小康化等社会经济发展态势不可避免，为了促进中国经济的可持续发展，正在致力于发展绿色经济。

中国对绿色经济发展的研究尚处于探索阶段，系统地探讨中国发展绿色经济面临的挑战与机遇的文献较少。人类社会在经济发展过程中，经历了四种经济发展模式，即原始经济发展模式、农业经济发展模式、传统经济发展模式（也叫近现代工业经济发展模式）和绿色经济发展模式。国内研究低碳经济的学者首先从不同角度对低碳经济的理论内涵进行了界定，并探讨了其与转变经济发展方式的联系。庄贵阳（2005）认为低碳经济的实质是能源效率和清洁能源结构问题，核心是能源技术创新和制度创新，而目标是减缓气候变化和促进人类的可持续发展。邢继俊、赵刚（2007）进一步阐述了低碳经济的内涵，并分析了低碳技术的主要内容。付允等人（2008）认为，低碳经济的内涵是在不影响经济和社会发展的前提下，通过技术创新和制度创新，尽可能最大限度地减少温室气体的排放，从而减缓全球气候变化，实现经济和社会的清洁发展与可持续发展。金乐琴、刘瑞（2009）认为低碳经济有三个重要的特性：综合性、战略性和全球性，且低碳经济与可持续发展理念和资源节约型、环境友好型社会的要求是一致的。刘思华（2010）认为低碳经济是创造出生态文明的绿色经济发展模式，低碳文明在本质上是生态和谐、经济和谐、社会和谐一体化的生态文明经济形态。

二、城市绿色化

城市是人类文明的产物，是行政、金融和工业中心。绿色城市的产生由绿色经济演化而来。绿色城市理论属于前沿领域，目前国内外尚缺少综合系统的定义和研究，诸多研究者给予其定义和理解也不尽相同。世界自然基金会认为，低碳城市是指能够在经济高速发展的前提下，保持能源消耗和二氧化碳排放处于较低水平的城市。中国城市科学研究会认为，低碳城市是指以低碳经济为发展模式及方向、市民以低碳生活为理念和行为特征、城市管理以低碳社会为建设标本和蓝图的城市。国内学者夏堃堡提出，低碳城市就是在城市实行包括低碳生产和消费在内的低碳经济，建立资源节约型、环境友好型社会和一个良性的可持续的能源生态体系。

在世界范围来看，城市建设模式中最有代表性的有两种：一种是基于各方面的需要，特别是和人口增加和经济发展的需要，由一个中心逐渐向外发展，形成一个大体呈圆形的城市。由于它是逐渐形成的，最初并无统一的规划，因

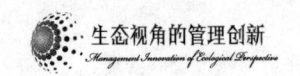

而其整体布局不甚严整,性质相同的建筑并不集中分布,而且大多数没有城墙。但这也正使其较少受限制,尤其商贸企业分散布局对于居民的生活较为便利,西方国家多采用此种模式。由于西方文明以欧洲为代表,故常被称为"欧洲模式";另一种模式则为基于政治和军事的需要,根据深思熟虑的统一规划在短时期内兴建而成的。一般是首先筑起城墙,再布置城内建筑,而最重要的是政治机构及其附属性礼制建筑,其次为市场和居民住宅。整个城市呈方形或矩形,街巷横平竖直,排列整齐划一,并且中轴对称,政治机构的建筑位于城市中央。中国城市多采用此种模式,因而称为"中国模式"。

绿色城市建设在国外一些国家起步较早,美国、巴西、新西兰、澳大利亚、南非以及欧盟的一些国家都比较成功地进行了绿色城市建设。但是绿色城市建设在中国仍然处于发展的初级阶段,有许多问题需要探索研究和实践。著名的雅典哲学家柏拉图(Plato, B. C. 约公元前427—前347)的理想国提出的一系列理论和主张,都是针对当时的社会弊端而设计的关于世界、人和国家的理想组合方式。19世纪20年代,英国的城市规划师霍华德提出建设"明日的田园城市"("花园城市"),主张亲近自然。1933年,雅典宪章规定"城市规划的目的是解决人类居住、工作、游憩、交流四大活动功能的正常进行",进一步明确了生态城市有机综合体的思想。1972年,联合国教科文组织制订人与生物圈研究计划,正式提出生态城市和建设生态城市的新概念。20世纪50年代,Paulo Soleri 在亚利桑那凤凰城外的天堂谷的沙漠地区,设计制作了模型,探讨在当地的气候和地形条件下如何规划出更好的城市,称之为"Mesa City"。20世纪70年代,微生物学家 Lynn Margolis 和大气学家 James Love lock 将生物圈中相对稳定进行着的自组织现象描述为:生命体改变着地球的大气和地理面貌,并且控制着空气组成及其主要含量,并把这种生命活着的有机体,地球/生命超级体称为"GA IA":一个自我调节的星球。

中国正处在大规模城市建设的关键时期。未来几十年,我国持续快速的发展进程必将成为影响区域乃至世界社会发展的重要事件。中国有巨大的人口和资源潜力去利用这一历史时期,改变自然与人类的关系,领导绿色城市的建设。中国在绿色城市上的理论有悠久的文化基础,我国建设绿色城市有很大的发展空间,也有一些先进的实践。但是,对于绿色城市建设的途径与步骤、方法以及评价理论与方法还不明确,目前中国大多数绿色城市是在工业区或老城区的基础上改造的,也有重建绿色新城的实践,一般是在荒芜的盐碱地上建设起来的卫星城。出于中国自己的国情特色,国外生态城市理论运用到中国常会出现一些碰撞,产生一系列系统性问题,中国要选择适合自己国情的发展模式。中国很早之前就对城市建设进行统一规划。远在周代即提出了一整套明确的要求，不论从城市规模、城市布局，还是从建筑尺度、建设步骤上都有严格的规定。如国都的总体布局，根据主要反映春秋战国时代建筑特色的《考工记》记载，应是"方九里，旁三门，九经九纬，经涂（途）九轨，面朝后市，左祖右社"。随着城市化进程的加速，加之城市巨大的温室气体排放贡献率，城市（特别是处于发展过程中的生产型城市）的发展模式很快成为全球低碳发展的关注焦点。中国研究者们对绿色城市的理解有不同角度，但有几个共同点：其一，绿色城市是以绿色经济为基础的，因此仍然要保持经济发展，并遵循低能耗、低污染、低排放、高效益等特征；其二，低碳城市涉及社会、经济、文化、生产方式、消费模式、理念、技术、产品等方面，需要统筹考虑；其三，低碳城市建设是一个多目标问题，如何实现经济发展、生态环境保护、居民生活水平提高等目标间的共赢，是低碳城市建设的关键。

三、城市绿色创新势在必行

当今，面对全球气候变暖和资源危机等问题，发展绿色经济已经成为必然。绿色经济是一种以能源消耗较少、环境污染较低为基础的绿色经济模式，是一种全新的经济发展模式，是实现可持续发展的具体路径和必由之路。提高能源效率、开发清洁能源、发展低碳经济已经逐渐成为全球的共识，发达国家率先把发展绿色经济上升到国家战略的高度，绿色经济已从一个应对气候变化、环境保护和资源紧缺的技术问题转变为决定未来国家综合实力的经济和政治问题，并将成为未来规制世界发展格局的新规则。

中国经济在历经三十多年的粗放型高速增长之后，能源资源短缺和环境恶化问题逐渐凸显，经济发展方式向高能效、低能耗和低碳排放模式转型已成为迫切需要。中国发展绿色经济既是共同应对气候和环境变化的内在要求，也是建设资源节约型、环境友好型社会和构建社会主义生态文明的必然选择，更是转变经济发展方式、实现经济社会可持续发展的必由之路。中国正处在加快经济发展方式转变的关键时期，发展绿色经济已经成为中国可持续发展战略的重要组成部分，发展绿色经济是中国可持续发展的必然方向，是优化能源结构、调整产业结构的可行措施和重要途径。发展绿色经济是中国经济社会可持续发展的必然选择，这是由中国的基本国情决定的，也是中国发展的战略之一。

绿色城市是发展绿色经济的最重要载体，绿色城市建设是绿色经济发展的重要内涵。城市是人类文明的产物，是行政、金融和工业中心。作为人类社会经济活动中心，城市已经聚集了世界一半以上的人口。随着城市化进程的加

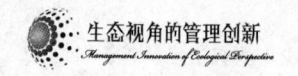

快，城市的脆弱性不断显现并且有加剧的倾向。近半个世纪以来灾难性气候事件明显增多，频率加快，危害程度加深，而城市因为其特殊地位在此类事件中受到的影响最大。城市是经济社会发展的重要载体，城市建设的最终目的是为人民群众创造良好的生产、生活环境，实现"生态、生产、生活"三生共赢、三生协同发展。

目前，绿色城市建设已经成为世界各国城市建设的热点问题，绿色发展模式成为新一轮经济增长的关键词。随着工业化、城市化进程快速推进，中国城市面临的节能减排问题日益严峻。城市化是中国经济社会发展的长期战略之一，未来城镇人口及其比重将继续提高，城市经济在国民经济中的重要性将进一步提升。然而，城市化以工业为依托，工业的高速发展是以牺牲资源和能源为代价的，中国的快速城市化发展是建立在工业化基础之上的，传统工业化是以高碳排放为特征的发展模式，中国城市也是温室气体的主要产生地。因此，加快建设绿色经济城市是发展的必然和迫切需求。中国是人口大国，坚持节约资源和保护环境是基本国策，发展绿色经济、建设绿色城市是实现这一国策、促进城市经济与资源环境和谐发展的重要途径之一。走绿色发展之路是中国的必然选择，也是城市建设的必然选择。

第二节　中国城市化进程

一、中国城市化发展

中国已进入快速城市化时期，2011年的城市化率超过了50%。城市化，主要是指人口、非农产业向城市集聚，以及城市文明、城市地域向乡村推进的过程。现代意义的城市化起源于英国工业革命，伴随工业革命的进程，城市化扩散到欧美大陆。第二次世界大战后，广大发展中国家开始城市化进程。2005年，联合国经社理事会人口部在其出版的《世界城市化展望》中估计，2008年全世界有50%以上的人口居住在城市，世界由此迈入城市世纪。在中国社会经济发展中，城市化占有重要地位。这不仅是因为它构建着区域发展的重要指标体系，而且更为引人瞩目的是作为现代社会生产、生活方式的整合，城市化将反映并影响着整个区域的社会经济发展进程，是社会现代化水平的标志。

在国际上，城市化水平是以居住在城市里的人口占总人口的比重来作为城市化的统计指标来衡量的。发达国家的城市化水平均在70%以上，中等发达的发展中国家一般在50%以上，落后的农业国通常不超过20%。城市化水平是一个国家和地区经济是否发达的重要标志。界定城市化指标,首先应当界定"城市"。国际上所说的城市实际上包括城镇。美国将1万以上人口的聚居地都称之为城市,有的国家还把标准降到5千人,联合国的统计则以2万人口为界。

二、城市化与工业化的关系

城市化是世界各国走向工业化、现代化过程的必然结果,城市化是工业化的产物。由于工业的发展,出现了企业的聚集效应,即工业企业聚集在一起,有利于企业之间的分工与协作,有利于共同使用给排水、供电和交通通信设施,从而节省投资和费用,同时也有利于建立社会化的住宅、生活、教育、卫生、商业、金融等服务,有利于减少原辅材料的储备,提高资金周转速度。通过实践发现,城市和城镇是在工业聚集的驱动下发展起来的。与此同时,人口的集中又导致第一产业的发展,人多的地方好赚钱,第三产业又进一步推动了城市的繁荣。于是城市越来越多,越来越大,从而形成伴随着现代化进程的城市化进程。城市化又起了推动工业化、现代化的作用。改革开放以来,中国的城市化发展迅速,特别是东部沿海地区,城市和城镇的建设进步显著,城镇常住人口也有显著增长。但是,中国的城市化进程仍然落后于经济发展的进程。

城市化是一个内涵十分丰富的概念,是指变传统落后的乡村社会为现代化先进的城市社会的自然历史过程。城市化的历史不等于城市发展史,人类至今已有9000年的城市发展史,而城市化的历史却开始于工业化。工业化是指机器大工业在国民经济中占统治地位的过程,它本质上是指一国由落后的农业生产力向先进的工业生产力的飞跃。工业化必然带来资源在空间配置上的变化,从农业流向工业,从乡村流向城市,导致城市化。城市化与工业化有着内在的、本质的联系。一方面,工业化推动城市化。工业化引发城市化的进程。工业化的不同阶段还决定着城市化发展的不同阶段,城市化的过程可明显地分为两个阶段,集中化阶段与市郊分散化阶段。城市化发展的阶段与工业化发展的阶段有着很大的同步性。另一方面,城市化又保障、促进工业化。由于人口高度聚集适应了工业对聚集效益的要求。总之,城市化是工业化过程中资源配置变化的必然产物,而城市化又有利于资源的有效利用。

理想的城市化模式是工业化与城市化同步推进、协调发展。从城市化的发展历史来看,工业化是城市化的基础,没有工业化就没有城市化,同时,城市化对工业化也具有重要的反作用,没有城市化的发展,工业化的发展也会受到制约。钱纳里通过对世界上多个国家的研究,提出了常态发展状况下,城市化

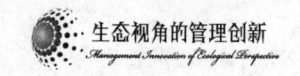

与工业化的一般关系,即在一般情况下,城市化率应大幅高于工业化率,而中国的城市化率长期以来一直大大低于工业化率,尽管总体趋势是上升的,但二者的比值不仅仍然明显低于钱纳里总结出的"一般关系",而且也大大低于美国、日本等发达国家和巴西、印度和俄罗斯等国家,如图8-1所示。

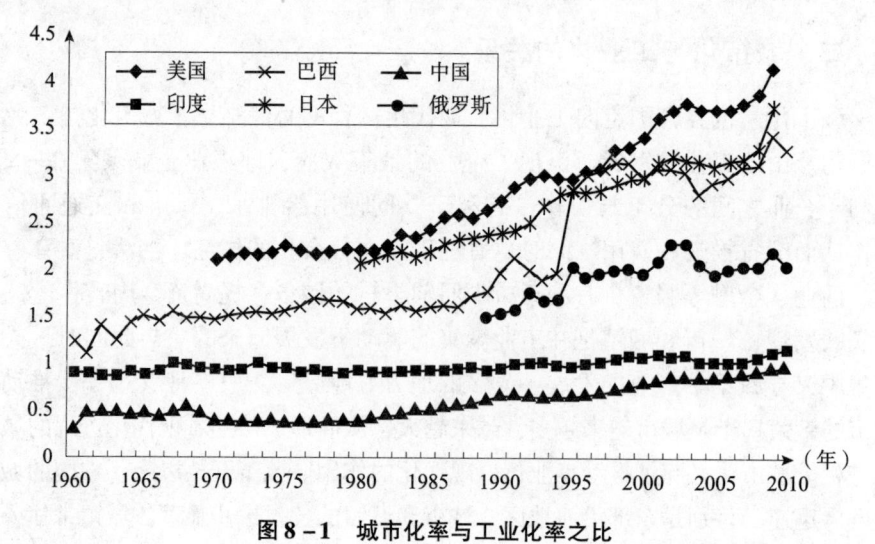

图8-1 城市化率与工业化率之比

新型工业化与城市化发展互相促进,互相依赖,共同促进构成区域经济发展的主要动力。中国新一轮产业结构转型将成为新时期促进城市化进程的主要力量,没有新型工业化就没有城市化。新型工业化与城市化二者的互动机制如图8-2所示。

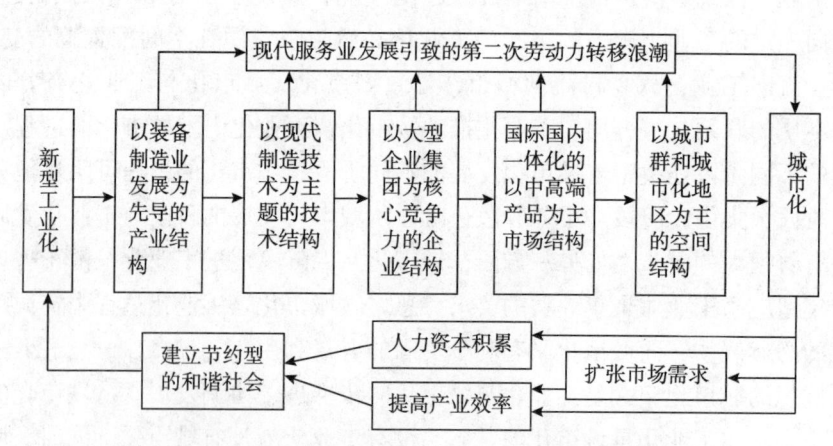

图8-2 中国新型工业化与城市化的互动机制

三、中国城市化的特点

1949年后,中国曾经历了曲折的城市化进程。直至1979年实施改革开放政策,城市化才步入正常的发展轨道。

(一) 城市化速度快、规模大,半城市化现象明显

1980年我国的城市化率仅为19.39%,远落后于世界平均的城市化水平。1990年,我国的城市化率达到26.44%,2010年城市化率上升到49.95%。20年内中国城市化率提高了23.5个百分点,年均增加一个百分点以上,城镇人口净增3.69亿。如此大规模、快速的城市化现象在世界上很少见,与政府主导城市化进程密切相关。新增城镇人口除城镇人口的自然增长和机械增长外,主要来自农村,其中又可分为两部分,一部分为就地转化的农民,但大部分是来自农村的流动人口。

(二) 城市化水平的省际差异显著

我国地域广大,各地经济发展水平历来存在较大差异。1990年以来,沿海地区利用有利的区位条件和人文环境,率先融入经济全球化的进程。由于沿海地区经济的高速增长吸引了中西部地区的大量农村人口,使其城市化速度大大加快,并导致城市化水平的省际差异比较显著。总的趋势是,东部沿海地区的城市化水平较高,中部地区居其次,西部地区的城市化水平最低。如图8-3所示。

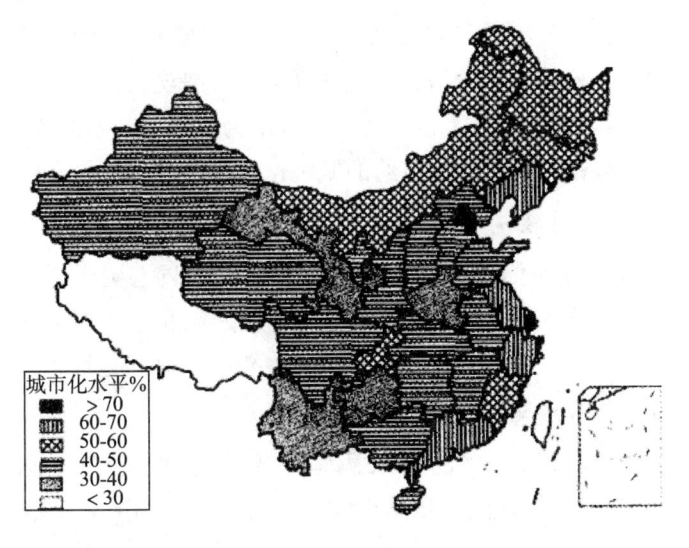

图8-3 2010年城市化水平的省际差异

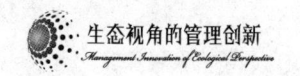

(三) 都市化现象已经显现，城市群成为国家经济的核心地区

在世界各国的城市化进程中，一个普遍趋势是大城市发展速度更快。因为城市本身就是集聚经济的产物，而大城市的集聚经济效益更明显。但长期以来，中国一直实施控制大城市的政策，1989年公布的《城市规划法》还把控制大城市规模作为首要的城市发展政策。中国是人口众多、人均资源有限的国家，在城市化过程中更要充分发挥集聚经济的效益。中国的快速城市化已导致大量大城市的出现，若建立都市区的界定标准，其人口规模可以更好地反映城市实际的人口规模。2000年，中国大陆已有117个50万人以上的都市区，人口1.99亿，占全国总人口的16.1%，如表8-1所示。

表8-1 中国大都市区等级规模分布（2000年）

大都市区等级规模	全国	东部	中部	西部
Ⅰ级≥500万	8	7	1	0
Ⅱ级200~500万	18	8	5	5
Ⅲ级100~200万	29	17	7	5
Ⅳ级50~100万	62	28	24	10
总计	117	60	37	20

四、加快中国城市化进程

随着中国城市化和经济发展进入新的历史时期，中国的城市化和经济发展正面临着改变现有粗放型的经济发展方式，走集约型城市化道路的内在需要。在城市化进程上，根据中国国情，必须遵循科学发展观的要求，走集约型城市化的模式，坚持以大城市为主导，大、中城市为主体，小城市和小城镇为基础、布局集中、城镇密集、用地节约的城市化之路。

(一) 积极发挥政府的引领和调控作用，以加快城市化进程

政府一方面作为国家的行政主体，另一方面作为国有资产的所有者，在加快城市化进程中的作用重要且独特。充分发挥政府部门的领导指导、监察监督、管理和调控作用，走科学化发展道路，坚持可持续发展原则，引导城市化进程的正确方向和合理速度，加速城市化的进程。

(二) 加快工业化中制造业及第三产业的进程，促进城市化的发展

1975年，经济学家钱纳里和赛尔奎因在研究各个国家经济结构转变的趋势时，曾概括了工业化与城市化关系的一般变动模式，即随着人均收入水平

的上升，工业化的演进导致产业结构的转变，从而带动了城市化程度的提高，也就是说工业化与城市化具有一致性。制造业的蓬勃发展为促进我国的城市化进程带来了有利的因素，为提高中国的城市化水平，大力发展中国具有比较优势的劳动密集型制造业具有意义。

（三）注意城市化的可持续发展

在加快城市化进程，发展经济的同时，要注意政治、经济、社会、环境和文化的协同发展，注意城市长期的可持续发展。注意对资源和能源的保护与开发，加强并健全对城市的管理，协调城市管理和规划，从而实现城市的可持续发展。

（四）加快和完善城市的硬件建设

基础设施是城市得以存在和发展的硬件，在中国城市化快速推进的过程中，基础设施建设任务重大，投资需求很大。为了妥善解决未来城市的基础设施投资的需求，并有效控制风险，根本出路在改革，包括加快市政公用企业改革，以及市政公用事业价格形成机制，并在此基础上探索国际上通行的发行市政债券、资产证券化、基础实施投资基金等融资模式创新。

（五）要强化城市规划和城市管理

城市和城镇的发展要高起点地制订好规划，计划预留好道路和公共设施，充分考虑到城市、城镇的布局、环境和绿化。规划要有长远的眼光，至少以后的三十年内不会太落后。城市和城镇按规划发展，更要严格城市管理。交通、工商、市容、绿化、广告、卫生、三废排放、垃圾处理等，都要加强管理，城市才能成为文明的象征。这里既要有管理的队伍，也要有管理的费用，更要有市民的绿色文明意识观念的建立和培养。

第三节 城市绿色发展

一、绿色经济发展

发展绿色经济，是传统经济结构在可持续发展理念指导下的绿色变革。绿色经济发展模式是一种全新的经济发展模式，与传统经济增长模式相比，具有明显的优势。第一，绿色经济发展模式建立在资源循环利用的基础上，它可以充分提高资源和能源的利用效率，最大限度地减少废物排放和保护人类的生存环境。这是符合当前中国"节约资源和保护环境的基本国策"的经济发展模

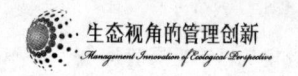

式。第二，绿色经济发展模式以协调人与自然关系为准则，模拟自然生态系统运动方式和规律，可以充分做到资源的可持续利用，能够实现经济增长、资源利用、环境保护的"多维"发展。这是与建设生态文明相适应的经济发展模式。第三，绿色经济发展模式强调节约资源，有效利用资源，在生产和消费中以最小成本追求最大的经济效益和生态效益，并且采取的是低开采、低投入、低排放、高利用的发展模式，可以实现经济社会又好又快发展。它是建设资源节约型、环境友好型社会的最佳经济发展模式，符合中国现阶段经济社会发展需要和全面建设小康社会目标实现的经济发展模式。因此，我们要扩大绿色经济发展规模，不断上升再生能源比重，控制污染排放，尽早实现传统经济增长模式向绿色经济发展模式的转变。

生态足迹（Ecological Footprint）可以定量地反映一个国家或地区的可持续发展程度。生态足迹指标体系和其他反映社会经济发展的指标体系结合起来，以全面反映社会经济的发展。

生态足迹的一般计算模型为：

$$EF = N \times ef = N\sum_{i=1}^{n}(aa_i) = \sum_{i=1}^{n}r_j A_i = N\sum_{i=1}^{n}(C_i/P_i) \quad （式8-1）$$

式中，EF 为总的生态足迹；N 为人口数；ef 为人均生态足迹；i 为消费商品和投入的类型；n 为消费项目数；aa_i 为 i 种交易商品折算的生物生产面积；r_j 为均衡因子；A_i 为第 i 种消费项目折算的人均占有的生物生产面积；C_i 为 i 种商品的人均交易量；P_i 为 i 种消费商品的平均生产能力。计算出生态足迹之后，通过产量因子计算生态承载力，我们将两者结果进行比较来分析可持续发展程度。我们把生态足迹理论用于绿色经济的研究，以便为国家或地区的经济计划、发展战略、环境保护等提供更科学、更全面、更真实的参考数据。

（一）绿色经济发展模式

绿色经济提倡的是环境保护、绿色生产、绿色消费和废弃物的再生利用等环节的整合和互补，是建立在物质不断循环利用基础上的经济发展模式。

1. 绿色生产模式

发展绿色经济需要以绿色生产体系为基础。绿色生产是一个综合考虑环境影响和资源消耗的现代生产模式，它不仅仅考虑最终产品，还要考虑整个产品的生命周期对环境的负面影响，从而形成综合性的产品生命周期发展战略。绿色生产主要表现为充分利用原料和能源进行清洁生产，实现生产环节的"零排放"。同时，在生产原料、产品设计、工艺技术、生产设备和能源消耗等各个生产环节上，都要含有绿色的理念。

2. 绿色消费模式

绿色消费是指消费者对绿色产品的购买和消费活动，是一种具有生态意识的、高层次的理性消费行为。绿色消费是从满足生态需要出发，以有益健康和保护生态环境为基本内涵，符合人的健康和环境保护标准的各种消费行为和消费方式的统称。绿色消费不仅包括购买绿色产品，还包括消费品的回收利用等。绿色消费行为应符合"3E"，即经济实惠（Econmic）、生态效益（Ecological）、平等人道（Equitable）原则；及"3R"原则，即减少非必要的消费（Reduce）、重复使用（Reuse）和再生利用（Recycle）。

3. 绿色产业体系

"绿色产业"这一概念的提出最早来源于1989年加拿大环境部长所提出的"绿色计划"一词，它第一次从宏观层次上把"绿色"同整个社会经济的发展计划有机结合了起来。并在20世纪90年代初得到了12个工业发达国家的认同，即把绿色计划作为推进各国社会经济可持续发展的重要战略。实际上，绿色产业与绿色经济是同一的，它们都必须遵循以下准则：产业发展对环境的作用必须限制在其承载力之内；产业发展对可再生资源的使用强度应限制在其最大持续收获量之内；产业发展对不可再生资源的耗竭速度不应超过寻求可再生替代品的速度；产业发展必须维护自身的健康安全和代际公平，即当代人不能损害后代人的发展权利，少数人不能为了眼前经济利益而牺牲多数人的健康权；产业发展必须维护当代人之间的公平，在不同群体和不同区域之间实现资源利用和环境保护两者的成本与收益的公平和分配。

4. 绿色技术创新模式

发展绿色经济除了战略上的高瞻远瞩、体制机制上的调整适应、管理环节上的完备完善等软实力支撑外，源源不断地对绿色技术进行创新是绿色经济的主要支撑硬件。未来经济社会，绿色技术对宏观经济来说是核心实力之一，对企业来说是核心竞争优势。绿色技术的研发及推广是时代趋势，开发绿色技术，必将推动绿色经济的发展。绿色技术创新模式包括几个层次的含义：一是指生产系统的技术创新，技术的创新将使得生产系统的运转活动对生态系统产生微量的消极影响，或有利于恢复和重建生态平衡机制；二是指产品技术创新，产品功能发挥以及报废后的自然降解过程对生态系统的消极影响甚微；三是单元技术创新，在产业技术系统中的应用可明显减轻和部分消除原技术系统的生态负效应；四是污染消除技术创新，可以实现物质的最大化利用，尽可能把对环境污染物的排放消除在生产过程之中。从操作层面而言，绿色技术创新模式主要包括绿色产品技术创新、绿色产品设计创新、绿色材料研发技术创

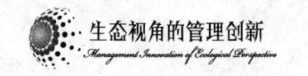

新、绿色工艺创新、绿色回收处理创新、绿色包装创新等各个环节的技术创新。

(二) 加速绿色经济发展策略

发展绿色经济,传统经济向绿色经济转变,必然要求我们摒弃粗放型、分散化、高能耗、高污染的传统工业化道路,走一条新型工业化道路,将传统经济发展模式转变到绿色经济的发展模式上来。

1. 大力推广清洁生产,发展低碳式的绿色企业

清洁生产是企业通过对产品设计、原料选择、工艺改革、技术管理、生产过程内部循环等环节的科学化和合理化最大限度地减少污染的生产方式。它将传统经济模式中的"资源消耗—产品工业—污染排放"的物资单向流动的开放式线性过程,转变为"资源利用—绿色工业—资源再生"的闭环型物质能量循环流程,以保持生产的低消耗、高质量、低废气,将经济活动对自然环境的影响和破坏减少到最低限度,做到产业环保。

2. 大力发展生态工业园区

建立绿色技术和高新技术为支撑的绿色经济生产体系。它的目标是尽量减少废物,将园区内一个企业产生的副产品作为另一个企业的投入,或将原材料通过废物交换实现循环利用,清洁生产手段,最终实现园区污染的"零排放"。这就需要建立绿色技术和高新技术为支撑的生产技术体系,对传统产业生产体系进行改造。要依靠绿色技术和高新技术对传统产业实施改造,将一些传统的高排放、高污染、低效率的工业园区改造成生态工业园区,以达到园区工业经济的可持续发展。

3. 大力做好循环回收利用,开展好绿色经济的国际交流与合作工作

循环回收利用是绿色经济的一个较好的切入点,我们要大力发展绿色消费市场和资源回收利用产业,建立区域和整个社会的废物回收、再利用系统,使生活和生产垃圾变废为宝,回收利用,做到环保产业化,提高社会再生资源利用率,实现城市内外、城乡之间物流的循环,促进传统经济向绿色经济的转变。

4. 建设生态文明,形成节约能源、资源和保护生态环境的产业结构、增长方式和消费模式

生态文明是人类对传统文明特别是工业文明进行深刻反思的成果,它以人与自然、社会和谐共生、良性循环、全面发展、持续繁荣为基本宗旨,以建立绿色经济发展模式、健康合理的消费模式为主要内涵的文明形态。按照十七大

提出的要求，我们应坚持节约资源和保护环境的基本国策，把建设资源节约型、环境友好型社会放在工业化、现代化发展战略的突出位置，让生态文明之花开满祖国大地，使绿色经济发展模式结出丰硕之果。

总之，传统经济向绿色经济的转变是经济社会发展到一定阶段的产物。在绿色经济模式下，环保技术、清洁生产工艺等众多有益于环境的技术被转化为生产力，通过有益于环境或与环境无对抗的经济行为，实现经济的可持续增长。发展绿色经济，是对工业革命以来几个世纪的传统经济发展模式的根本否定，是21世纪世界经济发展的必然趋势。我们应抓住这次世界经济发展模式转型的机遇，按照党中央指引的方向、确定的方针，大力宣传绿色经济，加速对传统经济发展模式的改造，积极发展绿色经济，使中国的经济社会实现可持续发展，使中国成为一个绿色经济强国。

二、绿色城市的概念和内涵

绿色城市系统是一个要素众多、关系交错、目标和功能多样的复杂大系统。一般来说，绿色城市是由民主的政治系统、高效的经济系统、和谐的社会系统、健康的环境系统和创新的文化系统等五个子系统组成，是各个子系统之间相互联系、相互影响、相互制约的"五位一体"系统，如图8-4所示。

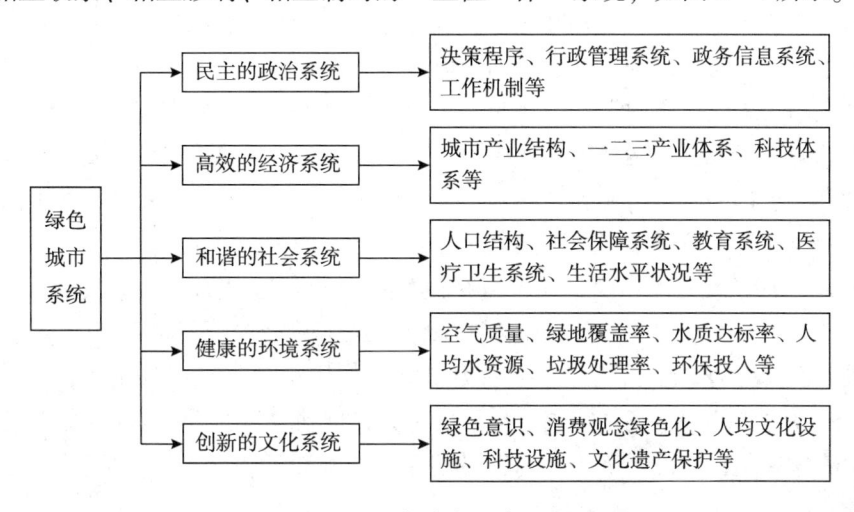

```
                    ┌─民主的政治系统─→ 决策程序、行政管理系统、政务信息系统、工作机制等
                    │
                    ├─高效的经济系统─→ 城市产业结构、一二三产业体系、科技体系等
绿色城市系统 ───────┤
                    ├─和谐的社会系统─→ 人口结构、社会保障系统、教育系统、医疗卫生系统、生活水平状况等
                    │
                    ├─健康的环境系统─→ 空气质量、绿地覆盖率、水质达标率、人均水资源、垃圾处理率、环保投入等
                    │
                    └─创新的文化系统─→ 绿色意识、消费观念绿色化、人均文化设施、科技设施、文化遗产保护等
```

图8-4 绿色城市系统组成图

三、绿色城市发展新模式

绿色城市是一个组成系统众多、结构和运行复杂的系统组合，其追求的是

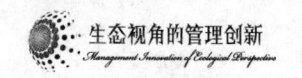

在一定约束条件下系统组成因子的主题最优。绿色城市建设是当今世界各国共同的追求，是在政治、经济、社会、环境和文化等领域的创新，是一种系统的创新。绿色城市建设是一种可持续发展，与传统城市建设的区别主要体现在建设理念、人与自然关系、系统观以及目标实现上，如表8-2所示。

表8-2 绿色城市建设模式与传统城市建设模式比较

项目	绿色城市建设模式	传统城市建设模式
哲学观	共生	自生
价值观	和谐均衡	疯狂掠夺
内容目标	多目标、各系统的最优	单目标
学科范畴	交叉	单一学科
决策方式	民主、开放、公众参与	封闭、行政干预
建设程序	循环、动态	单向、静止

四、绿色城市的动力机制

（一）动力机制机理

绿色城市建设不同于传统城市建设，它是一个更高层次的城市建设，追求政治、经济、社会、环境和文化等五位一体的全面均衡和可持续发展。系统论原理指出，任何系统的良好运行和发展进步，都必须获得足够的动力和科学的动力机制。绿色城市建设动力机制是指政府、组织和居民等建设主体建设绿色城市的动力源及其作用机理、作用过程和功能。动力源是推进绿色城市建设的推动力，包括内在动力源和外在动力源。其中，内在动力源包括追求绿色城市的目标及探索绿色城市建设道路两方面的内容。外在动力源包括环境承载力、资源压力等约束力，文明进化、可持续发展要求等驱动力，国家发展战略导向、政策支持、法律保障等政策力，绿色技术创新支撑力及国内外绿色城市建设成果的吸引力。绿色城市建设动力机制的作用机理是在内外动力源的作用下，建设主体按照市场规律调节自己的行为，推动政治、经济、社会、环境和文化的绿色化，建设"五位一体"的稳定、均衡和可持续发展的绿色城市。

（二）动力机制模型

根据以上的绿色城市建设动力机制机理分析，可以看出内外动力源以及各种作用因素在对绿色城市建设产生影响的过程中，是相互联系和相互影响的。一方面，只有内在动力源和外在动力源共同和协调发生作用，人类的绿色城市才能够实现；另一方面，在不同的时期和不同的地区，内在动力源和外在动力源对绿色城市建设所起的作用不同，对其影响也不同。比如，在绿色城市建设初期，人们建设绿色城市的要求非常迫切，内在动力源可能会产生相当大的作用，而政府的政策力将是推进绿色城市建设的第一外在动力，具有决定性的作用。绿色城市建设的动力机制如图8-5所示。

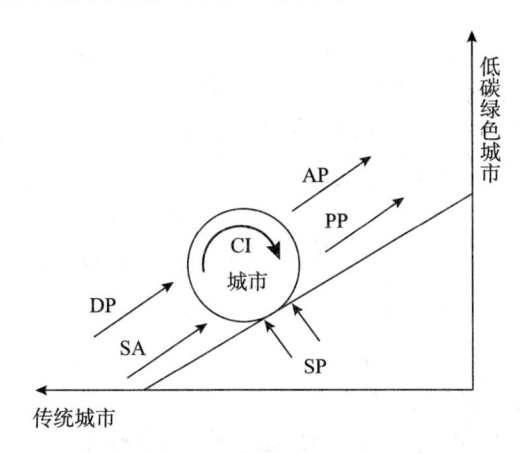

图8-5 绿色城市建设的动力机制模型

上图中，AP——Attractive Power 是吸引力；PP——Policy Power 是政策力；DP——Driving Power 是驱动力；SA——Sanction 是约束力；SP——Support Power 是支撑力；CI——Co - Interest 是共同利益。

上图中，各因素之间的关系可以用下式表示为：

$$GC = f(CI, AP, PP, DP, SA, SP, T) \qquad (式8-2)$$

上式中，GC（Low - Carbon Green City）是绿色城市。从式中可知，如果把绿色城市看作是一个函数，那么绿色城市建设要受到三方面因素的影响：内在动力机制因素（CI）、外在作用机制因素（AP、PP、DP、SA、SP）和时间（T）。

第四节 基于生态经济的城市绿色创新

当今，面对全球气候变暖和资源危机等一些问题，发展绿色经济已经成为发展的必然。绿色城市是发展绿色经济的最重要载体，绿色城市建设是绿色经济发展的必然过程。绿色城市建设已经成为中国城市建设的必然趋势，如何以经济发展促进城市建设，探求适合中国特色的基于绿色经济的城市建设发展战略，具有重要的理论价值和实际意义。

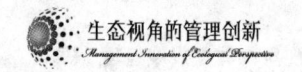

一、中国经济绿色化

(一) 绿色经济

低碳经济是人类为了应对全球气候变暖,减少人类的温室气体排放而提出的经济发展方式;绿色经济是人类为了应对资源危机,减少人类对资源环境的破坏而提出的经济发展方式。我们既要发展低碳经济,又要发展绿色经济。发展低碳经济我们要节能减排;发展绿色经济我们要减少资源消耗和环境破坏,保障经济的健康发展。发展低碳经济和绿色经济,两者相互促进,既是发展的过程,又是发展的结果。

绿色经济是以市场为导向、以传统产业经济为基础、以经济与环境的和谐发展为目的的新的经济形式,是以效率、和谐、持续为发展目标,以生态农业、循环工业和持续服务产业为基本内容的经济结构、增长方式和社会形态。英国经济学家皮尔斯1989年出版的《绿色经济蓝皮书》首次提出绿色经济。低碳经济是指以低能耗、低污染、低排放为基础的绿色经济,其核心是在市场机制基础上,通过制度框架和政策措施的制定及创新,形成明确、稳定和长期的引导及激励机制,提高新能源开发、生产和利用能力,促进人类生存和全世界经济发展方式的变革,是人类社会继农业文明、工业文明之后的又一次重大进步,实质是能源高效利用、清洁能源开发和追求绿色GDP的问题,是能源技术和减排技术创新、产业结构和制度创新以及人类生存发展观念的根本性转变。英国在2003年发表了《能源白皮书》,第一次提出了低碳经济概念。2007年12月联合国气候变化大会制订了"巴厘岛路线图",为全球进一步迈向低碳经济起到了里程碑的意义。经济发展演变进程如图8-6所示。

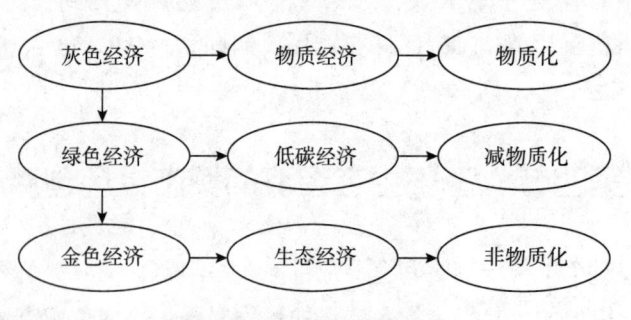

```
灰色经济 → 物质经济 → 物质化
   ↓
绿色经济 → 低碳经济 → 减物质化

金色经济 → 生态经济 → 非物质化
```

图8-6 经济发展演变进程

(二) 绿色经济是中国经济发展的必然

当今,面对全球气候变暖和资源危机等这些问题,发展绿色经济已经成为必然。绿色经济是一种以能源消耗较少、环境污染较低为基础的绿色经济模式，是一种全新的经济发展模式，是实现可持续发展的具体路径和必由之路。提高能源效率、开发清洁能源、发展低碳经济已经成为全球共识，发达国家率先把发展绿色经济上升到国家战略高度，绿色经济已从一个应对气候变化、环境保护和资源紧缺的技术问题转化为决定未来国家综合实力的经济和政治问题，并将成为未来规制世界发展格局的新规则。

中国经济在历经了30多年的粗放型高速增长之后，能源资源短缺和环境恶化问题凸显，经济发展方式向高能效、低能耗和低碳排放模式转型已成为迫切需要。中国发展绿色经济既是共同应对气候和环境变化的内在要求，也是建设资源节约型、环境友好型社会和构建社会主义生态文明的必然选择，更是转变经济发展方式、实现经济社会可持续发展的必由之路。中国正处在加快经济发展方式转变的关键时期，发展绿色经济已经成为中国可持续发展战略的重要组成部分，发展绿色经济是中国可持续发展的必然方向，是优化能源结构、调整产业结构的可行措施和重要途径。发展绿色经济是我国经济社会可持续发展的必然选择，这是由我国的基本国情决定的，也是我国的发展战略之一。我们只有大力发展绿色经济，转变经济发展方式，我们的经济发展才可以持续，我们与自然的关系才会更加和谐。

二、中国城市绿色创新的战略思考

（一）中国的工业化、城市化

城市化是世界经济的普遍现象，自18世纪中叶以来，随着经济的工业化和现代化，世界城市人口的比重不断上升。城市化是工业化过程中资源配置变化的必然产物，而城市化又有利于资源的有效利用。城市化是世界经济的普遍趋势，城市化与工业化有着密切的内在联系。城市化的模式主要由工业化状况来决定，但又影响着工业化的进程。与世界的一般规律不同，自20世纪50年代以来，中国在推进经济现代化的同时，走了一条独特的城市化道路。与世界各国城市化和工业化同步性不同，中国的城市化走了一条滞后于工业化的道路。城市化的模式由多种因素决定，但首先由工业化的状况决定，城市化的模式会影响社会各方面的生活，但首先影响工业化的进展。我们研究中国工业化和城市化的进程，分析工业化的不同阶段、不同制度形式对城市化模式的影响和要求，有助于探讨绿色城市建设问题。城市的工业化阶段可以根据下列分界值划分为前工业城市、工业城市和非工业城市，如图8-7所示。前工业城市：

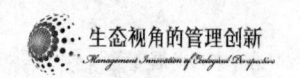

第二产业<48%；工业城市：第二产业>48%；非工业城市：第三产业>48%。

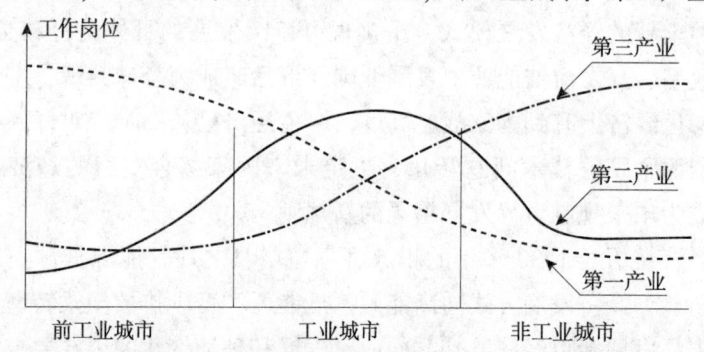

图 8-7　城市发展的三个工业化阶段

（二）绿色城市建设是中国城市发展的趋势

城市是人类文明发展的产物，是行政、金融和工业中心。绿色城市是指城市经济以绿色产业为主导模式，市民以绿色生活为理念和行为特征，政府以绿色社会为建设目标的城市。绿色城市的产生由绿色经济演化而来。绿色城市是发展绿色经济的最重要载体，绿色城市建设是绿色经济发展的必然过程。城市作为人类社会经济活动中心，已经聚集了世界一半以上的人口。随着城市化进程的加快，城市的脆弱性不断显现并有加剧的倾向。城市是经济社会发展的重要载体，城市建设的最终目的是为人民群众创造良好的生产和生活环境，实现"生态、生产、生活"三生共赢、三生协同发展。目前，绿色城市建设已经成为世界各国城市建设的热点问题，绿色发展模式成为新一轮经济增长的关键词。随着工业化和城市化进程的快速推进，中国城市面临的节能减排问题日益严峻。城市化是中国经济社会发展的长期战略之一，未来城镇人口及其比重将继续提高，城市经济在国民经济中的重要性将进一步提升。然而，城市化以工业为依托，工业的高速发展是以牺牲资源和能源为代价的，中国的快速城市化发展是建立在工业化基础之上的，传统工业化是以高碳排放为特征的发展模式，中国城市也是温室气体的主要产生地。因此，加快建设绿色经济城市是发展的必然和迫切需求。中国人口众多，坚持节约资源和保护环境是基本国策，发展绿色经济、建设绿色城市是实现这一国策，促进城市经济与资源环境和谐发展的重要途径之一。走绿色发展之路是国家的必然选择，也是城市建设的必由之路。

（三）理论依据

（1）绿色城市理论属于前沿领域，目前国内外尚缺少综合系统的定义和研究，诸多研究者给予其的定义和理解也不尽相同。世界自然基金会认为，低

第八章 生态视角的城市发展管理

碳城市是指能够在经济高速发展的前提下,保持能源消耗和二氧化碳排放处于较低水平的城市。中国城市科学研究会认为,低碳城市是指以低碳经济为发展模式及方向、市民以低碳生活为理念和行为特征、城市管理以低碳社会为建设标本和蓝图的城市。国内学者夏堃堡指出,低碳城市就是在城市实行低碳生产和消费的低碳经济,建立资源节约型、环境友好型社会和一个良性的可持续的能源生态体系。传统经济学只把经济作为一个独立的系统来研究,环境成为了一个外生变量而不在研究范围内。在绿色城市建设的战略研究中,我们要把经济与环境看作一个统一的整体来研究,环境就是这一整体中的内生变量,如图8-8所示。

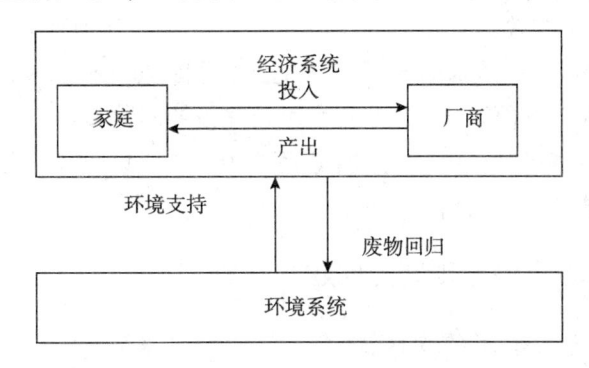

图8-8 以经济与环境为统一整体的系统

（2）随着经济的工业化和现代化,城市化不断提升。随着人类的进步和经济的发展,传统的经济发展模式已经不适用于经济和社会的发展需求,需要转向绿色经济发展模式的研究。依据可持续发展的理念,我们将现实世界简单地分解为经济、社会和环境三个相对独立的部门,将现实世界简化成一种由三个尺寸相等、彼此相互交叠的独立圆环（分别代表经济、社会和环境）所构成的抽象的理想模式,如图8-9所示。

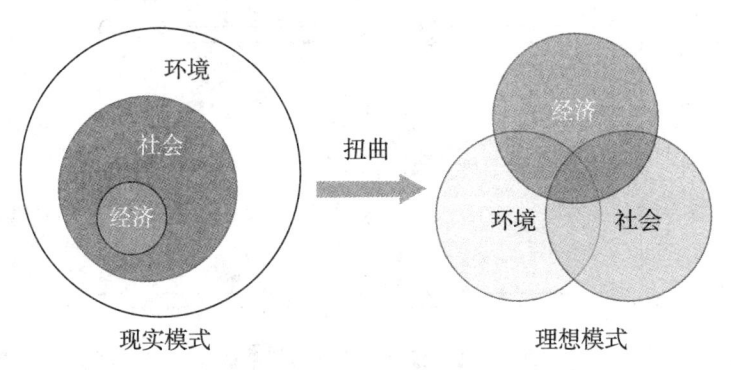

图8-9 从现实模式到理想模式的简化

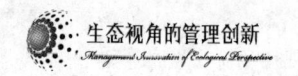

(3) 研究绿色城市建设的现状，分析绿色经济的内涵，从系统论的思想出发，在对城市建设目标分解的基础上，结合生态足迹理论、脱钩理论和灰色理论，综合运用实证分析法、因果分析法和回归分析法等多种方法，研究中国工业化进程和城市化发展阶段，从系统论角度分析中国绿色城市建设中的挑战与机遇，SWOT 定性分析与定量分析相结合，基于三生共赢理论，系统地分析城市建设中的优势、劣势、机会和威胁，提出未来发展的总体规划趋势，并在此基础上提出中国绿色城市建设的短期和中长期发展战略。我们借鉴英国学者格里·约翰逊（Gerry Johnson）和凯万·斯科尔斯（Kevan Scholes）1998 年在其著作《公司战略教程》中提出的 PEST 分析法，分别从政治或法律因素（Politics）、经济因素（Economy）、社会文化因素（Society）和技术因素（Technology）几个方面来分析研究绿色城市建设的问题和对策，加快绿色经济发展，以经济发展推动城市建设，探索适合中国工业化和城市化发展阶段的绿色城市发展模式和实施策略。

三、中国城市绿色创新的问题与对策

（一）发展战略与管理模式

在绿色城市发展战略模式中，基于绿色城市建设目标，政府依托政策体系和管理机制，同当地的企业和公众合作、彼此影响、相互促进，形成绿色发展的长效机制，通过把政策转化为经济信号，引导企业和公众积极融入绿色城市建设中来。绿色城市的发展需要相应的发展战略和管理模式，其发展战略模式可以用图 8-10 来表示，它包含了 4 个参与主体，即政府、市场、企业和公众。绿色城市的发展战略模式是一个动态的、循环往复和不断完善的过程，是若干个子系统的综合呈现，其基本着眼点是城市的长期利益和可持续发展。

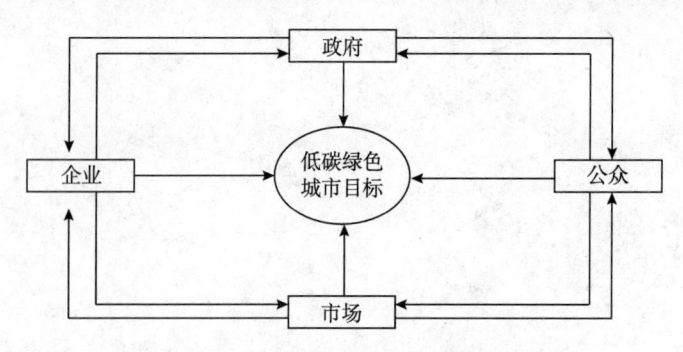

图 8-10 绿色城市发展战略模式

(二) 观念理念到位

首先要更新观念。绿色城市建设要以崭新的绿色理念来规划城市建设，在规划、建设实施和管理运营层面上充分体现绿色理念和建设思维。由于绿色经济是一种全新的经济理念，社会公众对发展绿色城市建设的重要性认识还不够，所以必须加强绿色宣传，强化绿色教育，树立绿色经济理念，倡导理性健康的生活方式，推行合理适度的消费模式，营造节能减排的社会风尚，提高公众的绿色意识，使绿色观念深入人心，让公众了解绿色城市建设对中国可持续发展的重要性和必要性，树立全民绿色城市建设的理念。

(三) 政策引导有力

政府宏观调控是构建绿色城市的保证。从政策层面引导建立形成绿色经济的产业结构、增长方式和消费模式。从产业区域布局、结构调整、技术进步和基础设施建设等方面入手，推进绿色经济发展和绿色城市建设。在推进绿色城市建设方面，政府要通过绿色产业规划与财政、税收扶持等手段来进行引导，充分发挥政府的职能作用。政府要制定强有力的政策与法规，在绿色城市建设中要形成长效机制，主动进行必要的调控，进行大力的引导和支持。中国为了促进绿色经济和城市建设制定了一些法律、法规，也推进了中国建立资源节约型、环境友好型社会，但这些法律、法规在某些方面还存在欠缺，因此中国政府部门要重视绿色城市建设的发展，大力加强与绿色城市建设相关的立法工作，建立完善的绿色城市建设法律保障体系。

(四) 管理体制改革

加快推进能源体制改革，建立有助于实现能源结构调整和可持续发展的价格体系，推动可再生能源发展机制建设。建立健全行之有效的环境法制体制、财务管理体制和监管机制，以行政手段推行节能减排，强化环境管理和城市管理。建设绿色城市，要严格执行国家和地方有关法律、法规和标准，加强人文环境保护、社会保障体系和公安消防等社会治安体系，把城市环境管理纳入法制化轨道。将政府补助从环境破坏性行业转到新能源、高效率技术和清洁生产上，加大对环境税的征收，对节能减排企业给予一定的补贴和税收减免，从而引导城市转型。各级政府部门要加强组织领导，强化目标责任制，把绿色城市建设列入重要日程，进一步改革和完善管理体制，加速绿色城市建设。

(五) 人才资源开发

绿色城市的建设，人才是关键。要加强与高校院所和企业的合作，开发和培养绿色技术人才，通过优惠的人才政策，吸引和引进绿色经济专家，吸引社

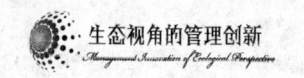

会团体和民间人才的参与,激发人才的积极性和创造性,可以采取政府雇用的方式,组建绿色经济发展专家顾问团,聘请高级专业技术人员,建立绿色经济人才管理和使用制度,加速绿色城市建设的进程。

(六) 技术创新加强

绿色技术是国家实现绿色经济的重要保障,是绿色经济发展的根本动力,是绿色城市建设的核心力量。绿色经济的发展和绿色城市的建设都离不开技术的支撑和创新,中国要实现从传统经济向低碳经济的转型,就必须加强提高技术创新能力,只有这样才能走一条科技含量高、经济效益好、资源消耗低和环境污染少的可持续发展道路,从根本上统筹经济发展和环境保护,进而实现社会和经济的良性发展。目前,中国低碳技术相对偏低,绿色技术水平较发达国家落后,因此中国要结合实际情况,加强科研机构和企业的合作,不断提高自主创新能力,积极开展技术创新活动,促进中国绿色技术的发展。同时,利用绿色技术改造落后工艺,以市场为主导,以资源为基础,积极开发太阳能、生物能和风能等清洁能源,从根本上优化中国能源结构,促进绿色城市建设。

(七) 产业结构优化

调整与优化产业结构,建立以低碳排放为特征的产业体系,这是中国发展绿色经济的根本出路。首先,中国要进一步加快第三产业的发展,增加金融、保险、旅游和文化等现代服务业的产值,逐步减少第二产业在国民经济中的比重。其次,对于第二产业,中国要通过加快太阳能、风能、核电、电子信息、新能源汽车和生物产业等新兴绿色产业的发展,直接降低 GDP 的二氧化碳强度。最后,中国要积极推广生物碳汇,尤其是森林碳汇。优化产业结构,推进绿色城市建设。

(八) 环境经济发展

从环境经济学角度,环境和经济是辩证统一的。环境是不可分割和非排它性的公共资源,是最广大的公共需求,是城市经济发展的重要内涵和基础。环境经济是城市经济的重要内容,是城市建设的前提和基础。21 世纪是绿色的世纪,是生态环境的世纪。环境经济具有战略性、前瞻性和科学性。从人类社会的发展来说,从征服自然到改造自然,进而到回归自然,是人类社会认识和尊重自然规律的体现;从农业文明走向工业文明,进而走向生态文明,是人类社会发展进步的重要体现。把环境建设放在极其重要的位置,是 21 世纪人类文明建设特别是城市建设的大趋势。

本章小结

本章基于生态发展的视角,主要论述了中国城市绿色创新,从城市绿色创新现状、中国城市化进程、城市绿色发展方面,重点论述了基于绿色经济的城市绿色创新。城市绿色创新是一种可持续发展的创新,是在政治、经济、社会、环境和文化等领域的创新,是一种系统的创新。

中国正处在工业化和城市化的关键阶段,城市化是世界各国走向工业化过程的必然结果,城市化是工业化的产物,城市化与工业化有着很密切的内在联系。发展绿色经济已经成为当今世界经济发展的必然要素,绿色城市建设是低碳绿色经济发展的必然过程,绿色城市建设是绿色经济发展的重要载体和内涵,已经成为世界城市发展的大趋势,也是中国城市发展创新的必然趋势。绿色城市是由民主的政治系统、高效的经济系统、和谐的社会系统、健康的环境系统和创新的文化系统等五个子系统组成,是各个子系统之间相互联系、相互影响、相互制约的"五位一体"系统。本章在对城市发展目标分解的基础上,将 SWOT 定性分析与定量分析相结合,基于"三生共赢"理论,从系统论的角度分析中国城市绿色创新中的挑战与机遇,分析城市绿色创新发展战略与管理模式,分析中国城市绿色创新的战略问题,依据 PEST 分析法,统筹政治、经济、环境、社会、文化和节能减排,从理念、政策、体制、人才、技术、产业结构等方面提出了相应的对策,探索了以经济促进城市发展、中国城市绿色创新的发展战略。

参考文献

[1] 周宏春. 走中国特色的低碳绿色发展之路 [J]. 再生资源与循环经济, 2011 (4): 6.
[2] 陶良虎. 中国低碳经济——面向未来的绿色产业革命 [M]. 北京: 研究出版社, 2010.
[3] 苏美蓉, 陈彬, 陈晨, 等. 中国低碳城市热思考: 现状、问题及趋势 [J]. 中国人口·资源与环境, 2012 (22): 3.
[4] 董鉴泓. 城市规划历史与理论研究 [M]. 上海: 同济大学出版社, 1999.
[5] 庄贵阳. 低碳经济与城市建设模式 [J]. 开放导报, 2010.12 (153).
[6] 宁越敏. 中国城市化特点、问题及治理 [J]. 南京社会科学, 2012 (10).
[7] 李京文. 中国城市化进程回顾与前瞻 [J]. 中国城市经济, 2010 (8).
[8] 向春玲. 城市化进程中的理论与实证研究 [M]. 湖南: 湖南人民出版社, 2008.
[9] 黄海峰, 等. 中国经济转型之路 [M]. 北京: 科学出版社, 2013.

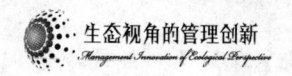

[10] 王彦鑫. 生态城市建设：理论与实证 [M]. 北京：中国致公出版社，2011.
[11] 付加峰，庄贵阳，高庆先. 低碳经济的概念辨识及评价指标体系构建 [J]. 中国人口·资源与环境，2010（20）：39 – 43.
[12] 庄贵阳，潘家华，朱守先. 低碳经济的内涵及综合评价指标体系构建 [J]. 经济学动态，2011（1）.
[13] 雷红鹏，庄贵阳，张楚. 把脉中国低碳城市发展——策略与方法 [M]. 北京：中国环境科学出版社，2011（5）.
[14] 付允，刘怡君，汪云林. 低碳城市的评价方法与支撑体系研究 [J]. 中国人口·资源与环境，2010，20（8）.
[15] 王嬴政，周瑜瑛，邓杏叶. 低碳城市评价指标体系构建及实证分析 [J]. 统计科学与实践，2011（1）.
[16] 谈琦. 低碳城市评价指标体系构建及实证研究——以南京、上海动态对比为例 [J]. 生态经济，2011（12）.
[17] 马向平，朱盈盈. 武汉市低碳经济发展路径研究 [J]. 理论月刊，2011（2）.
[18] 凌明泉. 我国低碳经济发展存在的问题及对策研究 [J]. 中国市场，2012，22（685）.
[19] Chaolin GU, Liya WU, Ian Cook. Progress in research on Chinese urbanization [J]. Frontiers of Architectural Research, 2012 (1): 101 – 149.
[20] Yangfan Li, YiLi, Yan Zhou, Yalou Shi, Xiaodong Zhu. Investigation of a coupling model of coordination between urbanization and the environment [J]. Journal of Environmental Management, 2012 (98): 127 – 133.
[21] Aimin Chen, Jie Gao. Urbanization in China and the Coordinated Development Model—The case of Chengdu [J]. The Social Science Journal, 2011 (48): 500 – 513.
[22] Li Jianling. Economic and management for sustainable development. 2012 International Conference on Management Innovation and Public Policy (ICMIPP 2012), 2012 (01).
[23] Tim Jackson, Peter Victor. Productivity and work in the 'green economy' Some theoretical reflections and empirical tests [J]. Environmental Innovation and Societal Transitions 1, 2011 (1): 101 – 108.
[24] Nakata Toshihiko, Silva Diego, Rodionov Mikhail. Application of Energy System Models for Designing a Low – carbon Society [J]. Progress in Energy and Combustion Sdence, 2011, 37 (4): 462 – 502.
[25] Gomi Kei, Shimada Kouji, Matsuoka Yuzuru. A Low – carbon Scenario Creation Method for a Local – scale Economy and Its Application in Kyoto City [J]. Energy Policy, 2009 (38): 4783 – 4796.
[26] Brian Fagan. The Great Warming Climate Changeand the Rise and Fall of Civilizations 2008.
[27] Li Jianling. Green economic development and management [J]. Energy Procedia, 2012 (4).

[28] Heiskanen Eva, Johnson Mikael, Robinson Simon, et al. Low – carbon Communities as a Context for Individual Behavioural Change [J]. Energy Pollcy, 2010 (38): 7586 – 7595.

[29] Ying Tang, Robert J. Mason, Ping Sun. Interest distribution in the process of coordination of urban and rural construction land in China [J]. Habitat International, 2012 (36): 388 – 395.

[30] Hossein Bahrainy, Hossein Khosravi. The impact of urban design features and qualities on walkability and health in under – construction environments: The case of Hashtgerd New Town in Iran [J]. Cities, 2013 (31): 17 – 28.

[31] Hong Ye, KaiWang, Xiaofeng Zhao, Feng Chen, Xuanqi Li, Lingyang Pan. Relationship between construction characteristics and carbon emissions from urban household operational energy usage [J]. Energy and Buildings, 2011 (43): 147 – 152.

第九章 生态视角的京津冀协同创新发展

第一节 京津冀协同创新发展比较研究

一、京津冀区域内的比较分析

基于 PEST 分析，对京津冀区域内协同发展的大环境从社会文化、政治法律、经济和科技方面，有所侧重地进行分析和探讨。

(一) 京津冀区域的经济状况

2013 年，京津冀土地面积只有 21.6 万平方公里，仅占全国土地总面积的 2%，但是总人口达 10860.5 万，占全国总人口的 7.98%；地区生产总值达 62172 亿元，占全国生产总值的 10.9%。根据中国统计年鉴，2013 年北京市的地区生产总值是 19500.6 亿元，与上年相比增加了 7.7%。天津市的地区生产总值是 14370.16 亿元，与上年相比增加了 12.5%。河北省的地区生产总值是 28301.4 亿元，与上年相比增加了 8.2%。天津市的人均地区生产总值是 101692 元；北京市的人均地区生产总值是 92210 元；河北省的人均地区生产总值是 38596 元。2013 年，北京第三产业增加值比重为 76.9%，稳居全国第一。北京第三产业比重是河北第三产业比重的 2.1 倍，是天津第三产业比重的 1.6 倍。天津第三产业的比重为 48.1%，河北第三产业的比重为 35.5%，而全国第三产业的比重为 46.1%。2012 年，河北第一产业增加值比重为 12.4%，北京第一产业增加值比重为 0.8%，天津第一产业增加值比重为 1.3%，全国第一产业增加值比重为 10.0%。2013 年，河北的第一产业增加了 3500.4 亿元，北京第一产业增加了 161.8 亿元，天津第一产业增加了 188.45 亿元。可以看出北京、天津第一产业增加值之和仅相当于河北第一产业增加值的 1/10。见下表 9-1 所示。

表9-1　2012年京津冀经济发展状况比较　　　（单位：亿元）

	地区生产总值	第一产业	第二产业	第三产业
北京	17879.40	150.20	4059.27	13669.93
天津	12893.88	171.60	6663.82	6058.46
河北	26575.01	3186.66	14003.57	9384.78
合计	57348.29	3508.46	24726.66	29113.17

（中国统计年鉴2013：按照当年价格计算）

（二）京津冀区域的学术水平

学术水平反映了科研能力和知识能力，是区域经济社会发展的基础，而知识能力主要指知识吸收能力、知识创新能力和区域知识存量。关于学术水平的评价，结合实际情况，我们主要从科研投入、教育投入、研发技术、发明专利、R&D项目及经费、高校学生、技术创新等几个方面来考虑。2013年，北京研发经费支出为1200.7亿元，占地区生产总值的6.16%。河北的研发经费支出为290亿元，仅占地区生产总值的1.0%。比较见下表9-2、表9-3所示：

表9-2　2012年京津冀R&D研发活动、专利及新技术情况比较

	R&D经费（万元）	R&D项目数（项）	专利申请数（件）	有效发明专利数（件）	开发新产品经费（万元）	技术市场成交额（万元）
北京	1973442	8226	20189	14051	2527103	24585034
天津	2558685	12062	13173	7341	2192138	2323275
河北	1980850	7574	7841	3358	1798885	378178

（中国统计年鉴2013）

表9-3　2012年京津冀受教育程度比较

	年末人口数（万人）	大专及以上（人）	所占比例	普通高校在校学生数（人）	普通高等学校数（所）
北京	2069	6143	0.03%	591243	89
天津	1413	2553	0.02%	473114	55
河北	7288	3232	0.004%	1168796	113

（中国统计年鉴2013）

通过上面的数据可以看出，京津冀区域中北京、天津、河北的学术水平差距相当大，呈现逐渐下降态势，在理论上是有利于知识的溢出和扩散，但由于区域内城市间经济水平断层和知识差距极大，政府在区域知识能力形成中起着

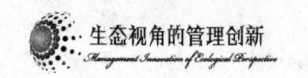

很大的作用，可以起着促进校企合作的导向作用和政策保障作用。

二、京津冀与长三角、珠三角的比较分析

近年来中国经济发展迅速，中国的城市发展越来越受到重视，"东部地区"因为是中国经济增长高速的典型区域，所以已经成为备受关注的重点区域。东部地区的长三角、珠三角和京津冀这三个区域，经济发展极化特征明显，在全国获得了巨大的发展机遇。

京津冀区域主要有北京市、天津市和石家庄、邯郸、保定、唐山、邢台、廊坊、秦皇岛、张家口等，主要涵盖了北京、天津及各个区市。该区域土地面积约为12万平方公里，人口总数约为9000万人。主要以汽车工业、机械工业及电子工业等为主，是国家重要的高新技术及重工业基地。京津冀区域是中国规模最大、最具活力的北方经济发展地区，越来越引起中国乃至整个世界的瞩目。习近平总书记在2014年2月北京的座谈会上，强调了实现京津冀协同创新发展是一个重大国家战略，要优势互补、互利共赢、扎实推进，加快京津冀区域的协同发展。

长江三角洲是长江入海之前的冲积平原，是中国第一大经济区，是中央政府定位的中国综合实力最强的经济中心、亚太地区重要国际门户、全球重要的先进制造业基地、中国率先跻身世界级城市群的地区。长江三角洲是指由苏浙沪毗邻地区的16个市区组成的，主要有上海，江苏省南京、苏州、无锡、常州、镇江、扬州等8个市区，和浙江省杭州、绍兴、宁波、嘉兴等7个市区。根据国务院2010年批准的《长江三角洲地区区域规划》，长江三角洲包括上海市、江苏省和浙江省，区域面积21.07万平方公里，占国土面积的2.19%。其中陆地面积186802.8平方公里、水面面积23937.2平方公里。

珠江三角洲，简称珠三角，是西江、北江和东江入海时冲击沉淀而成的一个三角洲，面积大约5.6万平方公里。它位于广东省中南部，珠江下游，毗邻港澳，与东南亚地区隔海相望，海陆交通便利，被称为中国的"南大门"。珠江三角洲地区有先进制造业、现代服务业基地和科技研发基地，是我国人口最多、创新能力最强、综合实力最强的三大区域之一，有"南海明珠"之称。珠江三角洲主要有深圳、广州、肇庆、东莞、佛山、珠海、中山等9个市区。2008年国务院的《珠江三角洲地区改革发展规划纲要》，把珠三角一体化列为国家战略。轨道、绿道"双道"建设，为珠三角区域一体化提速提供了基础性条件。

京津冀与长三角、珠三角这三大区域发展特征明显，可以发挥地区优势，合理配置资源，加速区域经济可持续发展。

(一) 比较优势分析

京津冀和长三角、珠三角都有较强的先天优势,主要包括区位优势、交通优势和产业基础优势。区位优势方面,这三个区域都处在东部沿海经济发达地区,有很好的发展基础,地域广阔和资源丰盛。交通优势方面,这三个区域都有港口群,连有大量的铁路和公路,交通非常便利。产业基础方面,这三个区域工业化起步较早,有雄厚的产业基础,完善的产业链和产业集群对投资者产生了强大的吸引。

(二) 产业结构比较

2012年,这三个区域总共完成地区生产总值为223321.48亿元,占全国的比重为43.03%;其中第一产业为11569.69亿元,占全国的比重为22.09%;第二产业为104720.67亿元,占全国的比重为44.53%;第三产业为107031.12亿元,占全国的比重为46.25%,可以看出三大经济圈在全国占有重要地位。如下表9-4所示。

表9-4 三大区域的三次产业生产总值比较

(本表绝对数按当年价格计算,指数按不变价格计算)　　　(单位:亿元)

区域	地区	地区生产总值	第一产业	第二产业	第三产业
	全国	518942.1	52373.6	235162.0	231406.5
京津冀	北京	17879.40	150.20	4059.27	13669.93
	天津	12893.88	171.60	6663.82	6058.46
	河北	26575.01	3186.66	14003.57	9384.78
	合计	57348.29	3508.46	24726.66	29113.17
长三角	上海	20181.72	127.80	7854.77	12199.15
	江苏	54058.22	3418.29	27121.95	23517.98
	浙江	34665.33	1667.88	17316.32	15681.13
	合计	108905.27	5213.97	52293.04	51398.26
珠三角	广东	57067.92	2847.26	27700.97	26519.69
合计		223321.48	11569.69	104720.67	107031.12
占全国的比重		43.03%	22.09%	44.53%	46.25%

(2013 中国统计年鉴)

京津冀区域的经济发展没有足够好。可以说,经济发展是城镇化的核心驱动力,而京津冀区域城镇化水平较低的主要原因是经济发展落后。2012年京津冀的地区生产总值为57348.29亿元,明显低于长三角的108905.27亿元。

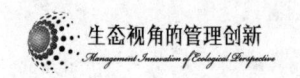

尤其是京津冀区域内部的差距悬殊，北京市 2012 年人均地区生产总值为 87475 元，天津市 2012 年人均地区生产总值为 93173 元，2012 年人均地区生产总值为 36584 元；而长三角经济圈内部的差别不是很大，上海市 2012 年人均地区生产总值为 85373 元，江苏省 2012 年人均地区生产总值为 68347 元，浙江省 2012 年人均地区生产总值为 63374 元。如下表 9 – 5 所示。

表 9 – 5　三大区域的人均地区生产总值比较

（本表绝对数按当年价格计算）　　　　　　　　　（单位：元）

区域	地区	2010 年	2011 年	2012 年
京津冀	北京	73856	81658	87475
	天津	72994	85213	93173
	河北	28668	33969	36584
	均值	58506	66947	72411
长三角	上海	76074	82560	85373
	江苏	52840	62290	68347
	浙江	51711	59249	63374
	均值	60208	68033	72365
珠三角	广东	44736	50807	54095

（2013 中国统计年鉴）

这三个区域明确了自己的发展战略，并在发展中形成了具有竞争力的特色产业群，带动了区域经济的快速发展。长三角区域的产业升级与产业转移，使上海产业集聚在高新技术与制造业。珠三角的广东省形成了电子信息、机械、汽车、建筑材料和医药等 9 大支柱产业。在京津冀区域，天津有 2 个强集聚行业是石油天然气开采业及电子设备制造业；北京有 4 个强集聚行业是燃气生产供应业、电子设备制造业、印刷业仪器仪表及机械制造业；河北有 2 个强集聚行业是黑色金属矿采选业及其加工业。

（三）城市结构分析

城市是中国城镇化的载体，一个区域内的城市结构与该区域城镇化进程密切相关。目前珠三角和长三角发展势力相当，都具备较强的综合经济实力。而京津冀区域城市发展差距很大，中小城市很不发达。

在经济学上，最有效的空间组织是大都市区域，在这个区域内有一个经济发展好的中心市区，通过"极化""辐射扩散"和分工协作，它带动周边市区的发展。这种效用发挥好的区域当属长三角，珠三角次之，而京津冀相对差些。京津冀区域的北京和天津是直辖市，产业结构相似，这些年北京和天津在制造业、基础设施和自然资源方面进行着激烈的竞争，形成了资源和效率的极大浪费，导致北京、天津与河北之间产生了经济社会的二元结构。三大经济圈的城市建设情况以及市政设施情况比较如表9-6和表9-7所示。

表9-6 三大区域的城市建设情况比较

（本表绝对数按当年价格计算，指数按不变价格计算）

区域	地区	城区面积（平方公里）	城市建设面积（平方公里）	城市绿地面积（公顷）
京津冀	北京	12187.0	1445.0	65540
	天津	2334.5	722.1	22319
	河北	6611.2	1609.3	73517
	合计	21132.7	3776.4	161376
长三角	上海	6340.5	2904.3	124204
	江苏	13957.0	3701.9	247001
	浙江	10515.2	2246.7	122723
	合计	30812.7	8852.9	493928
珠三角	广东	15984.1	4083.4	401669

（2013中国统计年鉴）

表9-7 三大区域的市政设施情况比较

（本表绝对数按当年价格计算，指数按不变价格计算）

区域	地区	城市人口密度（人/平方公里）	每万人拥有公共交通车辆（标台）	人均城市道路面积（平方米）	人均公园绿地面积（平方米）
京津冀	北京	1464	23.43	7.57	11.87
	天津	2782	17.34	17.88	10.54
	河北	2411	11.29	17.84	14.00
	均值	2219	17.35	14.43	12.14
长三角	上海	3754	11.91	4.08	7.08
	江苏	2002	13.36	22.35	13.63
	浙江	1786	13.96	17.88	12.47
	均值	2514	13.08	14.77	11.06
珠三角	广东	2927	13.42	13.42	15.82

（2013中国统计年鉴）

（四）城镇化分析

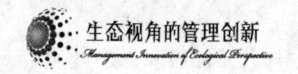

城镇化主要指城镇化发展中空间形态、人口状态的变化，以及经济发展变化。这里对三大经济圈的年末城镇人口比重，以及人口受教育程度进行了比较，可以看到城镇化程度在逐渐提高，但还有进一步提升城镇化程度的空间和潜力，如表9-8和表9-9所示。

表9-8　三大区域的年末城镇人口比重（%）

区域	地区	2010年	2011年	2012年
京津冀	北京	85.96	86.20	86.20
	天津	79.55	80.50	81.55
	河北	44.50	45.60	46.80
	均值	70.00	70.77	71.52
长三角	上海	89.30	89.30	89.30
	江苏	60.58	61.90	63.00
	浙江	61.62	62.30	63.20
	均值	70.50	71.17	71.83
珠三角	广东	66.18	66.50	67.40

（2013中国统计年鉴）

表9-9　三大区域的人口受教育程度比较

（本表是2012年全国人口变动情况抽样调查样本数据，抽样比为0.831‰）

（单位：人）

区域	地区	6岁及以上人口	未上过学的人口	大专及以上的人口
京津冀	北京	16447	271	6143
	天津	11175	297	2553
	河北	55844	2383	3232
	合计	83466	2951	11928
长三角	上海	19034	466	4392
	江苏	62230	3492	8373
	浙江	43285	2383	6473
	合计	124549	6341	19238
珠三角	广东	82228	2479	8027

（2013中国统计年鉴）

三、京津冀区域的优势比较

从过去和现在来看,京津冀区域与长三角和珠三角相比,还是存在一些优势的。

(一) 京津冀区域的经济基础雄厚

京津冀区域曾经不亚于长三角、珠三角区域。近代的京津冀区域中的天津曾经是北方的工业、金融和商业中心,堪称国际化都市。发展中的天津曾经拉动了北京及河北的工业发展。北京近30年发展非常迅速,从一个消费城市逐渐发展成了工商业城市,其发展并不亚于广州和上海。尽管近些年天津发展较缓慢,但它的工业基础和发展实力还在,新兴的开发区发展很快。河北是农业大省,是全国最大的小麦和蔬菜生产基地,还有石家庄制药、唐山钢铁、邯郸煤矿等工业。与长三角、珠三角区域相比,京津冀区域有丰富的矿产资源和雄厚的基础产业。北京和天津在金融、高新技术产业等方面,也并不亚于长三角及珠三角中心城市。但是因为京津冀区域的河北落后,而且北京、天津周围没有形成强大的城市群,这是京津冀区域发展落后于长三角和珠三角的主要原因。

(二) 京津冀区域的资源有优势

京津冀区域有物产丰富的大平原,有山脉、林地、草原和河流,有海岸线和港口,还有很多名胜古迹。但京津冀区域水资源缺乏、风沙大、气候干燥,这些不如长三角、珠三角区域。但北京和天津是中国的两大直辖市,有政治优势和社会资源优势,而且汇聚了大量的科研单位、高等学府及优秀人才,这些都优越于长三角、珠三角区域。但京津冀区域中的河北的经济技术落后、优秀人才匮乏,这些都阻碍了京津冀区域的快速发展。

(三) 京津冀区域的合作空间大

京津冀区域发展是一个系统整体,曾经形成的紧密度可能超过了长三角、珠三角区域,但是现在的融合却不及长三角和珠三角。虽然京津冀一体化发展被提出来很久了,但是由于三地发展实力差距、行政壁垒和观念阻碍等原因,由于社会经济环境问题,还没有形成实际的真正意义上的合作,很大程度上还只是停留在初期的概念上的合作,并没有什么实质上的合作内容,还有很大的合作潜力和很多的合作空间。比较见表9-10所示。

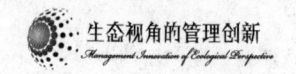

表9-10　京津冀区域的比较优势

区　域	优　势	
京津冀区域	比较雄厚的经济基础	重工业是长项
	地理位置优越	明显的资源优势
	很大的合作潜力	很多的合作空间

四、京津冀区域协同创新发展策略

(一) 阻碍发展的观念理念上的转变

要真正强化京津冀区域协同发展的观念理念。我们可以把北京、天津两个直辖市看作京津冀区域发展的两个主角，河北是配角，发展各有侧重，北京、天津带动整个京津冀区域的发展。京津冀区域的三地各有优势，可以相互补充，实现共赢协同发展。在市场经济下，经济发展逐渐从行政区整合走向市场整合。我们应当从"行政区观念"走向"市场观念"和"区域观念"。当前与市场经济配套的区域文化是理性、包容、开放、创新的。京津冀三地要进一步解放思想，革新观念，通过SWOT分析，发挥自身的优势、克服自身的劣势，抓住外界发展的机会，把不利的威胁变成发展机会，强化市场竞争理念和共赢发展理念，谋求京津冀区域三地之间和谐的长期的可持续发展。

(二) 实现资源、市场、信息的共享

加速京津冀一体化的发展进程，如构建金融信用体系和交通设施网络化的平台，逐渐把市场资源融合起来，实现各种要素在三地之间的自由流动。硬件上的网络化，可以依据北京城市规划的"两轴两带多中心"，进而促进京津冀三地的协同发展。目前京津之间的铁路专线基本实现公交化，北京天津之间33分钟直达；北京石家庄之间的高铁可以67分钟到达。但是河北内部的交通还不够发达，这样不利于京津冀区域整体交通的快速发展。在软件上也没有形成一体化发展。京津冀区域的发展可以借鉴长三角区域的一卡通制，强化和完善京津冀区域三地异地结算等，建立扁平化的组织结构，促进京津冀区域三地的合作。通过京津冀区域三地合作，逐步缩小京津冀三地的差距，促进经济的共赢发展，实现京津冀区域的协同发展。

(三) 充分发挥政府、企业和社会的合力互动

由于京津冀区域政府的力量远远大于市场的力量，所以我们要加强京津冀区域三地政府的交流与协作，相关政府组织要给予更多的重视与引导，并从中

协调各方面的利益和实现资源共享。行政的手段协同市场管理的方法，逐步去除行政壁垒的阻碍，进而促进京津冀区域的协同发展。为了进一步保障京津冀区域三地的协调合作创新发展，基于系统论的思想，我们把京津冀区域的政府、企业和社会看作一个整体系统，可以成立一个类似于欧盟的区域协调组织，或者建立京津冀三地定期的高层联席会议制度，通过政府、企业和社会三者合力互动，推进京津冀区域的合作共赢与长期发展。

（四）找准定位，调整战略

首都北京是中国的心脏，是全国的经济发展中心、政治文化中心、金融贸易中心和技术研发中心，为了释放能量，要逐步实现重工业的周边转移。天津要依托自身的基础、发挥自身的优势，成为京津冀区域的工业、商贸中心和通商口岸。依据北京和天津的辐射作用，基于河北的自身基础，承接北京的产业外移和产业定位，发展定位于农业产业、制造业基地以及旅游业等。京津冀区域总的发展思路是，北京要谋求释放压力，天津要再次飞跃发展，河北要借力快速发展。只有这样，才可以打造中国经济的第三极，真正实现京津冀区域协同创新的可持续发展。见表9-11。

表9-11 京津冀协同创新发展的策略

策　略	具体做法
转变阻碍京津冀一体化发展的观念理念	强化区域发展观念理念。把北京、天津看作本区域的发展中心，三地优势互补，共赢共胜
三地之间实现资源、市场、信息的共享	北京以"两轴两带多中心"为依据，京津冀协调发展相结合，逐步实现三地对接
充分发挥政府、企业和社会的合力互动	三地政府加强沟通和合作，区域协调组织
找准自己定位，调整发展战略	京津辐射，趋于专业化分工的定位

第二节　基于生态文明的京津冀区域发展

生态环境问题已成为区域经济发展中越来越重要的问题。区域经济的可持续发展是指在一个经济区域的范围内，以人为中心的主系统和自然、资源环境、经济、社会子系统之间存在着协调发展关系。区域经济可持续发展的核心问题是人口、资源、环境与经济发展协调问题。本书基于生态文明建设、循环经济理念和系统论、生态学理论以及生态足迹理论，对京津冀区域经济发展进

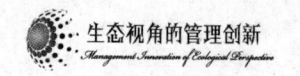

行了分析与探讨,从而促进京津冀区域经济的可持续发展。

区域经济可持续发展是建立在生态可持续发展、社会公正与和谐以及公众积极参与发展基础上的。它特别强调各种生产和生活活动的生态合理性。实现京津冀区域经济的可持续发展,要处理好区域之间、区域内部各单元之间的协调发展以及经济发展、人类活动与资源环境之间的动态平衡问题,这要求京津冀区域经济发展必须与资源的开发利用和环境保护相协调,以保持人与自然的和谐关系,生态文明建设尤为重要。

一、生态文明建设

生态文明建设是人类在发展物质文明过程中保护和改善生态环境的成果,它表现为人与自然和谐程度的进步和人们生态文明观念的增强。党的十七大报告在阐述实现全面建设小康社会新目标的要求时,第一次明确提出生态文明建设。搞好生态文明建设,我们首先要搞清生态文明的基本内涵和生态文明建设的几个层面。

(一) 生态文明建设的内涵

生态文明具备丰富的内容。就其内涵而言,它主要包括生态意识文明、生态制度文明和生态行为文明三个方面。生态足迹(Ecological Footprint)可以定量地反映一个国家或地区的可持续发展程度。生态足迹指标体系和其他反映社会经济发展的指标体系结合起来,以全面反映社会经济的发展。

生态足迹的一般计算模型为:

$$EF = N \times ef = N \sum_{i=1}^{n}(aa_i) = \sum_{i=1}^{n} r_j A_i = N \sum_{i=1}^{n}(C_i/P_i) \quad (式9-1)$$

式中,EF 为总的生态足迹;N 为人口数;ef 为人均生态足迹;i 为消费商品和投入的类型;n 为消费项目数;aa_i 为 i 种交易商品折算的生物生产面积;r_j 为均衡因子;A_i 为第 i 种消费项目折算的人均占有的生物生产面积;C_i 为 i 种商品的人均交易量;P_i 为 i 种消费商品的平均生产能力。计算出生态足迹之后,通过产量因子计算生态承载力,我们将两者结果进行比较来分析可持续发展程度。我们把生态足迹理论用于绿色经济的研究,以便为国家或地区的经济计划、发展战略、环境保护等提供更科学、更全面、更真实的参考数据。

(二) 生态文明建设的层面

生态文明建设,不同于传统意义上的污染控制和生态恢复,而是克服工业文明弊端，探索资源节约型和环境友好型发展道路的过程。生态文明建设不仅包括人类在生态问题上积极的和进步的思想观念建设，而且包括生态意识在经济社会各个领域的延伸和物化建设。

1. 经济层面

生态文明建设的经济层面，是指所有的经济活动都要符合人与自然和谐的要求，主要包括第一、第二、第三产业和其他经济活动的"绿色化"、无害化以及生态环境保护产业化。要大力发展循环经济，要实施清洁生产，要增强环保产业的职业责任意识，因为我们的资源是有限的。要满足人类可持续发展的需要，我们就必须在全社会倡导节约资源的观念，争取形成有利于节约资源、减少污染的生产模式、产业结构和消费方式。要大力开发和推广节约、替代、循环利用资源和治理污染的先进适用技术，发展清洁能源和再生能源，建设科学合理的能源资源利用体系，提高能源资源的利用效率。

2. 政治层面

生态文明建设的政治层面，是指党和政府要重视生态问题，要把解决生态问题和建设生态文明作为贯彻落实科学发展观、构建和谐社会的重要内容。要树立正确的发展观和生态观，要加强生态法制建设，要推进生态民主建设，要把生态文明建设作为实现好、维护好和发展好人民群众根本利益的一项重要任务，特别是领导干部同志要树立正确的发展观和生态观。各级政府应发挥主导和主体作用，为推进生态文明建设提供制度基础、社会基础以及相应的设施和政治保障。要调动人民群众主动自觉地进行生态环境保护和参与生态环境保护监督管理的积极性，必须发挥人民群众的主体作用。

3. 文化层面

生态文明建设的文化层面，是指一切文化活动包括指导我们进行生态环境创造的一切思想、方法、组织、规划等意识和行为都必须符合生态文明建设的要求。要树立生态文化意识，要注重生态道德教育，要加强生态文化建设。生态文化是人与自然和谐发展的文化。新世纪新阶段，人类已逐渐认识到长期对自然进行掠夺性索取和破坏必将遭受惩罚，从征服自然、破坏自然到回归自然、珍爱自然的新理念正在形成。因此，要进行生态教育，提高人们对生态文化的认同，增强人们对自然生态环境行为的自律，牢固树立生态文化意识，是解决生态问题的一项重要举措。

4. 社会层面

生态文明建设的社会层面，是指重视和加强社会事业建设，推动人们生活方式的革新。要创造良好的社会生活环境，要优化"人居"生活环境，要实

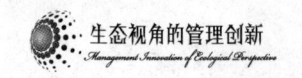

现人口良性发展。建立法制化、民主化和安定团结的秩序以及高效率的社会管理体系，形成以生态文化意识为主导的社会潮流，要树立以文明、健康、科学、和谐生活方式为主导的社会风气。

二、京津冀区域经济可持续发展

按照可持续发展的要求，科学地处理好京津冀区域内"生态环境—经济—社会"三维系统的协调发展，合理配置区域内的各种资源要素。同时按照系统论和生态学的观点和理论，分析影响京津冀区域经济可持续发展的相关因素，采取正确定位和合理规划，以形成区域经济优势，形成区域内各单元社会经济功能及生态环境功能的协调，形成地区之间、城乡之间的合理分工和优势互补，以实现京津冀区域经济整体的健康、稳定和长期发展。

（一）立足长远发展，优化京津冀区域经济结构

京津冀区域协作，共同交流探讨服务经济发展的思路、措施和经验，积极推动区域经济协调发展和可持续发展。京津冀区域以可持续发展示范工程项目的实施为契机，促进经济结构的调整和优化，力求通过实施一个示范项目，带动一批相关企业，形成或提升一个产业。发挥政府在产业集群形成中的引导作用。政府要在构建产业集群总体思路下设计吸引外资的政策，有目标地吸引那些具备产业带动优势和有产业关联效应或配套协作功能的项目进入区域内，以促进相关集群的发展和竞争优势的提升。努力发展高新技术产业，加强基础产业，重视发展对县域经济发展起支撑作用的制造业、服务业、能源供应业和农业这四大基础产业。在能源开发与原材料工业的发展中，以水电能源开发为先导，带动耗能型工业和高载能产业系列的发展。

（二）坚持标本兼治，有效保护生态环境

生态建设要以生态学原理为理论基础。生态系统的物质循环规律。生态系统以土壤为支撑、生物为主体建立起一个水、土、大气、生物等共同参与的物流、能流循环体系。生态系统的物质循环是一个不断改善生存环境，自身结构更趋稳定的有序化过程，也正是通过这一循环过程，才能使生态系统的种种功能得以完善和正常发挥。一方面要大力整治污染项目。另一方面要加快推进生态文明建设。生态治理是全局问题，也是战略问题。在循环经济系统中，环境资源和自然资源是有价值的。循环经济以综合性指标来衡量发展，以实现社会的可持续发展为目标，重视污染预防和废物循环利用以及资源和能源的节约。发展循环经济需要有相应的科学技术作支撑，循环经济是随着技术的不断集成

和提高而发展的,衡量科学技术进步对经济发展贡献率的计算方法如下式:

$$\frac{\Delta T}{T} = \frac{\Delta Y}{Y} \alpha \frac{\Delta K}{K} \beta \frac{\Delta L}{L} \qquad (式9-2)$$

式中:$\frac{\Delta T}{T}$是技术进步的贡献率;$\frac{\Delta Y}{Y}$是国民生产总值增长率;$\frac{\Delta K}{K}$是资本增长率;$\frac{\Delta L}{L}$是劳动增长率;α、β是资本和劳动的产出弹性系数。

(三) 实施保护性开发,实现资源合理利用

循环经济理念是区域经济可持续发展的理论基础,依据循环经济理念,发展京津冀区域循环经济就是要保护环境,以"减量化、再利用、再循环"原则为区域经济活动的行为准则。坚持整治保护与开发利用并重,努力通过资源的合理开发利用促进经济发展,通过发展经济反哺资源保护。随着京津冀区域可持续发展示范工程项目的深入实施,其成效和影响正日益显现。要实现京津冀区域协调发展与资源、环境的可持续发展,就要健全区域可持续协调发展的动力机制,形成区域之间优势互补、良性互动的区域协调发展动力机制。循环经济的发展应该在循环经济发展规划的框架下,以相关理论为指导,在产业不断振兴、经济不断增长的同时,将对环境的污染负荷持续降到最低水平,最终实现资源循环型经济社会的目标,如图9-1所示。

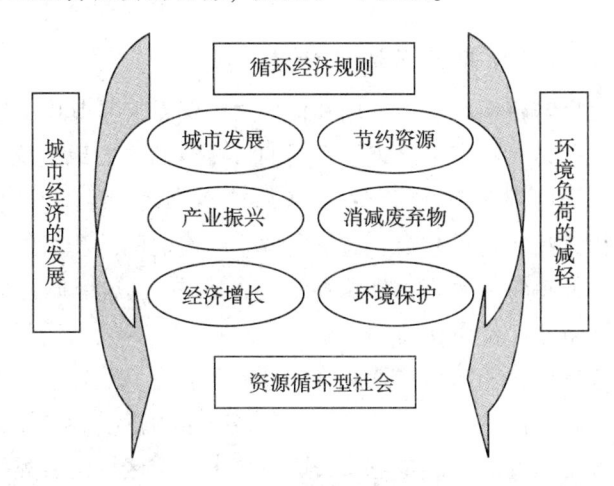

图9-1 循环经济发展框架

(四) 构建生态工业园区载体,搭建可持续发展新平台

循环经济是基于生态经济的经济发展模式,生态工业园是发展循环经济的重要载体,是促进循环经济发展的重要形态。生态工业园既可以提高资源和能

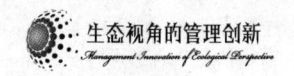

源的利用率，增加经济和社会效益，又可以保护生态环境，是园区实现循环经济的重要途径。生态园区化是经济发展必然的趋势。生态工业园的构建主要包括企业整合、资源整合、生态链的设计和区域基础设施的构建等四个方面。资源整合包括集成层次、集成途径和集成技术三个方面。其中的集成层次是指不同层次上完成的集成，即企业内部、企业之间和园区内外三个方面；集成途径是指集成的对象类别，有物质集成、能源集成、水集成和信息集成等；集成技术是实现集成的具体技术，是用于完成集成的根本保证。京津冀区域基础设施提供技术开发和服务，与资源整合进行信息交换，促进生态工业园的构建，推动循环经济的发展。生态工业园区的构建如图 9-2 所示。

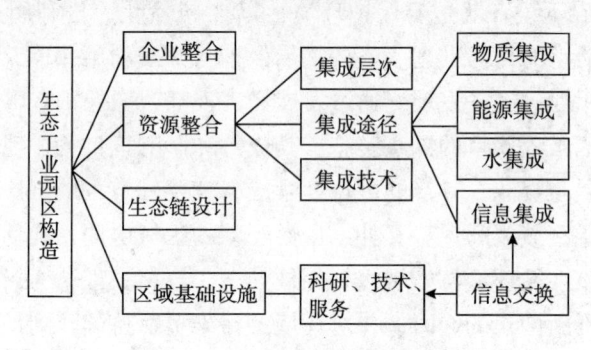

图 9-2　生态工业园区的构建

（五）协调推进京津冀区域可持续发展

理顺经济发展与资源开发、利用和保护之间关系又是其中关键的一环，两者之间的关系协调很大程度上决定了发展的可持续性。人地系统所呈现的危机正是由于人地系统内部各个方面存在着矛盾或不协调。我们希望通过动态的、适当的平衡过程，找到连接社会、经济资源和环境之间的积极的、正面的、平衡的相互作用，使得每一要素都能维持良好的状态，以达到最佳的综合效益，从而使社会经济持续、健康快速和协调发展。

区域可持续发展是全球可持续发展的基础与前提。可持续发展战略无论就整体而言，还是就部门而言，一旦要付诸实践就必须落实到具体的区域内部进行操作。区域可持续发展指的是地球表层系统中一定区域的人类社会经济活动与资源、环境的可持续发展。区域可持续发展的对象是区域人地关系系统，它的核心问题是人口、资源、环境和经济协调发展。要实现京津冀区域的可持续发展就要通过揭示人地关系系统内在联系及其演变规律，并根据这些内在联系和演变规律，按照人类的需求增长的既定目标，在时间上和空间上处理好系统内部的各种关系，使之持续、稳定、健康、快速发展。

第三节 生态视角的京津冀服务业发展

随着《京津冀协同发展规划纲要》的实施，京津冀服务业协同发展，可以有效推动京津冀协同发展。生产性服务业是发展"服务经济"的主导产业，是京津冀区域的核心发展要素。本书基于生态视角，启发于自然生态系统，用生态系统思维引导生产性服务业发展，依据产业活动及其对自然系统影响的产业生态系统，借鉴长三角区域生产性服务业的发展经验，探讨京津冀区域生产性服务业发展的策略和建议，推进京津冀生产性服务业快速发展，实现产业结构优化升级和区域转型发展，提升京津冀区域整体竞争力，有效促进京津冀区域协同发展。

2015年4月，中央政治局会议审议通过《京津冀协同发展规划纲要》，强调推动京津冀协同发展是一个重大国家战略，核心是有序疏解北京非首都功能。环保、交通和产业升级转移是京津冀协同发展的三个重点领域，而作为京津冀协同发展重要部分的服务业协同发展，在京津冀发展定位、产业升级转移和优势互补等方面起着很重要的作用，可以有效推动京津冀协同发展。本书基于生态视角，依据产业生态系统，对京津冀生产性服务业发展进行探讨，有重要的研究意义和实际价值。

一、京津冀服务业发展

（一）京津冀服务业协同发展需求

随着《京津冀协同发展规划纲要》的公布与实施，京津冀协同发展将以"一核、双城、三轴、四区、多节点"为架构进行空间布局，构建以重要城市为支点，以战略性功能区平台为载体，以交通干线、生态廊道为纽带的立体网络。其中，保定市、廊坊市与北京市、天津市共同构成中部核心功能区，即"四区"，重点承接北京市非首都功能的疏解。按照这一布局，京津冀服务业也需要协同发展，并主要解决以下问题：一是在战略规划与顶层设计层面，尚未形成协调发展的现代服务业发展战略规划；二是在技术与标准体系层面，构建京津冀一体化的现代服务业标准体系；三是在生产性服务业及其商业模式创新层面，京津冀需整体优化，空间分布整体均衡等。因此，京津冀服务业协同发展与创新，一方面有其现实的紧迫性，另一方面存在重大的需求性：京津冀

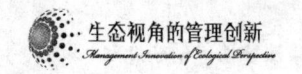

区域协同发展的重大需求、首都北京现代服务业发展战略规划与顶层设计的重大需求、环渤海经济圈现代服务业协同创新的重大需求等。

(二) 服务业发展综述

当今世界正由工业经济向知识经济过渡，各国经济的繁荣与竞争不仅取决于资源、资本规模与增量，而且更体现在创造性运用知识与科技的能力。现代服务业是在工业化比较发达的阶段产生的、主要依托信息技术和现代管理理念发展起来的、信息和知识相对密集的服务业。21世纪以来，现代服务业在全球范围内快速发展，主要发达国家产业结构由"工业型经济"向"服务型经济"迅速转变。现代服务业在国民生产总值中所占的比重逐渐上升，其发展水平已成为衡量一个国家经济社会现代化程度的重要标志。科学技术尤其是信息技术对现代服务业发展起着重要支撑与先导作用，是"服务型经济"快速发展的重要推动力量。世界银行《世界发展报告》显示，1960—2000年，美国服务业占国内生产总值的比重由58%上升到74%，英国由54%上升到70%。2000年，全球服务业增加值占GDP的比重达到63%，主要发达国家达到71%，中等收入国家达到61%，低收入国家达到43%。2014年，中国服务业占GDP的比重达到48.2%，低于世界平均水平。中国服务业发展水平与国外相比还有较大差距。目前在我国，中央和各级地方政府高度重视现代服务业的发展。

二、生态视角的服务业发展

(一) 产业生态系统

基于生态学视角，从自然生态系统中获得启发，针对产业（主要是工业）活动及其对自然系统的影响，通过比拟生物新陈代谢及生态系统结构、物质流及能量流运动规律，提出了产业生态系统。产业生态位是指特定产业在整体产业经济循环中，与其他相关产业在互动过程中所形成的相对地位、产业功能及价值。按照生态学的基本原则，产业生态学系统中的成员可分为生产者、消费者与分解者。分解者是把工业企业的副产品和"废物"进行处理转化及再利用。

把经济看作类似于自然生态系统的循环体系，其中一个体系要素产生的"废物"被当作另一个体系要素的"营养物"，各个企业像自然生态一样，利用彼此的副产物作为原料。所以，产业生态系统是由制造业企业和服务业企业组成的群落，它利用结构功能优化，通过能源和材料的管理环境与资源合作，协同提高环境质量和经济效益，实现比企业个体优化效益总和更大的整体效益。产业生态系统是遵循耗散结构原理的开放体系，其物质流与能量流尽量多层次利用来减少体系熵值，从而实现产业与环境的协同发展。

（二）生产性服务业

用生态系统思维引导生产性服务业发展，依据产业活动及其对自然系统影响的产业生态系统，加快发展生产性服务业可以促进产业结构调整优化升级。生产性服务业又称生产者服务业，是相对于消费性服务的，是与制造业直接相关的配套服务业，是指市场化的中间投入服务，即可用于商品和服务的进一步生产的非最终消费服务。它依附于制造业企业，是从制造业内部发展起来的新兴产业，是加速二三产业融合的关键环节。

向大城市集聚是生产性服务业的主要空间发展模式。国外学者发现，生产性服务业大都集中于大都市地区，成为整个地区产业活动的核心代表，生产性服务业本身具有规模报酬递增的特性，且与聚集经济是密切相关的。1975年，Browning 和 Singelman 在对服务业进行功能性分类时，最早提出了生产性服务业（Producer Services）概念。Hubbard 和 Nutter（1982）Daniels（1985）等人，认为服务业可分为生产性服务业和消费性服务业。我国学者钟韵、闫小培（2005）认为生产性服务业是为生产、商务活动和政府管理提供而非直接向消费性服务的个体使用者提供的服务，它不直接参与生产或者物质转化。

总体上，国内外学者和机构认为生产性服务业是一种中间需求性服务业，而非最终需求。而对于生产性服务业所包括活动的外延方面还没有形成一致意见。在这里，我们主要依据《中华人民共和国国民经济和社会发展第十一个五年规划纲要》中对于生产性服务业的外延分类，认为生产性服务业提供的是市场化的中间服务，即作为其他产品或服务生产的中间投入的服务，并具有专业化程度高及知识密集的特点。

三、京津冀生产性服务业发展现状

（一）发展现状

京津冀区域协同发展是国家重大发展战略，有助于京津冀的可持续发展，是区域经济结构优化、生态环境和社会发展的内在需求，也是中国区域经济发展的重要部分。京津冀区域，由京津唐工业基地发展而来，京津冀位于东北亚环渤海地带，是全国主要的高新技术和重工业基地，是中国北方经济规模最大的地区。大力发展现代服务业，既符合国家经济社会发展的战略导向，又契合

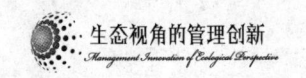

京津冀协同构建"创新驱动、改革推动、品牌带动、消费拉动、区域联动"现代产业体系和产业空间布局的总体思路。《国务院关于加快发展生产性服务业促进产业结构调整升级的指导意见》，对加快生产性服务业发展做出了全面部署。生产性服务业，主要包括：农业服务、制造维修服务、建筑工程服务、信息服务、金融服务、物流服务、批发服务、租赁服务、商务服务、科技服务、教育服务、环保服务等。第三产业，指不生产物质产品的行业，即服务业。京津冀地区生产总值三次产业情况如下表9-12、9-13所示。

表9-12 京津冀地区生产总值三次产业现状（2013年）

（单位：亿元）

地区	第一产业	第二产业		第三产业				
		工业	建筑业	交通运输仓储	批发零售业	住宿餐饮业	金融业	房地产业	其他
北京	161.83	3536.89	815.41	883.58	2372.43	374.75	2822.07	1339.52	7194.08
天津	188.45	6678.60	598.08	725.05	1902.52	241.34	1202.04	519.37	2314.71
河北	3500.42	13194.76	1567.34	2377.59	2163.95	415.18	1033.55	1041.28	3007.34

（资料来源：中国统计年鉴2014。本表绝对数按当年价格计算，指数按不变价格计算）

表9-13 京津冀地区生产总值三次产业比例（2013年）

（单位：亿元）

地区	地区生产总值	构成（地区生产总值=100）			指数（上年=100）			
		第一产业	第二产业	第三产业	地区生产总值	第一产业	第二产业	第三产业
北京	19500.56	0.8	22.3	76.9	107.7	103.0	108.1	107.6
天津	14370.16	1.3	50.6	48.1	112.5	103.7	112.7	112.5
河北	28301.41	12.4	52.2	35.5	108.2	103.5	109.0	108.4

（资料来源：中国统计年鉴2014。本表绝对数按当年价格计算，指数按不变价格计算）

由上面两个表可以看出，北京的第三产业在地区生产总值中占比最大，为76.9，第一产业在地区生产总值中占比最小，为0.8；天津的第二产业在地区生产总值中占比略大于第三产业，为50.6；河北的第二产业在地区生产总值中占比最大，为52.2，第三产业在地区生产总值中占比相对较小，为35.5；而第一产业在地区生产总值中占比相对较大，为12.4，远大于北京的0.8和天津的1.3。也就是说，北京的服务业发展比较好，河北的服务业发展相对最差，所以要充分发挥北京的辐射作用来带动河北的服务业发展，疏解北京市非首都功能。还可以看出，第二产业在地区生产总值中也占据了很大的比例，对京津冀地区生产总值起着很重要的作用。同时，从上面两个表中可以看出，京津冀地区生产总值的相对指数与其第三产业的相对指数几乎相同，也就是说京津冀地区生产总值主要由第三产业的发展来决定，也即京津冀区域服务业的发展决定了其地区生产总值，所以说京津冀区域服务业的发展至关重要。总体来说，生产性服务业在京津冀区域发展中起着极其重要的作用，需要很好的引导和发展。

（二）长三角生产性服务业的启示

区域经济发展水平是很重要的一个生态因子。全国大部分区域，生产性服务业的最大影响因子是生产性服务业规模。长三角区域统计年鉴中涉及的生产性服务业主要包括：交通运输、邮电业、信息传输、软件业、金融业、房地产业、商务服务业、科技服务业等。生产性服务业的发展在某种程度上反映出一个区域的综合竞争力。在城市体系中等级越高的，其生产性服务业发展水平就越高。长三角区域的生产性服务业发展水平在全国排在前列，但与国际城市相比还有很大差距。

为规划产业空间发展、更好地推动区域产业调整，提升长三角区域竞争力的关键是促进生产性服务业与现代制造业的联动发展，优化产业空间布局，大力推进生产性服务业的集聚式发展。依据盈利边际理论，当服务需求达到一定规模并能满足其发展要求、服务企业能够达到盈利边际时，才可以作为独立的新兴产业门类来发展。而且，服务业内部结构与城市规模结构有很大关系，高附加值的生产性服务业常与城市规模联系在一起。长三角可以在内部具备条件的区域形成生产性服务业集聚式发展，通过特大城市的集群化发展方式来提高生产性服务业的发展规模及集聚效应；在其他区域可以通过扶持中小型生产性服务企业发展，来提高生产性服务企业的服务水平。

四、京津冀生产性服务业发展策略

（一）加大政府政策支持引导，构建生态视角的"三维一体"模式

基于生态视角，在生态和经济社会大环境中，构建政府部门、行业企业、社会组织的"三维一体"模式，如下图9-3所示。正如生态系统的自然形成过程一样，产业生态系统的形成以及在何处形成存在着偶然的历史因素。要顺利实施这一过程，这些区域就需要一些催化剂来引发产业生态系统的成长，此时政府就显出很重要的作用了。适度的政府支持是系统发展的环境条件。政府

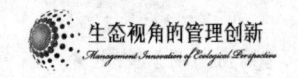

是企业发展最重要的软环境,政府的服务水平和办事效率直接关系到企业的运营效率、交易成本及投资者信心,所以政府要营造一个积极向上的和谐环境,以便使整个系统不断扩大。政府逐渐意识到产业生态系统在提高区域竞争力的内在机制,并在营造区域创新环境和推动区域可持续发展等方面发挥着越来越重要的作用,进而逐步推动产业生态系统的发展。政府可以营造良好的软硬件环境,是联结行业企业和社会组织之间的纽带,在推动区域生产性服务业发展方面发挥着很重要的作用。

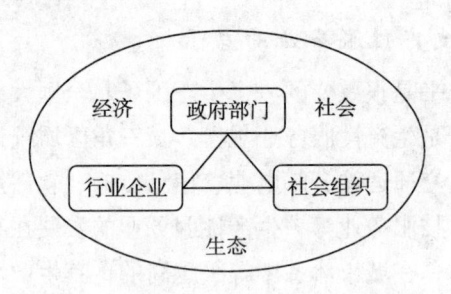

图9-3 生态视角的"三维一体"模式

(二)加强产业关联生态化,构建生产性服务业与制造业的联动机制

生产性服务业与制造业通过供需关系紧密联系在一起,生产性服务业发展能够提高制造业竞争力。生态化建设是要加强京津冀制造业企业与生产性服务业之间的合作,构建与工业、农业和服务业之间的物质循环及能源利用等经济链,逐步形成三大产业循环圈,构建生产性服务业与制造业的联动机制,如下图9-4所示,在宏观层面上发展循环经济的同时也促进了企业自身的生态建设。生产性服务业与制造业在空间上可以互相分离,基于产业关联生态化的产业圈主要由农业圈、工业圈和服务业圈三大基本圈构成,其中还包括制造业亚

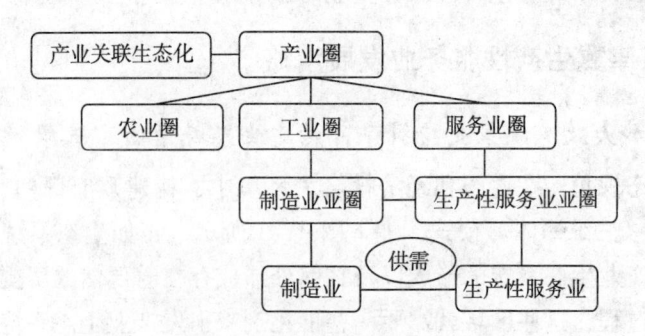

图9-4 基于生态的生产性服务业与制造业联动

第九章 生态视角的京津冀协同创新发展

圈、生产性服务业亚圈。生产性服务业是服务业的重要一部分，生产性服务业亚圈会促进三大产业圈的融合发展，促使经济发展形成一个有机整体。随着社会分工的细化，制造业为保持其核心竞争力，实行服务活动外包，产业链向后衍生，就形成了生产性服务业。现代制造业升级需要知识和技术的更多投入，就拉动了生产性服务业的发展。生产性服务业提供知识和技术投入，降低了制造业的生产成本，提高了其生产效率和竞争力，推动了制造业升级，可以有效促进生产性服务业与制造业的互动融合发展。

（三）优化产业生态空间布局，推进生产性服务业的集聚式发展

生态位的构成要素是生态因子，有外生性生态因子和内生性生态因子。产业集群的外生性生态因子是影响集群的外部环境因素，有生产要素、基础设施和市场。产业集群的内生性生态因子是影响集群的内部因素，有集群的构成要素和集群结构。集群的构成要素有企业和相关服务机构；集群结构是集群内的产品结构、市场竞争结构及企业间分工合作关系等。产业集群的生存与发展主要受主导生态因子的作用。各种生态因子和发展空间都以一定方式和形态存在于环境中，这些生态因子紧密结合，形成一个生态空间。服务业产业生态位竞争优势的形成在于它具有的独特资源结构和空间结构。产业空间布局是区域经济社会发展特征的空间反映，是社会生产与经济活动的空间地域体现，其本质是资源要素、企业组织和生产能力在空间上的反映。产业空间布局的优化和城市空间的重组体现出产业结构升级和经济转型发展。引导制造业向城市周围集中布局，依托制造业集聚扩大生产性服务业的有效需求，如下图9-5所示，科学规划生产性服务业的功能区域，以功能区与集聚区为载体，实现生产性服务业区域性集聚式发展。

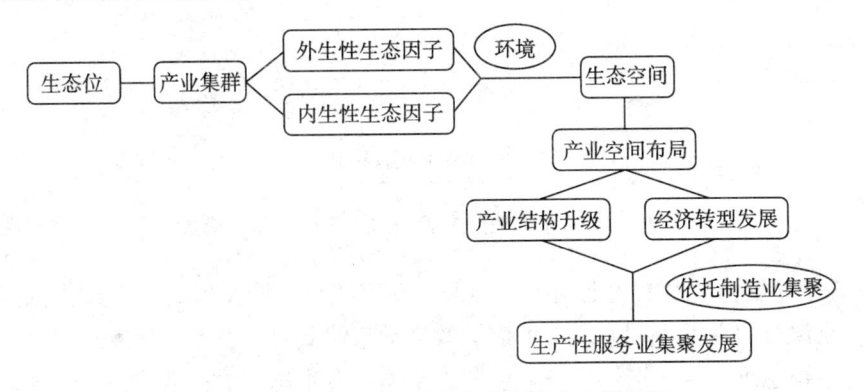

图9-5 基于生态位的生产性服务业集聚发展

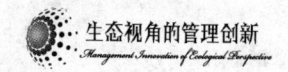

(四)加强区域协调,构建基于产业生态因子的"五位一体"模式

生态因子是指对生物有影响的各个环境因子,构成生物的生态环境,这些因素作用于企业或产业,将影响企业或产业的生存与发展。产业发展受生态因子的影响和作用,其中主导因子影响着产业的正常发展。产业生态因子随着时间与空间的改变而变化,在一定条件下,主导因子与次要因子可能会相互转化。产业生态环境是多个生态因子的综合体现,各个生态因子之间互相促进和互相制约,一个生态因子的变化可能会引起其他生态因子的变化及反作用。所有生态因子构成了产业发展环境,包括宏观环境和产业环境,有政治、经济、社会文化、技术、生态、人口等,如下图9-6所示。加强区域规划与区域协调,健全市场机制,探索区域发展的利益协调机制,依据资源禀赋和比较优势,明确不同城市的功能发展定位。京津冀区域协同发展,河北的定位是依托京津发展自身,加快河北的传统产业改造与升级,同时加快北京高新技术产业向周围扩散,在京津冀区域形成以科技带动工业、以工业反哺经济的发展态势,加强生产性服务业发展,带动北京周边的联动创新发展。

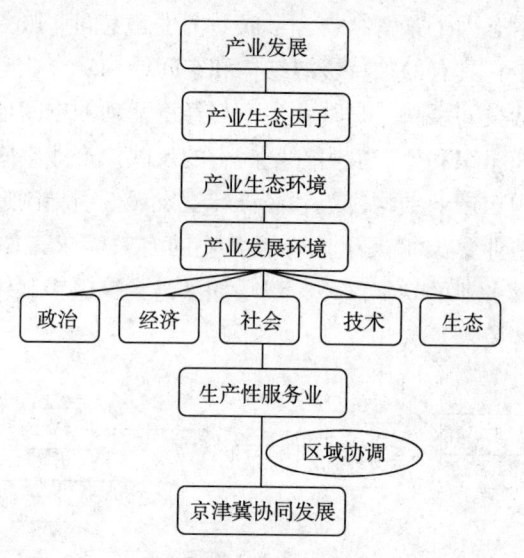

图9-6 基于产业生态因子的"五位一体"模式

《京津冀协同发展规划纲要》强调推动京津冀协同发展是一个重大国家战略,京津冀服务业协同发展,可以有效推动京津冀协同发展。从生态视角,用生态系统思维引导生产性服务业发展,依据产业生态系统,借鉴长三角区域生产性服务业的发展经验,探讨京津冀区域生产性服务业发展,进而促进京津冀区域协同发展。

本章小结

经济全球化使区域经济一体化成为中国发展战略,京津冀区域协同发展成为紧随长三角、珠三角区域发展的一个重大国家战略。在京津冀区域经济一体化背景下,通过京津冀区域内自身的分析比较,通过京津冀区域与长三角、珠三角区域发展的分析比较,依据 PEST 分析和 SWOT 分析,基于系统论思想,政府、企业和社会三者合力互动,实现京津冀区域的优势互补和互利共赢,促进京津冀区域协同创新的可持续发展。区域可持续发展是全球可持续发展的基础与前提。生态环境问题已成为区域经济发展中越来越重要的问题。

本章基于生态视角,用生态系统思维引导生产性服务业发展,依据产业生态系统,借鉴长三角区域生产性服务业的发展经验,探讨了京津冀区域生产性服务业发展,加大政府引导和区域协调,构建生态视角的"三维一体"和"五位一体"模式,加强产业关联生态化,构建生产性服务业与制造业的联动机制,优化产业生态空间布局,推进生产性服务业的集聚式发展,促进京津冀区域经济、社会和环境的可持续发展。

参考文献

[1] 吴玫. 京津冀一体化背景下的产学研合作机制研究 [J]. 河北工业大学学报:社会科学版, 2013, 12 (5): 7 – 12.

[2] 徐长山, 任立新. 京津冀、长三角、珠三角经济圈之比较 [J]. 社会, 2014 (9): 40 – 42.

[3] 张亚明, 王帅. 京津冀区域经济差异分析及其协调发展研究 [J]. 中国科技论坛, 2008 (2): 67 – 70.

[4] 何恬, 刘娟. 京津冀区域协同创新体系建设研究 [J]. 合作经济与科技, 2013, 475 (10) 下: 4 – 5.

[5] 刘铁. 京津冀都市圈协同发展模式研究 [J]. 商业时代, 2010 (17): 134 – 135.

[6] 刘勇, 李仙. 京津冀区域协同发展的若干战略问题 [J]. 中国发展观察, 2014 (5): 17 – 18.

[7] 章尺木, 骆玲. 论区域经济可持续发展 [J]. 生态经济, 2005 (12).

[8] 张勇, 吴敏. 区域经济可持续发展与产业结构调整研究 [J]. 商业时代, 2011 (30).

[9] 孙磊. 煤炭企业循环经济管理模式构建研究 [J]. 洁净煤技术, 2008, 14 (6).

[10] 张海如. 区域经济教程 [M]. 北京: 经济科学出版社, 2002.

[11] 刘艳清. 区域经济可持续发展系统的协调度研究 [J]. 社会科学辑刊, 2000 (5).

[12] 李长健,韦冬兰,朱闵,李伟.区域协调发展与资源、环境可持续发展动力机制探究[J].河南司法警官职业学院学报,2010(12).

[13] 陈岑.现代服务业特征及发展趋势简析[J].产业经济,2013(7).

[14] 鲍泳宏.产业生态系统中的政府职能[J].经济论坛,2007(10).

[15] 王子先.中国生产性服务业发展报告[M].北京:经济管理出版社,2008(1).

[16] 李铁.京津冀协调发展问题研究[J].中国市场,2014(32).

[17] 沈玉芳,刘曙华,张婧,王能洲.长江三角洲生产性服务业的空间分布特征分析[J].资源开发与市场,2010,3(26).

[18] 张可云,蔡之兵.京津冀协同发展历程、制约因素及未来方向[J].河北学刊,2014,11(6).

[19] 高利峰,赵先贵.基于生态足迹理论的天津市可持续发展动态研究[J].经济研究导刊,2010(29).

[20] 任曼丽,焦士兴.基于生态足迹理论的河南省生态经济协调发展研究[J].农业经济,2007(11).

[21] 郭立伟,沈满洪.生态文明建设与区域经济协调发展的政策评析[J].经济问题探索,2010(12).

[22] Zhang Wei, Li Hulin, An Xuebing. Ecological Civilization Construction is the Fundamental Way to Develop Low–carbon Economy [J]. Energy Procedia, 2011 (5): 839–843.

[23] Zhang Lei, Zhang Dayong. Relationship between Ecological Civilization and Balanced Population Development in China [J]. Energy Procedia, 2011 (5): 2532–2535.

[24] An Xuebing, Zhang Wei, Yang Jian. Research on Evaluation of Banking Ecological Culture Based on Fuzzy Mathematics [J]. Energy Procedia, 2011 (5): 302–306.

[25] MunkhDalai A. Zhang, Elles Borjigin, Huiping Zhang. Mongolian nomadic culture and ecological culture: On the ecological reconstruction in the agro–pastoral mosaic zone in Northern China [J]. ECOLOGICAL ECONOMICS, 2007 (62): 19–26.

[26] Huiquan Li, Weijun Bao, Caihong Xiu, Yi Zhang, Hongbin Xu. Energy conservation and circular economy in China's process industries [J]. Energy, 2010 (35): 427–428.

[27] Li Xinan, Li Yanfu. Driving Forces on China's Circular Economy: From Government's perspectives [J]. Energy Procedia, 2011 (5): 297–301.

[28] Jacob Park, Joseph Sarkis, Zhaohui Wu. Creating integrated business and environmental value within the context of China's circular economy and ecological modernization [J]. Journal of Cleaner Production, 2010 (18): 1494–1501.

[29] Huang Kun, Zhang Jian. Circular Economy Strategies of oil and Gas exploitation in China [J]. Energy Procedia, 2011 (5): 2189–2194.

[30] Valerie Vandermeulen, Ann Verspecht, Bert Vermeire, Guido Van Huylenbroeck, Xavier Gellynck. The use of economic valuation to create public support for green infrastructure in-

vestments in urban areas [J]. Landscape and Urban Planning, 2011 (103): 198-206.

[31] Linwei Ma, Pei Liu, Feng Fu, Zheng Li, Weidou Ni. Integrated energy strategy for the sustainable development of China [J]. Energy, 2011 (36): 1143-1154.

[32] Josef Vodák, Jakub Soviar, Viliam Lendel. Cooperation Management in Slovak Enterprises [J]. Procedia – Social and Behavioral Sciences, Volume 109, 8 January 2014: 1147-1151.

[33] Karl – Johan Lundquist. Producer services: growth and roles in long – term economic development [J]. The Service Industries Journal, 2008, 5 (4).